Geburt
und
Wiedergeburt

Gottfried von Purucker

Gottfried von Purucker
Geburt und Wiedergeburt

3., überarbeitete Auflage 2023
ISBN 978-3-924849-84-9 (Paperback-Ausgabe)
ISBN 978-3-924849-85-6 (Hardcover-Ausgabe)

Titel der Originalausgabe:
The Esoteric Tradition
© 1935 by G. de Purucker

Die deutsche Ausgabe umfasst folgende Bände:
Sichtbare und unsichtbare Welten
Der Mensch in der Unendlichkeit
Mit der Wissenschaft hinter die Schleier der Natur
Geburt und Wiedergeburt
Tod – was kommt danach?
Mysterienschulen und Lehren

Übersetzung der englischen Originalausgabe
Herausgeber: Hermann Knoblauch und Bärbel Ackermann
Cheflektorat und Überarbeitung: Bärbel Ackermann
Lektorat: Heidrun Bethge, Dietmar Hepper, Hans-Joachim-Ritz

Design, Umschlag: Matthias Winter
Satz: Heidrun Bethge
Herstellung: Books on Demand GmbH, Norderstedt
Printed in Germany

Verlag Esoterische Philosophie GmbH, Hannover
www.Esoterische-Philosophie.de

Verlag
Esoterische Philosophie

Geburt
und
Wiedergeburt

Unumstößliche Gründe für die Wiedergeburt
als Naturtatsache

Gottfried von Purucker

INHALT

Die Lehre von der Wiederverkörperung
in den verschiedenen Zeitaltern – I

Eine der weitverbreitetsten Lehren auf Erden. Wiederverkörperung, ihre
spezifischen Bedeutungen: Präexistenz; Wiederverkörperung; Wiedergeburt;
Palingenesis; Transmigration; Metempsychose; Reinkarnation und Metensomatose. Egos, Seelen und Monaden; irdische wie kosmische Verknüpfungen.
Zeugnisse der Wiedergeburt universell zu finden: u. a. in Alt-Griechenland
und Rom, Ägypten, Indien. Kernaussagen Herodots. Warum mumifizierten
die Ägypter ihre Toten? Verlust der Spiritualität. Überreste des atlantäischen
Kontinents. Platons „Poseidonis". Kirchenväter Clemens und Origenes: Bewusstsein und Wissen. Erinnerung an frühere Leben. Einfluss der Synoden
und Konzilien. Flavius Josephus: die Pharisäer und Reinkarnation; Essener,
Sadduzäer. Philo Judäus: das essenzielle, fundamentale, universelle System
der Wiedergeburt; Wurzel aller religiösen und philosophischen Systeme;
eigene Auslegung der Metempsychose-Reinkarnation.

Die Lehre von der Wiederverkörperung
in den verschiedenen Zeitaltern – II

Geschichtliche Tragödie im 6. Jahrhundert: Verlust der Lehre von der Wiederverkörperung; zeitgleiche Schließung der letzten Mysterienschule. Renaissance: Reinkarnation und Karman wieder populär. Befreiung von alten Fesseln in Wissenschaft, Philosophie und Religion. Erste Christen lehrten Form der Metempsychose-Reinkarnation; Präexistenz der Seele seit Ewigkeit. Belegt durch Origenes' Schriften. Lehren des Origenes offiziell verdammt. Falsche Auslegung der Transmigration. Aussagen des frühchristlichen Theologen Clemens. Grund für Geheimhaltung in vorchristlichen Zeiten. Bekenntnisse zu verschiedenen Auslegungen der Reinkarnation: Giordano Bruno, van Helmont, Goethe, Lessing, Herder, de Bonnet. Lessing: „Dass mehr als fünf Sinne für den Menschen sein können." Henry Ford: „Die Entdeckung der Reinkarnation gab mir innere Ruhe." Wiederverkörperung: Antworten auf ungelöste Lebensfragen; Bedeutung für unsere karmische Vergangenheit. Evolutionäres Streben nach erhabeneren Zuständen.

Geburt und Wiedergeburt – I

Ursachen der Wiedergeburt. Nachtodliche Bewusstseinszustände. Mentale Assimilation vergangener Leben. Devachan: keine Lokalität. Endlose Kette von Aktion und Reaktion in der Natur. Der unpersönliche Eros des Universums: kosmische Energie. Reinkarnation vereint. Die monadische Individualität bleibt erhalten. Evolution mittels Gedanken; bleibende Eindrücke; Charakter; Aurisches Ei und Astrallicht; Bildergalerie. Karmische Aktivität im Einklang mit Zyklen. Ausgleichende Gerechtigkeit. Verlust der Spiritualität. Was wird aus den frei gewordenen Energien nach dem Tode? Energie ist todlos. Ursachen und ihre Folgen. Schicksalsgewebe. Samen aus vergangenen Leben treten in Tätigkeit. Vererbung: kein kausaler biologischer Vorgang. Ursachen für das Geschlecht. Ehe und Verantwortung. Gegenpole der Anziehung und Abstoßung; Liebe und Hass. Individualität und Identität. Unser Charakter: Erinnerung an vergangene Leben.

Geburt und Wiedergeburt – II

Leben in Theorie und Praxis – I

Leben in Theorie und Praxis – II

Der Einfluss von Halbwahrheiten. Theorien der „Vitalisten" und „Mechanisten". Materie *an sich* existiert nicht; konkretisiertes Licht; elektromagnetische Strahlung. Tabelle der Frequenzen; vom Ätherischen zu zunehmender Materialität. Was ist „Leben" *an sich?* Kräfte und Substanzen: an Lebewesen gebunden. Anfang und Ende nur illusorische Träume. Geburt und Tod: Tore zu immer neuen Stufen des Lebens. Keine Gefängnismauern um uns aufbauen; Ausdehnung des Bewusstseins. Wachstum bedeutet Veränderung. Kein Leben ohne Tod. Trennungsschmerz; begrenzte Zukunftsvision. Auflösung des Körpers: gleichzeitiges Ätherhaft-Werden der inneren Konstitution. Schlaf und Tod sind Brüder. Der Prozess des Todes in ferner Zukunft. Die Konstitution des Menschen: ein Mikrokosmos im Makrokosmos. Das essenzielle Selbst eines jeden von uns – die Quelle von Leben, Bewusstsein und Intelligenz.

Vorwort des Herausgebers

Liebe Leserin, lieber Leser,

unruhige Zeiten erfordern Antworten auf Fragen, die durchaus auch überlebenswichtig sein können, wenn es gilt, den Lebensmut nicht zu verlieren. Es sind drängende Fragen nach unserer Identität: Was wird aus meinem Bewusstsein, meiner Seele, sind sie sterblich? Oder gibt es andere Daseinsbereiche, für die der Tod lediglich eine Art Übergangsstufe zu neuem Leben ist? Wäre das des Rätsels Lösung für Reinkarnation oder Wiedergeburt und Karman?

Lassen Sie sich auf diese Fragestellungen ein. Vertrauen Sie Ihrer Intuition, Ihrer eigenen Individualität. Sie ist unantastbar, ganz und gar einzigartig und geht mit dem Tod nicht verloren. Ihr unvergleichbarer persönlicher Charakter ist Zeuge und Erinnerung zugleich an Ihre vergangenen Leben!

Zeitalter hindurch waren Reinkarnation und Wiedergeburt nahezu allen Völkern, Religionen und Philosophien bekannt. Sie wurden geheim gehalten oder öffentlich gelehrt – aber in der Regel unterdrückt. Warum aber sind wir selbst heute noch, in unserem durch und durch technisierten Zeitalter, aus der „Höhle Platons" kaum herausgekommen?

Mit einem historischen Überblick, insbesondere über den Materialismus des 19. Jahrhunderts, gibt von Purucker detaillierte Einblicke in ein Erbe, das auch in heutiger Zeit nicht überwunden ist.

Warum aber wurden die tiefgehenden Vorgänge von Geburt und Wiedergeburt, ihre untrennbaren Zusammenhänge, bis auf den heutigen Tag in den Bereich der Spekulation verwiesen?

Das Wissen hinter dem Wissen ist vorhanden!

Blättern wir in den Annalen der Menschheitsgeschichte zurück, finden wir genügend Beweise, die ein übergeordnetes, grundlegendes
Lehrsystem belegen. Es könnte als „Religion-Philosophie-Wissen-
schaft" bezeichnet werden. Das Ägyptische Totenbuch, die alten
Schriften der Hindus, wie die Upanishaden und die Bhagavad-Gîtâ,
oder die nordische Edda, um nur einige Beispiele zu nennen, geben
genügend Hinweise auf ein allumfassendes Lehr- und Gedankengebäude, mit dessen Hilfe der Mensch die „Ursachen" des Seins, die
Verzahnung und Vernetzung aller miteinander- und ineinanderwirken-
den kosmischen Kräfte zu erkennen in der Lage ist. Dieses umfassende, alles in sich schließende Lehrgebäude war zu allen Zeiten
bekannt und existiert auch heute noch. Es beschreibt die Vorgänge,
die Wirkungsweisen der Natur, die in den sich periodisch verändernden Manifestationen doch stets nach gleichen Gesetzen verfahren.

Platon hatte recht: „Ideen regieren die Welt." Und so, wie der Geist
des Menschen neue Ideen empfängt und überholte verwirft, schreitet
die Menschheit vorwärts. In diesem Sinne ist die Theosophie mehr
als ein Wegweiser in eine erhabenere Zukunft. Die von ihr ausge-
henden revolutionierenden Impulse werden noch zu wenig erkannt,
doch werden sie sich im Laufe der Zeit über alle Dogmen und kurzle-
bigen Theorien erheben, denn es gibt nur einen Prüfstein für Wahrheit: *Universalität.*

Mit dem vorliegenden Werk, das insgesamt sechs Bände umfasst, beabsichtigte der Verfasser, das Fundament für ein tiefgreifendes Natur-
verständnis zu legen. Jeder zum Gesamtwerk gehörende Band kann
als in sich abgeschlossen betrachtet werden, jedoch ergibt es erst in
seiner Vollständigkeit ein abgerundetes Bild von den universalen Zu-
sammenhängen, die maßgebliche Bereiche unseres Denkens umfassen. Die Titel der Bände des Gesamtwerkes sind in aufbauender Reihenfolge: *Sichtbare und unsichtbare Welten; Der Mensch in der Unendlichkeit; Mit der Wissenschaft hinter die Schleier der Natur; Geburt
und Wiedergeburt; Tod – was kommt danach?* und *Mysterienschulen*

und Lehren. Der vorliegende Band wurde sorgsam überarbeitet und dem heutigen Sprachgebrauch angepasst.[1]

Wissenschaftler der Zukunft werden die Grenzen ihrer Denkmöglichkeiten ausdehnen in die Realität der verursachenden Kräfte. Vorurteile, Dogmen, unbewiesene Hypothesen und Theorien haben keinen Raum mehr in einer Zeit, in der sich die Grenzen des rein Materiellen immer stärker zu den immateriellen Welten, Räumen, Kräften oder Energien hin öffnen.

Zu sagen, unsere materielle Existenz sei mit dem Tod beendet, hieße, unsere Evolution zu begrenzen, uns außerhalb der Natur zu stellen. Doch ein Teil ist immer zugleich auch Teil des Ganzen. Er enthält die unbegrenzten Möglichkeiten, die dem Ganzen essenziell als fundamentaler Reichtum zu eigen sind.

Wir werden uns auf unsere inneren Werte besinnen müssen, uns als Teil der Natur begreifen, in sie hineinhorchen, verstehen lernen, dass Geburt und Wiedergeburt einander bedingen.

Unser Charakter ist die Erinnerung an vergangene Leben!

Hannover, Juli 1988
Hermann Knoblauch
Bärbel Ackermann

Hannover, Frühjahr 2023
Überarbeitete Neuauflage
Bärbel Ackermann

---

[1] Die umfangreichen Fußnoten des englischen Originals wurden in einer anderen Schriftart in den Fließtext eingefügt, um eine bessere Lesbarkeit zu erreichen.

**Universität und internationales Hauptquartier der
Theosophischen Gesellschaft Point Loma (Covina),
San Diego, Kalifornien**

Hier übernahm Prof. Dr. Gottfried von Purucker 1929 die
Präsidentschaft bis zu seinem Tode 1942. Als Sprachwis-
senschaftler, bedeutender Sanskritgelehrter und Experte für
biblische Sprachen erlangte er internationalen Ruf. Er war
Vorreiter für interdisziplinäres wissenschaftliches Denken und
verband östliche Weisheit mit westlicher Wissenschaft, wobei
er das Beziehungsgeflecht von Geist und Natur aufzeigte.

Prof. Dr. Gottfried von Purucker
1874 – 1942

GOTTFRIED VON PURUCKER – PIONIER DES GEISTES

Leben und Werk

Hobart Lorenz Gottfried von Purucker[1]
*15.1.1874 Suffern (USA)   † 27.9.1942 Covina (USA)

Sohn einer irischen Mutter und eines deutschen Vaters. Die Grundlagen seiner Bildung erhielt er in Genf. Promotion in Literaturwissenschaft. Sanskritgelehrter von internationalem Ruf. 1919 Lehrstuhl für Sanskrit[2] und östliche Religionen an der Theosophischen Universität Point Loma, San Diego, Kalifornien, deren Leitung und Präsidentschaft er 1929 übernahm und bis zu seinem Tode innehatte.

Als Naturwissenschaftler, bedeutender Sanskritgelehrter und Experte für alte Sprachen erkannte von Purucker schon früh die Notwendigkeit eines interdisziplinären Denkens und verknüpfte Wissenschaft, Philosophie und Religion zu einer Synthese. Insbesondere verband er östliche Weisheit mit westlicher Wissenschaft. Außergewöhnliche Sprachkenntnisse[3] ermöglichten von Purucker ein umfassendes Studium der alten Philosophien und Religionen in ihren Originalsprachen. Er führte sie auf ihre Kernaussagen zurück und deckte so die hinter Allegorie, Symbolik und Mystizismus verborgenen Wahrheiten auf. Übersetzungsfehler sowie falsche Interpretationen stellte er

---

[1] www.Purucker.de

[2] Judith M. Tyberg studierte unter Prof. Dr. G. von Purucker Sanskrit und östliche Religionen. Autorin von *Die Sprache der Götter. Sanskrit als Schlüssel zu den Mysterienlehren.* Hannover, 2014.

[3] Von Purucker beherrschte Sanskrit, Althebräisch, Neuhebräisch, Latein, Italienisch, Spanisch, Portugiesisch, Französisch, Deutsch und Englisch.

mithilfe der Urtexte richtig. Hierdurch befreite er viele zu reinen Dogmen erstarrte Glaubenssätze von ihrer degenerativen Ummantelung, sodass sie ihre ursprüngliche Aussagekraft zurückerhielten.

Dem Leser offenbart sich eine faszinierende Welt, die hinter allem materiell Sichtbaren wirksam ist. Wie kaum ein Anderer vor oder nach ihm zeigte von Purucker die tieferen Hintergründe und den Ursprung unseres Lebens in ihrer ganzen Tragweite auf. Er machte deutlich, dass Hypothesen heutiger Zeit wie zum Beispiel die der Vererbung, des Darwinismus und die der Urknalltheorie *grundlegender* Korrekturen bedürfen. Gemäß von Purucker ist die darwinistische Evolutionstheorie eine Irrlehre mit fatalen Auswirkungen auf das menschliche Denken und Handeln. Tatsächlich bedeutet sie lediglich die „Transformation der Formen", die mit wahrer, von Intelligenz und Geist geleiteter „Evolution" wenig gemeinsam hat.

Auch die Theorien und Spekulationen über die Entstehung des Sonnensystems einschließlich unseres Planeten Erde werden gemäß von Purucker unweigerlich neuen, grundlegend geänderten Einsichten und Erkenntnissen weichen müssen. Die Annahme eines aus dem Nichts entstandenen „Urknalls" vor ca. 13,8 Milliarden Jahren oder der Entstehung von Leben aus einer „Ursuppe" ist selbst für viele Wissenschaftler nicht die Lösung des Rätsels.

Die Entstehung jeglichen Lebens ist durch *ursächlich* wirkende Kräfte bedingt.[1] Sie kann daher weder allein auf der Grundlage rein materialistischen Denkens ergründet noch mit modernster Technik erforscht werden.

Zu diesen und anderen wissenschaftlichen Axiomen bietet von Purucker in seinen naturwissenschaftlich fundierten Werken ein breites Spektrum an Hintergrundinformationen. Viele seiner Aussagen haben bereits Eingang in Wissenschaft und Forschung gefunden. Es ist nur noch eine Frage der Zeit, wann sich der menschliche Geist von

---

[1] Gottfried von Purucker: *Grundlagen der Esoterischen Philosophie.* Hannover, 2003.

den Fesseln eines einseitig intellektuell ausgerichteten und auf automatische Wirksamkeit setzenden Materialismus befreit.

Von Purucker macht revolutionäre Aussagen, die eine völlige Neuorientierung des Denkens anstoßen. Auch auf dem Gebiet der Medizin und der Psychologie ist er ein Vorreiter, indem er die inneren Zusammenhänge unseres Lebens und die wechselseitigen Beziehungen zwischen Körper, Seele und Geist *im Einklang mit der Natur* in ihrer ganzen Fülle und Tiefe aufdeckt. Seine Erkenntnisse eröffnen neue Perspektiven. Sie sprengen die begrenzenden Schranken des materiell Sichtbaren und Nachweisbaren und führen in die vernetzten Zusammenhänge von Natur, Mensch und Kosmos. Beeindruckend legt er dar, wie die gesamte Natur von Leben und Bewusstsein durchdrungen ist und dass es diese inneren, ursächlichen Kräfte sind, die unsere Welt der Erscheinungen erst ermöglichen. Hiermit widerspricht er auch der These von der Existenz unbelebter Materie. Es gibt nichts Totes, so sein eindeutiger Appell an Wissenschaft und Forschung, denn Leben setzt Leben voraus – Leben kann nicht aus Totem hervorgehen.

Das durch von Purucker erneut erschlossene umfassende Lehr- und Gedankengebäude der zeitalteralten originären Theosophie erläutert die unveränderbaren Naturgesetzmäßigkeiten. Der Leser erhält tiefgehende Einblicke in die Verzahnungen und Vernetzungen aller miteinander und ineinander wirkenden kosmischen und irdischen Kräfte, in die der Mensch untrennbar eingebettet ist.

Angesichts der ständig weiter fortschreitenden Natur- und Umweltzerstörung ist ein Umdenken in Wissenschaft, Forschung und Gesellschaft existenziell. Solange die Natur jedoch nur als materieller Ausdruck eines mehr oder weniger seelenlos wirkenden Automatismus angesehen wird und sich die Sichtweisen lediglich auf *ein* vergängliches menschliches Leben beschränken, können alle Anstrengungen, dem rapide fortschreitenden Klimawandel entgegenzuwirken, nur Tropfen auf den heißen Stein sein.

Von Puruckers literarische Werke sind der Entwicklung gegenwärtigen Denkens weit voraus und gelten als Pionierleistung der besonderen Art. Sie sind Wegweiser, zugleich aber auch Hoffnungsträger für eine menschenwürdigere Zukunft, deren Verwirklichung er sein Leben widmete.

Hermann Knoblauch
Bärbel Ackermann

KAPITEL 1

Die Lehre von der Wiederverkörperung in den verschiedenen Zeitaltern – I

Die allgemeine Lehre von der Wiederverkörperung oder der Wiedergeburt ist eine der weitverbreitetsten unter allen Völkern auf Erden. Ebenfalls gehört sie zu den ältesten Glaubensrichtungen, die je systematisch formuliert wurden. In allen Zeitaltern und nahezu von jedem Menschengeschlecht wurde und wird sie in der einen oder anderen philosophischen oder religiösen Ausführung gelehrt. Wie eine sorgfältige Analyse der Geschichte deutlich zeigt, sind es immer die größten Genies, die sich zu der Lehre von der Wiederverkörperung hingezogen fühlen und sie als den inneren Teil oder Kern ihres eigenen philosophischen oder religiösen Systems lehren.

Das gesamte Gebiet der vorgeburtlichen und nachtodlichen Vorgänge der „Seele", oder genauer des sich wiederverkörpernden Egos, enthält eine Anzahl unterschiedlicher verborgener Aspekte, von denen zu den verschiedenen Zeiten jeweils einer oder mehrere besonders betont wurden. Einige Aspekte der Wiederverkörperung gewannen zuweilen so sehr an Bedeutung, dass wiederum andere verdrängt wurden. Dies geschah, weil der weitreichende Hintergrund der essenziellen Theosophie mehr oder weniger aus den Augen verloren wurde – eine Tatsache, die historisch gesehen zu einer Verdunkelung, ja, zu einem völligen Vergessen des alles umfassenden Kerngedankens führte. Dieser historische Verlust der fundamentalen und auch allgemeinen Lehre – durch Überbetonung einzelner Aspekte – ist verantwortlich für die unterschiedliche Auslegung und wesentlichen Fehler, die die Lehre über die nachtodlichen Erlebnisse des menschlichen Egos in verschiedenen archaischen Weltliteraturen erfahren hat.

I

Viele der in Enzyklopädien und Fachbüchern enthaltenen religiösen und philosophischen Literaturen, ja selbst einige der exoterischen Werke und Lexika der Esoterischen Philosophie, die das Thema der Reinkarnation enthalten, behandeln eine Anzahl für dieses Thema infrage kommender Begriffe derart, als wären sie tatsächlich bedeutungsgleich. Die Gewohnheit, die unterschiedlichen Begriffe so auszulegen, als besäßen sie eine mehr oder weniger vollständige Bedeutungsgleichheit, hat sich sowohl für die Autoren selbst als auch für deren Leser als sehr bequem erwiesen. Gegen diese Gewohnheit ist dann wenig einzuwenden, wenn zu verstehen gegeben wird, dass es hinter jedem dieser Begriffe spezifische Bedeutungen gibt, die äußerst wichtig sind. Das bedeutet: Jeder Begriff, wenn genau und richtig angewandt, besitzt seine eigene besondere, spezifische religiöse und philosophische Bedeutung sowie Reichweite. Doch selbst dann, wenn die Begriffe allgemein und großzügig ausgelegt werden, kann die in ihnen enthaltene umfassende Idee erkannt werden. Sie besagt, dass wir, soweit es unsere mittlere Natur betrifft, in manifestiertes Erdenleben zurückkehren, nachdem uns der Tod mit seiner nachfolgenden devachanischen Periode eine mehr oder weniger lange Zwischenzeit unsagbaren Friedens und der Ruhe in den nachtodlichen Verhältnissen oder dem nachtodlichen Zustand gewährt hat.

Einige dieser Begriffe, die oft als synonym angewandt werden, sind:

1. Präexistenz
2. Wiederverkörperung
3. Wiedergeburt
4. Palingenesis

5. Transmigration
6. Metempsychose
7. Reinkarnation
8. Metensomatose (der letzte Begriff ist sozusagen
   ein Anhängsel an die anderen sieben)

Während diese sieben oder acht unterschiedlichen Begriffe oft so angewandt werden, als bezeichneten sie das Gleiche, bedeutet dennoch
nicht einer der acht Begriffe, präzise angewandt, das Gleiche wie ein
anderer. In exakten Schriften muss mit der Wahl der Begriffe also
sehr sorgsam umgegangen und derjenige ausgewählt werden, der die
besondere Phase am genauesten zum Ausdruck bringt. Es ist nicht
zuviel gesagt, dass jeder dieser Begriffe tatsächlich ein Schlüssel ist,
der eines der Tore der zusammengehörenden siebenfältigen und verborgenen Lehren aufschließt. Sie handeln von den faszinierenden Er-
lebnissen, die dem exkarnierten Ego widerfahren, nachdem es seinen
physischen Körper abgelegt, den Kâma-loka verlassen hat und seine
Wanderung durch die Sphären beginnt. Es ist daher sowohl ratsam
als auch nützlich, zumindest eine kurze Analyse und Übersicht über
die betreffenden unterschiedlichen Begriffe zu geben.

Der in dem Wort „Präexistenz" enthaltene Gedanke ist sehr leicht zu
erklären, da Inhalt und Bedeutung einfach und unkompliziert sind.
Präexistenz bedeutet lediglich, dass die menschliche Seele nicht erst
durch ihre gegenwärtige Geburt ins Erdenleben zur Verkörperung
oder Existenz gelangt ist. Mit anderen Worten: Präexistenz bedeutet, dass das menschliche Ego schon existiert hat, bevor es auf Erden
von Neuem geboren wurde. Dies ist die spezifische Bedeutung dieses Wortes, obwohl selbst diese einfache Bedeutung natürlich viele
Nuancen oder Schattierungen enthält.

Der englische Neuplatoniker des 17. Jahrhunderts Henry More hatte
infolge seiner philosophischen Ansichten eigene Vorstellungen über
die Vor-Existenz oder Präexistenz der Seele und schrieb darüber. So

findet sich zum Beispiel in den „Philosophischen Gedichten" in seiner *Psychozoia*[1] Folgendes:

> Von der Menschenseelen Präexistenz möcht' ich singen,
> möchte noch einmal, mich schnell erinnernd,
> alles durchleben,
> was vorbei ist, seit wir anfangs begannen.
> Doch allzu seicht ist mein Sinn, zu stumpf mein Verstand,
> den tiefen Kernpunkt in Verse zu bringen.
> Du aber, der mehr als ein Mensch,
> du geweihte Seele des teuren Plotin,
> sag mir, was wir Sterblichen sind,
> und sag, was wir einstmals gewesen!

Henry More lässt hier den großen neuplatonischen Lehrer in folgender Weise antworten:

> Ein Strahl ist der Mensch, ein Funke des Göttlichen
> in einem Kleid aus Ton, umhüllt von irdischen
> Nebelschleiern.
> Ein kostbar' Tropfen ist er aus dem Meere der Ewigkeit,
> der niedersank in die Tiefe, wo er am Boden zerrann.
> Wir fielen, als wir am Anfang heimlich versuchten,
> uns zu lösen von der einen großen Heimstatt aller,
> und durch den Bruch eine neue Freiheit gewannen.
> Dieser Staatsstreich dünkt uns ein lustiger Spaß.[2]

Der zweite Begriff in der zuvor genannten Reihe, „Wiederverkörperung", bedeutet lediglich, dass die lebende Wesenheit, das sich wiederverkörpernde Ego, zu einer gewissen Zeit nach dem Tod einen

---

[1] Die *Psychozoia* ist das erste Buch oder Gedicht in einer Reihe von vier
     Gedichten; das gesamte Werk trägt den Titel *Platonica oder ein Platonischer
     Gesang der Seele.*
[2] Was Origenes und andere über Präexistenz zu sagen hatten, ist auf späteren
     Seiten dieses und des folgenden Kapitels kurz dargestellt worden.

neuen Körper annimmt. Das Anlegen eines neuen Körpers bedeutet aber keineswegs, dass das sich wiederverkörpernde Ego ihn ausschließlich auf unserer Erde annimmt. Die Verkörperung ist auch auf anderen, unsichtbaren Plänen möglich, denn das Ego kann auch außerhalb unserer Erde Körper annehmen. „Wiederverkörperung" besagt mehr, als dass die Seele nur präexistiert, denn sie bedeutet außerdem, dass die Seele einen neuen Körper annimmt. Doch dieser besondere Aspekt der Migration, der Wanderung lebender Wesenheiten, sagt weder etwas über die Art des Körpers aus, den das sich wiederverkörpernde Ego von Neuem annimmt, noch darüber, ob dieser Körper hier auf Erden angenommen wird oder auf anderen Plänen, ob der neue Körper physisch sichtbar oder unsichtbar in den unsichtbaren Reichen der Natur existieren wird. Dieser Aspekt besagt lediglich, dass sich das Lebenszentrum, das sich wiederverkörpernde Ego oder die Monade, wiederverkörpert. Hierin liegt die Essenz der spezifischen Bedeutung dieses Begriffs.

„Wiedergeburt", der dritte aufgezählte Begriff, ist ein Ausdruck von tieferer, aber auch von sehr verallgemeinerter Bedeutung und Tragweite: das „Wieder-zur-Geburt-Kommen". Der Begriff steht für sich ohne besondere Erläuterungen und Einzelheiten über Art und Charakteristik der Wiederverkörperung. Die Ähnlichkeit zwischen Wiedergeburt und „Reinkarnation" ist zwar groß, dennoch unterscheiden sie sich sehr voneinander.

Der vierte Aspekt ist „Palingenesis": das Wort ist eine griechische Zusammensetzung mit der Bedeutung „Wieder-ins-Dasein-Treten", „Wieder-Werden". Die hierin enthaltene Bedeutung kann mit dem Beispiel einer Eiche veranschaulicht werden, die ihren Samen, die Eichel, hervorbringt, und die ihrerseits eine neue Eiche erzeugt. Diese neue Eiche enthält dasselbe Leben, das ihr von der Mutter- oder Vater-Eiche gegeben wurde, eine Veranschaulichung, die auch in philosophischen Schriften der „Alten" zu finden ist, die um das Mittelmeer herum gelebt haben. Die Weitergabe eines identischen Lebens in zyklisch wiederkehrenden Phasen ist also die spezifische Bedeutung des Wortes Palingenesis. Sie könnte auch als kontinuierliche Übertragung identischen Lebens bezeichnet werden, das bei jeder Transformation eine neue Manifestation, ein neues Ergebnis hervorbringt. In jedem Fall sind die verschiedenen Vorgänge eine Palingenesis oder das „Neuwerden" des gleichen Lebensstromes.

Um Verwirrung aufgrund der großen Ähnlichkeit der angeführten Begriffe zu vermeiden, ist es angebracht, nochmals deutlich darauf hinzuweisen, dass es sich bei den aufgeführten Begriffen lediglich um einzelne *Aspekte* oder *Phasen* der allgemeinen Lehre von der Wiederverkörperung handelt. Daher umfassen das nachtodliche Schicksal und die Abenteuer des sich wiederverkörpernden Egos nicht nur eine dieser Phasen, sondern tatsächlich alle anderen ebenfalls. Hiervon ausgenommen sind jene Monaden, die in einem der niederen Naturreiche eingeschlossen sind, da ihnen angesichts ihrer weniger entwickelten Wesensart nur gewisse Phasen, Formen oder Aspekte zugeschrieben werden können.

Der fünfte Begriff ist „Transmigration". Sie wird im heutigen Westen ebenso missverstanden wie „Metempsychose". Die beiden in alten Literaturen enthaltenen Begriffe werden heute dahingehend falsch verstanden, als bedeuteten sie, dass die menschliche Seele zu einer gewissen Zeit nach dem Tod ins Tierreich übergeht und danach auf Erden in einem Tierkörper wiedergeboren wird. Dies würde besonders dann geschehen, wenn ihr Karma während des physischen Lebens schwer beladen oder übel war. Die eigentliche Bedeutung dieser Aussage in den alten Literaturen bezieht sich jedoch auf das Schicksal der Lebensatome und nicht auf das Schicksal der menschlichen Seele als einer Wesenheit. Das Missverstehen dieser Lehre seitens der Europäer beruht zum Teil darauf, dass sie von orientalischen, lateinischen und griechischen Autoren stets als eine geheime Lehre betrachtet und daher nie vollständig enthüllt wurde.

Die menschliche Seele kann jedoch ebensowenig in einen Tierkörper übergehen und inkarnieren, wie die seelische Konstitution eines

Tieres aufwärts in menschliche Körper inkarnieren kann. Warum? Weil im ersten Fall das tierische Vehikel der menschlichen Seele keine Ausdrucksmöglichkeit für die ausgesprochen menschlichen Kräfte, Fähigkeiten und Neigungen bietet, die in ihrer Gesamtheit und aufgrund ihrer evolvierten Merkmale einen Menschen erst zum Menschen machen. Auch kann analog die Seele eines Tieres nicht in einen menschlichen Körper eingehen. Die unüberschreitbare Kluft von psychischer und intellektueller Natur, die das Tierreich vom Menschenreich trennt, macht jeglichen Übergang vom Tierreich hinauf zum Menschenreich, das ihm in jeder Hinsicht so sehr überlegen ist, unmöglich. Für den normalen Menschen besteht keine Anziehung zum Tierreich, und für das unentwickelte Tiergemüt und die Tierseele gibt es keine Möglichkeit, sich in einer geeigneten Behausung zu manifestieren, die für sie wahrhaft göttlich ist und die sie folglich nicht betreten kann. Es wäre gegen das Naturgesetz, und zwar aus demselben Grunde, wie Feigen nicht auf Disteln wachsen und Äpfel nicht vom Kirschbaum gepflückt werden können. Eine menschliche Seele oder genauer das sich wiederverkörpernde menschliche Ego sucht seine Inkarnation in einem menschlichen Körper, in einer menschlichen Hülle, weil es in anderen Bereichen keine Anziehung für dieses Ego gibt. Menschliche Samen erzeugen menschliche Körper; menschliche Seelen erzeugen menschliche Seelen, sich selbst.

Wird „Transmigration" jedoch auf die menschliche Seele angewandt, hat sie die folgende spezifische Bedeutung: Die menschliche Seele wandert, je nach eigener Lage, von einer Beschaffenheit in eine andere. Sie wechselt von einem Zustand in einen anderen, in eine andere Daseinsebene, gleich, ob sich diese andere Ebene in unsichtbaren Bereichen der Natur oder in sichtbaren Reichen befindet und ob ihr Zustand, ihre Beschaffenheit von höherer oder niedrigerer Art ist. Die spezifische Bedeutung des Wortes „Transmigration" schließt also nichts weiter in sich als die Veränderung eines Zustandes, einer Beschaffenheit oder einer Ebene – den Wechsel der lebendigen Wesenheit von einem Zustand in einen anderen. Tatsächlich enthält das

Wort die vereinigte Bedeutung von Evolution und Karman. Es ist die
karmische Evolution, die den Pfad angibt, den die Monade verfolgt,
indem sie von Sphäre zu Sphäre wandert, vom Geist in die Materie
und wieder zurück zum Geist. Im Verlauf ihrer Pilgerreise tritt sie in
einen Körper nach dem anderen ein.

Wird „Transmigration" auf die Lebensatome angewandt – auf die
die Hinweise der Alten hinsichtlich der niederen Naturreiche bezogen werden sollten –, bedeutet Transmigration, kurz gesagt, dass
die einzelnen Lebensatome, die als Aggregat die niederen Prinzipien
des Menschen zusammensetzen, bei und nach dem Zustandswechsel, den wir Menschen „Tod" nennen, in andere Körper wandern,
übergehen oder transmigrieren. Infolge ihrer ähnlichen Entwicklung
werden sie psycho-magnetisch zu anderen Körpern hingezogen, sei-
en diese von höherer oder niedrigerer Art. In der Regel sind sie von
niedriger Art, weil ihre eigene evolutionäre Entwicklung weit davon
entfernt ist, fortgeschritten zu sein. Dennoch sollte bedacht werden,
dass die Lebensatome die inneren und äußeren Körper des Menschen
zusammensetzen und dessen Träger sind. Folglich gibt es verschiedene Grade oder Klassen dieser Lebensatome. Sie reichen von den
physischen aufwärts (oder nach innen) zu den astralen, den rein vitalen, emotionalen, psychischen und schließlich mentalen. Dies ist,
allgemein beschrieben, die Bedeutung von „Transmigration".

Doch die Lehre über das Schicksal einer Wesenheit wird mit dem
nächsten Begriff, der „Metempsychose", fortgesetzt und entwickelt.
Metempsychose ist eine griechische zusammengesetzte Vokabel, die
kurz mit „Beseelung auf Beseelung" oder „Wechsel von Seele auf
Seele" wiedergegeben werden kann. Dies besagt nicht nur, dass die
monadische Essenz, das Lebens- und Bewusstseinszentrum, die individuelle Monade, vor der physischen Geburt präexistierte und
sich durch die Aufnahme von Seele auf Seele wiederverkörpert. Metempsychose bedeutet ferner auch, dass sich die jeweilige Monade während des Verlaufes ihrer evolutionären Wanderungen durch
die Sphären oder Welten mit verschiedenen neuen Ego-Seelen oder

Gewändern bekleidet. Sie erschafft solche Ego-Seelen in ihrem Innern und lässt sie für ihren eigenen Selbstausdruck aus sich hervorströmen. Jede dieser Ego-Seelen hat ihr charakteristisches, individuelles Leben oder ihre „Seele", die, nachdem ihre Lebenszeit beendet ist, für ihre Ruhezeit wieder in den Schoß der Monade zurückgezogen wird. Nach der Ruhezeit geht sie wieder daraus hervor und begibt sich auf eine neue zyklisch erfolgende Pilgerfahrt. Es sind die Abenteuer, die dieser Wesenheit bei ihrer An- oder Übernahme von „Seele" auf „Seele" widerfahren. In ihrer Gesamtheit werden sie unter dem Begriff „Metempsychose" zusammengefasst.

Der Ausdruck „Metempsychose" enthält wesentlich mehr, als dargelegt wurde. Der hier nicht genannte Teil der Lehre gehört jedoch zu dem verborgenen, geheim gehaltenen Wissen der Alten Weisheit und kann daher nicht in einem veröffentlichten Werk wiedergegeben werden.

Die in der Aufzählung angeführten Begriffe stehen in engen Beziehungen zueinander. Zum Beispiel transmigriert offensichtlich jede Seele auch bei ihrer Metempsychose in dem besonderen Sinn dieses Wortes. Gleichfalls hat jede transmigrierende Wesenheit auch ihre Metempsychosen, ihre Seelenwechsel. Doch diese Beziehungen oder das Ineinandergreifen von Bedeutungen dürfen nicht mit der spezifischen Bedeutung, die jedem einzelnen dieser Begriffe zugehört, durcheinandergebracht werden. Die wesentliche Bedeutung von Metempsychose kann kurz wie folgt beschrieben werden: Eine Monade bringt im Verlauf ihrer evolutionären Wanderungen durch die Sphären und Welten periodisch ein neues „Seelengewand", eine „Seelenhülle" aus ihrem Innern hervor. Dieses Hervorbringen und der Gebrauch von „Seelen" oder „Seelenhüllen" wurde im Verlauf der Zeitalter Metempsychose genannt.

In der hebräischen Kabbala gibt es einen alten mystischen Aphorismus, er besagt: „Ein Stein wird eine Pflanze, eine Pflanze wird ein Tier, ein Tier wird ein Mensch, und ein Mensch wird ein Gott." Dies bezieht sich nicht auf die Körper der jeweiligen Stufen, denn wie könnte es einem menschlichen physischen Körper möglich sein, ein Gott zu werden? Die äußerst tiefgründige Bedeutung ist vielmehr, dass die evolvierende Wesenheit in ihrer „Seelenhülle" lernt und wächst und von Lebenshaus zu Lebenshaus, von Hülle zu Hülle fortschreitet. Jedes Mal betritt sie ein besseres Lebenshaus, einen edleren Tempel, und in jedem lernt sie neue und edlere Lektionen als im letzten, als in früheren Leben. Dies zeigt, dass die Lebensatome, die die Körper zusammensetzen, sich selbst ebenfalls verändern und mit dem Ego, gemäß ihrer eigenen Stufe, evolvieren. Mit anderen Worten: Während die innere Ego-Seele vorwärtsschreitet und ihre eigenen spirituellen, intellektuellen und psychischen Bahnen entlang evolviert, fühlen auch die verschiedenen Körper, in denen sie ihre vielen Wohnplätze findet, den Impuls oder Drang des innewohnenden evolutionären Feuers und antworten darauf durch eigene Entfaltung oder Evolution zu größerer Vollkommenheit.

Der persische Dichter Dschalâl ad-Din Rûmî, ein Sufi, schreibt in mystischer Weise über dieses Thema wie folgt:

> Ich starb als Stein und wurde eine Pflanze;
> ich starb als Pflanze und tauchte wieder auf als Tier;
> ich starb als Tier und ward ein Mensch.
> Wovor sollt' ich mich fürchten?
> Wann wurd' ich durch das Sterben je geringer?
> Das nächste Mal werd' ich als Mensch dann sterben,
> auf dass mir Engelsflügel wachsen;
> und auch als Engel muss ich Fortschritt suchen.
> [...]
> Noch einmal werd' ich fliegen meinen Weg
> weit über Engel noch hinaus,
> um das zu werden, was undenkbar uns.
>
> *Masnawi*

Ein tiefgründiger Gedanke, den dieser wunderbare Sufi-Dichter hier gibt: endloser Fortschritt, kein Ende, keine Endgültigkeit, keine Endstation, kein abschließender, absoluter Stillstand, sondern immer und ewig Vorwärtsschreiten.

Der nächste Begriff ist „Reinkarnation"; ein modernes Wort lateinischen Ursprungs, das „Wieder-ins-Fleisch-Eintreten" bedeutet. Sein Sinn ist lediglich der, dass sich die menschliche Ego-Seele – nach einer mehr oder weniger ausgedehnten Zeit der nachtodlichen Ruhe, Erholung und Glückseligkeit im Devachan – auf unserer Erde in einem menschlichen fleischlichen Körper einkörpert. In dem neuen Körper nimmt die menschliche Seele die Bindungen physischen Lebens und das individuelle irdische Schicksal auf unserer Erde wieder auf, die hier am Ende der letzten physischen Inkarnation auf Erden für eine Zeit unterbrochen wurden. Das Wort „Reinkarnation" unterscheidet sich im Allgemeinen von dem Wort „Wiedergeburt" darin, dass Reinkarnation lediglich die Wiedergeburt in menschliche fleischliche Körper auf Erden bedeutet. Wiedergeburt hingegen enthält die stillschweigende, wenn auch nicht ausgesprochene Folgerung, dass Verkörperungen auf Erden von Wesenheiten möglich sind, die ihre irdische Pilgerfahrt aufgrund ihrer Evolution beendet haben, aber dennoch zuweilen zur Erde zurückkehren, um ihren weniger evolvierten Mitmenschen zu helfen.

Der achte und letzte Begriff in der Aufzählung ist „Metensomatose". Er ist ebenfalls ein zusammengesetztes griechisches Wort, dessen Bedeutung etwa folgendermaßen wiedergegeben werden kann: „Auswechseln von Körper auf Körper", wobei nicht notwendigerweise immer menschliche Körper aus Fleisch gemeint sind – in diesem Punkt ist es dem Wort „Wiederverkörperung" sehr ähnlich –, sondern Körper von angemessener, doch unterschiedlicher physischer Beschaffenheit, die der Evolutionsstufe entspricht, die das menschliche Geschlecht zu der entsprechenden Zeit erreicht hat. Die in diesem Wort enthaltene Bedeutung ist sehr schwer zu erklären und

kann nicht in wenigen Zeilen auch nur hinlänglich angedeutet werden. Vielleicht wird sie aber durch die folgende Bemerkung klarer: In
lang vergangenen Zeitaltern hatte das menschliche Geschlecht zwar
Körper, aber es waren keine Körper aus Fleisch, wie wir sie heute
haben. In weit entfernten zukünftigen Zeitaltern wird die Menschheit ebenfalls Körper haben, aber nicht notwendigerweise Körper aus
Fleisch. In jenen weit entfernten Zeitperioden der Zukunft werden
die „menschlichen" Körper von ätherischer Art sein, aus leuchtender
Materie, die sehr richtig als konkretisiertes Licht bezeichnet werden
könnte.

Die besondere und wesentliche Bedeutung, die „Metensomatose"
enthält und nachdrücklich in sich schließt, liegt in dem Aspekt „Körper". Sie kann daher mit „Einkörpern" wiedergegeben werden, wobei der Nachdruck deutlich auf „Körper" gelegt ist. Das Annehmen
von Körpern der sich wiederverkörpernden Wesenheiten findet statt,
wann und wo immer Erfahrungen gewonnen werden müssen, und
zwar in jeder Welt oder auf jedem Plan, seien diese nun sichtbar oder
unsichtbar. Mit diesem Hinweis ist es offensichtlich, dass derartige
Körper nur gelegentlich aus Fleisch bestehen wie die der gegenwärtigen Menschheit. Metensomatose kann also in ihrer allgemeinen Bedeutung in Bezug auf die Annahme von Körpern jeglicher Art angewandt werden, ob diese nun ätherisch sind oder aus Licht, aus spiri-
tualisierter Substanz oder aus physischem Stoff bestehen.

Werden diese acht Begriffe und ihre voneinander abweichenden Bedeutungen sorgfältig unterschieden und somit auch richtig angewandt, kann die allgemeine Lehre von dem „Zurückkehren ins manifestierte Dasein" mit erlesener Klarheit, präzise und vollständig
zum Ausdruck gebracht werden. Jeder dieser Begriffe behandelt einen
Aspekt, einen Teil oder eine Phase des allgemeinen Schicksalsverlaufs
der äußeren und der inneren menschlichen Wesenheit, wie ebenso
den der nichtmenschlichen Wesenheiten. Die Anwendung der Begriffe sollte daher in erster Linie auf die inneren, unsichtbaren Abenteuer der migrierenden, evolvierenden und revolvierenden Wesenhei-

ten gerichtet sein und nicht so sehr auf deren physisches, irdisches Leben auf diesem unserem Planeten Terra.

Die jeweiligen Bedeutungen der Begriffe würden jedoch falsch verstanden werden, wenn sie so betrachtet würden, als stünden sie ohne Beziehung zueinander und hätten lediglich eine Verbindung zu den entsprechenden Verkörperungen des menschlichen Egos. Denn tatsächlich ist jeder einzelne Begriff auf verschiedene Abschnitte, die unterschiedlichen Ereignisse während der vorgeburtlichen wie auch der nachtodlichen Vorgänge, die die menschliche Seele durchlebt, anwendbar, und zwar jeder Begriff mit der ihm eigenen Bedeutung. Folglich „präexistiert" die menschliche Seele nicht nur, sie „wiederverkörpert" sich auch, wobei sie auf unserer Erde „Wiedergeburt" annimmt, und zwar tut sie dies mittels psycho-astraler „Palingenesis", die sie mithilfe der ihr eigenen Art von „Transmigration" durchführt. Der ganze Vorgang ist dann stark gekennzeichnet durch die „Metempsychose", die sie durchmacht, die die „Reinkarnation" oder die Rückkehr in menschliche fleischliche Körper auf Erden zuwege bringt, wodurch sie ihr Verlangen nach „Einkörperung" ihren Fähigkeiten und Eigenschaften entsprechend in dieser Sphäre erfüllt.

Die in diesen Begriffen enthaltene umfassende Lehre ist äußerst eindrucksvoll und geht weit über die normale menschliche Vorstellung und Imagination hinaus. Das genaue Studium der jeweiligen spezifischen Merkmale offenbart zunehmend die in ihnen enthaltene philosophische und wissenschaftliche Schönheit sowie die umfassenden tief verwurzelten logischen Zusammenhänge. Tatsächlich ist keines dieser Begriffe getrennt von den übrigen vollständig zu verstehen. Alle diese Vorgänge müssen entsprechend berücksichtigt werden, wenn ein hinreichendes Verständnis für sie angestrebt wird. Jeder dieser Begriffe in seiner philosophischen Bedeutung führt weiter zu einem vollständigeren Erfassen der spezifischen Bedeutung aller anderen. Auf diese Weise wird das Verständnis allmählich vertieft und zu einer sich ständig ausdehnenden erweiterten Anschauung geführt. Der hieran beteiligte mentale Prozess entspricht dem eines Wanderers,

der einen hohen Berg ersteigt. Beim Erreichen des Gipfels erblickt
er all die kleineren Hügel und Täler unter sich, an denen er vorbei-
gekommen ist, und außerdem sieht er noch höhere Berge, die über
seinen augenblicklichen Standort hinausragen und von den Strahlen
der Sonne berührt werden, Berge, die ihm am Rande der Welt zu
liegen scheinen.

II

Die sich voneinander unterscheidenden Begriffe des „Von-Neuem-
ins-Leben-Tretens" auf Erden wurden von derart vielen bedeutenden
Menschen sowohl der archaischen Vergangenheit als auch der frühen
Zeitperioden der neueren Weltgeschichte gelehrt. Eine Zusammen-
stellung ihrer Auslegungen wäre eine faszinierende Lektüre und ein
fesselndes Studium. Von den nördlichsten Gebieten der bewohnten
Erdkugel bis hin zu den südlichsten, vom fernsten Osten bis hin zum
äußersten Westen, in jeder Richtung um den Erdball herum kann der
wissbegierige Forscher nicht ein einziges Land finden, in dem diese
edle Lehre – sozusagen dieser religiös-philosophische Dolmetscher,
der die Rätsel des menschlichen Lebens löst – ignoriert und nicht gelehrt wurde. Ihre Auslegungen und die einzelnen Aspekte wurden
jedoch in den verschiedenen Zeitaltern, Ländern und Völkern an
Deutlichkeit unterschiedlich oder in mehr oder weniger verwickelter Form gelehrt. Ein sehr großer Teil der vollständigen Lehre wurde
jedoch stets als geheim zurückgehalten. Er wird daher in seiner Vollständigkeit nur den wenigen Auserwählten mitgeteilt, die fähig waren und sind, sie zu verstehen, und die sowohl intellektuell als auch
moralisch gefestigt sind, um keinen persönlichen Nutzen aus ihnen
zu ziehen.

Reinkarnation wird in heutiger Zeit, wenn auch nur in mehr oder
weniger unvollständiger Auslegung, unter mehr als drei Vierteln der

Weltbevölkerung gelehrt. Tatsächlich gab es eine Zeit, in der sie absolut universell war. Selbst vor einer so kurzen Zeitspanne wie vor zweitausend Jahren hat die gesamte Weltbevölkerung in der einen oder anderen Form an sie geglaubt. Die Brahmanen und Buddhisten Indiens sowie die Völker des ferneren und des nördlichen Asiens waren schon immer „Reinkarnisten" und sind es noch jetzt, ebenso wie die Taoisten in China, die es auch in vergangenen Zeiten waren.

Taoismus ist eine der edelsten und mystischsten Glaubensrichtungen, die der asiatische Geist je hervorgebracht hat, wohlgemerkt echter Taoismus. Ein rechtes Verständnis des Taoismus ist aber sehr selten, denn die meisten westlichen Gelehrten nehmen in der Regel alles, was sie hinsichtlich religiöser und philosophischer Glaubensrichtungen studieren, sehr wörtlich. Während die Zeitalter dahingingen, unterlagen viele der alten Glaubensrichtungen dem Verfall und in größerem oder geringerem Grade der Degeneration. Auch der Taoismus und andere Glaubensrichtungen bilden keine Ausnahme von dieser universalen, aber tragischen Regel.

Die allgemeine Lehre von der Wiederverkörperung oder Wiedergeburt wurde von sehr vielen der alten Griechen und Römer in der einen oder anderen Form, ja vielleicht in all ihren verschiedenen Aspekten, mit philosophischer Genauigkeit gelehrt. Doch existierten unter den alten Griechen und Römern – wie in gewisser Weise auch heute – ebenfalls gewisse Schulen mit materialistischer Tendenz sowie Schulen von Zynikern und Skeptikern. Diese Zyniker brüsteten sich mit ihrem Unglauben gegenüber anderen Realitäten, die nicht physischer Natur sind. Skeptiker wie diese haben zu allen Zeiten existiert. Auf Zeiten und Epochen spiritueller Finsternis oder spiritueller Unfruchtbarkeit – die der große Grieche Platon beschrieb – folgen Zeiten oder Epochen spiritueller Fruchtbarkeit und geistiger Klarheit. Platon bewies, dass er mit der Alten Weisheit vertraut und in sie eingeweiht war. Dennoch haben Menschen dieses skeptischen und zweifelnden Typs wenig Schwierigkeiten, Anhänger zu gewinnen und eigene Schulen zu errichten.

Doch damals wie auch heute brachten diese Skeptiker nichts weiter als Vermutungen hervor als Beweis für ihren Unglauben. Höherstehende Kräfte und Welten, die unsere physische Sphäre ursächlich inspirieren, bewegen und leiten, werden ignoriert. Die von ihnen behauptete Nicht-Existenz konnte jedoch nicht bewiesen werden. Wenn Abweichungen und Meinungsverschiedenheiten ein stichhaltiges Argument gegen die Richtigkeit einer Theorie sind, so gilt dasselbe Argument mit gleicher Stichhaltigkeit und Kraft für die von den Skeptikern selbst angenommene Position. Mit anderen Worten, das Argument der Skeptiker kann auf sie selbst angewandt werden, und da es gewöhnlich ihr wirkungsvollstes Argument ist, so ist es ebenso wirksam gegen diejenigen, die es vorgebracht haben.

Wie aber kann der Materialismus oder die spirituelle Nicht-Existenz bewiesen werden – allein auf der Grundlage der Verneinung? Die Materie kann ihre eigene Nicht-Existenz nicht beweisen, da sie ja zweifellos existiert. Andererseits kann sie auch nicht die Existenz oder Nicht-Existenz von etwas Anderem beweisen oder widerlegen, von dem sie *ex hypothesi* nichts weiß. Die Beweisführung führt somit zu einem Zirkelschluss[1]. Niemand kann erwarten, dass tendenziöse Schriften, die aufgrund begeisterter Parteilichkeit verfasst wurden, für etwas anderes gehalten werden als für das, was sie sind: spezielle Schriften zur Verteidigung verschiedener Sekten und ihren Leugnern. Kurioserweise hat es auch immer Leugner einer anderen Art gegeben, die abstreiten, dass Materie an sich existiert!

So war zum Beispiel der Einfluss von Orpheus auf die griechische Welt im Altertum ungeheuer groß und sehr tiefgehend; es war ein Einfluss, der, obwohl meist unerkannt, heute noch gefühlt werden kann und der auch in den verschiedenen Arten mystischen Denkens vorhanden ist, die in Europa weit verbreitet sind. Die größten und

---

[1] Circulus vitiosus: Das zu Beweisende ist in der Voraussetzung enthalten (d. Hrsg.).

intuitivsten Denker Alt-Griechenlands und Roms waren „Reinkarnisten" oder Anhänger der allgemeinen Lehre von der Wiederverkörperung in der einen oder anderen Form, den unterschiedlichen Besonderheiten der Lehre entsprechend, die zu den verschiedenen Zeiten vorherrschten. Die Pythagoreer und Platoniker hielten an dieser Lehre mit den ihnen eigenen Schattierungen der Auslegung fest. Unter den Römern, die ihrem Beispiel folgten, sind viele große Namen bekannt, wie zum Beispiel der sehr berühmte kalabrische Dichter und Philosoph Ennius. Von seinen Werken ist leider nichts weiter erhalten geblieben als einige wenige verstreute Zitate, die von zeitgenössischen Dichtern und anderen Autoren zu verschiedenen Zeiten aufbewahrt wurden. Doch schon aus diesen verstreuten Zitaten kann ein wenig Wissen über das erlangt werden, was dieser Große des Altertums gelehrt hat. Später folgte dann Vergil mit seinen wunderbaren Werken, besonders der *Aeneis* (Buch VI, Vers 724 ff.). Noch später, in anderen Ländern um das europäische Mittelmeer herum, lehrten Jamblichus, Plotin, ja die gesamte leuchtende Reihe der neuplatonischen Philosophen – große Männer und ebenfalls auch einige Frauen –, und alle waren Reinkarnisten.

Die alten Perser, die Chaldäer und Babylonier, die alten Germanen, die Druiden Westeuropas und die keltischen Völker im Allgemeinen waren Reinkarnisten. Wie auch anderswo üblich, hielten sie an der allgemeinen Lehre in der einen oder anderen Form fest. Die allgemeine Lehre wurde in ihren verschiedenen Phasen von jedem Einzelnen unterschiedlich verstanden und interpretiert, jeweils gemäß seiner individuellen Einsicht und philosophischen Fähigkeit.

III

Einige moderne Gelehrte sind der Meinung, die alten Ägypter hätten
nicht an irgendeine Form der Reinkarnation geglaubt. Ihre Meinung
scheint jedoch allein auf der Tatsache zu beruhen, dass europäische
Ägyptologen ihre Studien vor allem der Entzifferung monumentaler
Reliquien und in Gräbern gefundener handschriftlicher Dokumen-
te gewidmet haben. Sprichwörtlich sehen sie den Wald vor lauter
Bäumen nicht. Mit anderen Worten: Die Details der großartigen
Forschungen in der Ägyptologie, die mit Young und Champollion
begannen, haben den Blick der Ägyptologen für die allgemeinere
Übersicht weitgehend geblendet. Sie sehen daher noch nicht, dass
es sowohl vom philosophischen als auch vom religiösen Standpunkt
aus absolut notwendig ist, die Existenz der Reinkarnation als populären Glauben bei Priestern und Laien als Tatsache anzuerkennen,
damit die archäologischen Überbleibsel, die Gegenstand ihres Studiums sind, erklärt werden können.

Mit der Zeit wird die Existenz der Reinkarnation jedoch – wahrscheinlich zur Bestürzung zumindest einiger der eher dogmatisch
denkenden Gelehrten unter ihnen – vollständig bewiesen werden.
Gemäß europäischen Gelehrten vor Young und Champollion hielten
die alten Ägypter ohne jeden Zweifel an einer Art der allgemeinen
Wiederverkörperung fest, wahrscheinlich, wie gesagt werden kann,
an einer ihrer Formen von Metempsychose-Reinkarnation. Die alten
ägyptischen Manuskripte sowohl der älteren Dynastien als auch der
späteren alexandrinisch-griechischen Epoche bestätigen die Wiedergeburt in allgemeiner Art durchaus, sofern diese universal verbreitete
Lehre im Auge behalten wird, die entsprechend auch in den Ländern
um das Mittelmeer verbreitet war. Die früher akzeptierte Auffassung

unter den Europäern, dass die alten Ägypter „Reinkarnisten" waren, gründete sich weitgehend auf die sehr zurückhaltenden Aussagen des großen griechischen Philosophen und Historikers Herodot. Aus Unwissenheit wurde Herodot zu einer Zeit „Vater der Lügen" genannt. Heute wird er jedoch oft „Vater der Geschichte" genannt, weil moderne Forschung gezeigt hat, wie scharf seine Beobachtungen und wie genau seine Beschreibungen im Allgemeinen waren.

Man sollte lieber Herodot Glauben schenken. Er hielt sich lange in Ägypten auf und kannte die Ägypter daher sehr gut. Gemäß seinen eigenen Aussagen unterhielt er sich nicht nur mit Priestern, sondern auch mit dem Volk. Ob dies mithilfe eines Dolmetschers geschah oder nicht, hat keinerlei Bedeutung. Herodot erhielt sehr genaue Vorstellungen über die religiösen und philosophischen Ansichten von denjenigen, mit denen er zusammentraf. Da Herodot selbst Grieche war, könnte er das Gehörte – zumindest bis zu einem gewissen Grad – mit seiner griechischen Voreingenommenheit und entsprechend seiner religiös-philosophischen Anschauung ausgelegt haben.

Allgemein kann gesagt werden: Je mehr von der antiken Geschichte entdeckt wird, desto mehr beweist die Forschung die allgemeinen und oft auch die besonderen Kernaussagen, die in Herodots interessantem, aber oft sehr seltsam geschriebenem Werk enthalten sind.

Die Verfasser der *Encyclopædia Britannica* sagen über Herodot Folgendes:

An allen interessanteren Orten ließ er sich eine Zeit lang nieder. Er stellte Untersuchungen und Nachforschungen an, führte Messungen durch und trug Material zusammen. Während er den Plan seines großen Werkes im Kopf hatte, nahm er sich für die Ausarbeitung der einzelnen Teile reichlich Zeit und sorgte durch persönliche Beobachtung dafür, eine vollständige Kenntnis von den verschiedenen Ländern zu erhalten.

Bd. XIII, S. 382 (11. Auflage)

Andere Autoren, wie zum Beispiel im *Dictionary of Greek and Roman Biography and Mythology,* sagen nur die Wahrheit über Herodot, wenn sie Folgendes schreiben:

> Er sah all die Wunder Ägyptens mit eigenen Augen, und die Genauigkeit seiner Beobachtungen und Beschreibungen setzt die Reisenden in diesem Lande noch heute in Erstaunen.
>
> *Dictionary of Greek and Roman Biography*
> *and Mythology,* herausgegeben von
> Sir William Smith, LL. D.; Bd. II, S. 433

Dieser große Grieche verbrachte, wie bereits gesagt, eine lange Zeit in Ägypten. Er mischte sich nicht nur vertraut unter das Volk, vielmehr hatte er auch, wie er in seinem Werk schreibt, freien Zutritt zu den Tempeln, in denen er sich mit den gelehrten Priestern über geheim gehaltene und verborgene Dinge unterhielt. Wenn er sagt, die Ägypter akzeptierten eine Form von Metempsychose-Reinkarnation, so gibt es guten Grund anzunehmen, dass Herodot besser wusste, worüber er sprach, als jene Gelehrten, die etwa 2 400 Jahre später kamen und deren einziges Argument gegen Herodots Aussagen ist, sie hätten noch nicht den Beweis für seine Behauptungen. Wir ziehen es vor, den Mann für glaubwürdig zu halten, der vertraut unter den Ägyptern lebte und sie daher kannte, statt die modernen Theorien, die sich auf eine bloße *Petitio Principii,* die bloße Annahme einer unbewiesenen Sache, gründen.

Es wäre erstaunlich, wenn die Ägypter, ein so großes, wunderbares Volk, auf wissenschaftlichen und literarischen Gebieten, in ethischer und historischer Hinsicht sowie in religiösem und philosophischem Denken und Wirken eine der tiefreichendsten Lehren, die einst universell verbreitet war, nicht gekannt oder zurückgewiesen haben sollten. Gesunder Menschenverstand zeigt, dass an der Wurzel des außerordentlich mystischen Systems der alten Ägypter verschiedene religiöse Dogmen aufgestellt wurden, die die vielschichtigen Formen der Reinkarnation beinhalten.

Tatsächlich aber verstehen moderne Gelehrte die Bedeutung und infolgedessen auch die Tragweite der alten Philosophien und Religionen zumindest dann nicht, wenn die Bedeutung nicht nur an der Oberfläche liegt und leicht erkennbar ist, wenn sie also nicht klar auf der Hand liegt und offen ausgesprochen ist.

Es folgen nun Herodots eigene Worte, die aus dem griechischen Original übersetzt wurden:

> Es waren die Ägypter, die sich zuerst zu der Lehre äußerten, die besagt, dass die Seele (Herodot gebraucht hier das Wort *Psyche*) unsterblich ist und dass, wenn der physische Körper zerfällt, die Seele in ein anderes Lebewesen eingeht, das in dem Augenblick bereit und geeignet für sie ist. Nachdem sie (die Seele) alle erdhaften, wässerigen und luftförmigen Lebensformen durchlaufen hat, bekleidet sie sich von Neuem mit dem Körper eines Menschen, der dann für sie bereit ist. Diese Wanderung oder Transmigration macht sie in etwa 3 000 Jahren durch. Es gibt auch eine Anzahl Hellenen, die derselben Lehre anhängen – einige der alten Zeit und einige späterer Tage –, und diese geben sie als ihre eigene Lehre aus. Obwohl ich ihre Namen kenne, schreibe ich sie hier doch nicht nieder.
>
> Buch XI, *Euterpe*, S. 123

Das Wort, das Herodot hier in seinem griechischen Original verwendet, ist ζῶον (zôon), was ebenso wie das lateinische Äquivalent *animal* „Lebewesen" oder „Tier" bedeuten kann, und zwar das Letztere, weil das Tier ein Lebewesen ist. Auch der Mensch ist ein Lebewesen, weil aber der Mensch spirituelle und intellektuelle Fähigkeiten und Attribute besitzt, die eine so ungeheure Vorrangstellung vor der bloßen Vitalität oder tierischen Natur seines Körpers einnehmen, ist der Ausdruck ζῶον (zôon) im Griechischen oder *animal* im Lateinischen selten, wenn überhaupt, für Menschen angewandt worden. Er wurde jedoch beständig im mystischen Sinn angewandt, um beseelte Wesenheiten jeglicher Art, ob hoch- oder niedrigstehend, zu bezeichnen, wenn der Nachdruck auf die körperliche Seite des Seins gelegt wurde. So wurden im Kreis des Zodiak die verschiedenen Zeichen, Häuser oder Wohnungen ζῷα (zôa), „Lebewesen", genannt. Dies stand im Einklang mit der mystischen griechischen Vorstellung, dass die Himmelskörper „Lebewesen" wären, die aber von Gottheiten beseelt und belebt seien.

Es ist nötig, die Aufmerksamkeit auf diesen Sachverhalt zu lenken, da der Ausdruck ζῷον im Griechischen oder das lateinische Äquivalent *animal* ständig mit „Tier" im modernen europäischen Sinne übersetzt wird. Oft verfehlt diese Übersetzung die tatsächliche Sinngebung des griechischen oder lateinischen Autors und kann auf eine falsche Übersetzung des ursprünglichen Sinns hinauslaufen.

Herodot war weise genug, keine Namen zu nennen. Als ein in die Mysterien Eingeweihter wusste er sehr gut, dass er nach dem, was er über den Glauben der Ägypter gesagt hatte, nicht angeben konnte, wer die griechischen Philosophen waren und welche besonderen Formen der Wiedergeburt sie lehrten, ohne dass er sogleich den Schlüssel zu spirituellen Aspekten bekannt gegeben hätte, wozu er kein Recht hatte. Dass er ein in die Mysterien Eingeweihter war, ist aus seinen eigenen Worten und aus mehreren Stellen ersichtlich, in denen er von der Notwendigkeit des Schweigens spricht.

Es stimmt schon, der Glaube, den Herodot den Ägyptern zuschreibt, ist nicht die Lehre von der Reinkarnation *an sich,* was aber offensichtlich ist, wie aus diesem Kapitel bereits hervorgeht. Es ist auch nicht die reine Lehre von der Metempsychose, wie sie in den Mysterien gelehrt wurde, obgleich die Ägypter zweifellos ebenso gut wie andere alte Völker die beiden reinen Lehren gekannt haben. Völlig unsinnig wäre anzunehmen, dass sie diese nicht kannten, denn die Kenntnis von einer, zwei oder mehr Phasen und Aspekten der allgemeinen Lehre schließt in sich, dass zumindest die Philosophen unter ihnen auch die anderen Phasen und Aspekte kannten. Die besondere und eigentümliche Lehre, auf die Herodot gelegentlich als auf eine offensichtlich bei den Ägyptern besonders beliebte Lehre hinweist, handelt von dem zyklischen Schicksal der „vitalen" Teile der menschlichen Seele, mit anderen Worten, von der niederen Hälfte der mittleren Duade.[1]

Dies besagt nur auf eine andere Art und Weise, dass sich der besondere Aspekt des ägyptischen Glaubens allein auf die Transmigration der Lebensatome bezog, die den „vitalen" Teil der Seele, der Zwischennatur des Menschen, bilden und in einer nachfolgenden Reinkarnation der evolvierenden Seelen-Wesenheit, des sich wiederverkörpernden Egos, wieder zusammenkommen und sich wieder zusammensetzen.

Interessant ist, dass diese besondere ägyptische Lehre, die einen Teil der Mysterienlehren in anderen Ländern bildete, auch wenn sie dort weniger stark betont wurde, der Sitte zugrunde lag, die Toten zu mumifizieren. Diese Sitte war bei den Ägyptern wie auch bei einigen anderen Völkern der alten wie der neueren Zeit verbreitet. Der Zweck der Mumifizierung, wie die Ägypter sie praktizierten, war – zumindest in gewisser Hinsicht und so, wie sie allgemein verstanden wurde – ein kläglicher Versuch, die Transmigration der Lebensatome der mittleren menschlichen Duade und der unteren Triade durch die niederen Sphären des Lebens aufzuhalten – soweit dies physisch möglich war –, indem sie den physischen Körper so lange wie irgend möglich vor dem Verfall bewahrten. Wie sich ein derartiger Glaube in der Fantasie und den religiösen Gefühlen des ägyptischen Volkes derart festsetzen konnte, ist an sich schon ein interessantes und ergreifendes Studium. Zweifellos wussten die Priester, dass die Sitte der Mumifizierung nur eine unvollkommene – wenn überhaupt erfolgreiche – Schutzmaßnahme in Hinblick auf die Transmigration war. Aus Gründen, die gegenwärtig nur unvollständig bekannt sind, wurde dieser Brauch jedoch sowohl als Ritus, in seiner Funktion, als auch als populäre Gewohnheit derart fest etabliert, dass er zu einem der markantesten Merkmale der ägyptischen Kultur wurde.

Die Praktik der Mumifizierung war ihrem Ursprung nach zweifellos spät-atlantäischer Herkunft. Die frühen, jetzt tatsächlich vergessenen

---

[1] Siehe G. v. Purucker: *Grundlagen der Esoterischen Philosophie.* Hannover, 2003, Diagramm S. 607.

Hintergründe beherrschten die Praktik der Mumifizierung auch in
Ägypten, Peru oder in anderen Teilen der Erdkugel, vor allem bildeten sie einen wesentlichen Bestandteil der spät-atlantäischen Kultur.
In ihr kann der Ursprung für die Mumifizierung gesucht werden.
Es genügt hier zu sagen, dass diese Praktik das Anklammern – selbst
nach dem Tode – an das materielle Leben zeigt. Der gesamte Kom-
plex emotionaler und mentaler Faktoren, die mit diesem Anklammern verbunden sind, ist charakteristisch für den Verlust der Spiritualität und für die grobe materielle und mentale Atmosphäre von
Atlantis während seines Verfalls.

Die frühesten Ägypter, die als Erste die Anfänge der geologischen
Formation des Nildeltas besiedelten – diesen sich langsam bildenden
Teil Nordafrikas –, waren Einwanderer aus den Überresten des atlantäischen Kontinents, von dem Platon berichtet und der „Poseidonis"
genannt wurde. Die späteren Ägypter hingegen entwickelten sich aus
einer Reihe eingewanderter kolonisierender Wogen aus dem heutigen Südindien und möglicherweise aus Ceylon (heutiges Sri Lanka, d. Hrsg.). Ceylon selbst, in den archaischen Sanskrit-Schriften
Laṅkâ genannt, war vor Zeitaltern die nördlichste Landzunge der
großen Insel. Sie erlebte ihren Höhepunkt gleichzeitig mit der Blütezeit der atlantäischen Kultur. Obwohl diese große Insel zu der Zeit,
als die letzten kolonisierenden Wogen Ägypten von dort aus erreich-
ten, schon zum großen Teil unter den Meeresfluten versunken war,
zeigt dieser Tatbestand doch ebenfalls, dass jene in das ägyptische
Delta immigrierten Völker aus dem Osten selbst späte Atlantäer orientalischer Abstammung waren. Mit der Zeit wurden sie aber integrale Teile der aufkommenden Arier, der sogenannten 5. Wurzelrasse. Es zeigt sich also, dass die Ägypter sowohl ihrem Ursprung nach
als auch kulturell Atlantäer waren, obwohl die Kolonisation Ägyptens – vom Westen oder vom Osten her – zu einer Zeit stattfand, als
Atlantis bereits ein System von Kontinenten und Inseln mit sagenhafter Vergangenheit geworden war und seine Bewohner tatsächlich
schon an die 5. Wurzelrasse angepasst waren.

Das große Hindu-Epos, das *Râmâyana,* enthält einen solchen legendären Bericht – was auch immer das Datum seiner schriftlichen Aufzeichnung war – über eine Ära, als Lankâ oder Ceylon (Sri Lanka) noch einen Teil der großen atlantäischen Insel im Pazifik bildete. Sie wurde von den Spät-Atlantäern bewohnt, die von den Ariern des Nordens „Râkshasas" genannt wurden, was allgemein mit „Dämonen" übersetzt wird. Diese Bezeichnung steht tatsächlich kennzeichnend für atlantäische Schlechtigkeit in der genauen Übersetzung des Wortes. Die Atlantäer waren in jenen späten Tagen als Magier und Zauberer bekannt, wovon die historischen und sagenhaften Berichte späterer Zeiten ein beredtes Zeugnis ablegen. Das Wissen über das nachtodliche Schicksal des Menschen war den damaligen eingeweihten Priestern jenes vergessenen Volkes in allen seinen Phasen ebenso vertraut wie der frühen und späteren ägyptischen Priesterschaft. Ebenso wie die Atlantäer als üble und schlechte Zauberer oder als Magier zweifelhaften Rufes angesehen wurden, hatten auch Ägypten und seine Bewohner bei den Völkern, die die Küste des Mittelmeeres besiedelten, den Ruf, dass es ein „von Flügeln überschattetes Land" (*Jesaja* 18, 1) und ein Volk von guten wie auch schlechten Magiern sei.

In der *Encyclopædia Britannica* zeigt ein anderer Autor unter dem Stichwort „Metempsychose" die übliche moderne und höchst bedauerliche Unwissenheit über die wirkliche Bedeutung der streng spirituellen Lehre. Er verwechselt Metempsychose mit Transmigration und diese beiden wiederum mit Reinkarnation. Er beginnt seinen Artikel mit den Worten:

> Metempsychose oder Transmigration der Seele: die Lehre, dass beim Tode die Seele in ein anderes Lebewesen eintritt, und zwar in Mensch, Tier oder Pflanze.

Mit der üblichen, aber so trügerischen Selbstsicherheit fährt er fort:

> Bis uns die volle Erforschung ägyptischer Aufzeichnungen in den Besitz der Tatsachen gebracht hat, nahm man an, dass

die Ägypter an Metempsychose geglaubt haben, was ihnen
Herodot ausdrücklich zuschreibt (XI, 123). Wir wissen jetzt,
dass er sich geirrt hat.
                              The Encyclopædia Britannica,
                              Bd. XVIII, S. 259 (11. Auflage)

Wir wissen nichts Derartiges. Alles, was wir wissen, ist, dass moderne
Gelehrte keinerlei Bezugnahme auf diese Lehre, weder in Monumen-
te eingemeißelt noch auf Papyri, gefunden haben. Daraus schließen
sie, dass die Lehre in Alt-Ägypten nicht vorherrschte, obwohl das direkte und ausdrückliche Zeugnis von Herodot offenkundig ist, einem
der größten alten Griechen und einem der am wenigsten fantasierei-
chen. Herodot sagt mit Bestimmtheit und Genauigkeit das Gegenteil in Bezug auf die moderne irrige Theorie. Da er unter den alten
Ägyptern gelebt hat und offenbar zu ihrem Wissen uneingeschränk-
ten Zutritt hatte, ist seine Aussage – als die eines Augenzeugen, der
am Ort gewohnt hat und vertrauten Umgang mit ägyptischen Priestern und gebildeten Menschen pflegte – mehr wert als die gesamte
moderne, rein spekulative Theorie zu diesem Thema.

IV

Im Judentum wird die Wiederverkörperung oder die Reinkarnation
ebenfalls in der einen oder anderen Form gelehrt. Reinkarnation wurde durch Lehrsätze, die die Pharisäer von Alt-Judäa vertraten, vermittelt. Sie wurde als Hauptpfeiler esoterischen Denkens in der jüdischen *Kabbala,* der mystischsten geheimen Lehre der Juden, gelehrt.
Aber sicherlich wurde auch die *Kabbala,* und zwar durch spätere,
wahrscheinlich christliche Hände, verändert. Die Juden glaubten an
die Präexistenz und Wiederverkörperung von Welten ebenso wie an
die von menschlichen Seelen, und zwar ebenso wie einige der bedeutendsten frühen christlichen Kirchenväter, zum Beispiel Clemens
von Alexandrien und Origenes. Wie Platon lehrten auch sie, dass

Bewusstsein und Wissen des Menschen in einem Leben nur die Erinnerungen an Bewusstsein und Wissen aus früheren Leben sind.

Die allgemeine Lehre von der Wiederverkörperung übte auch deshalb nicht nur auf die Juden einen so ungeheuren Einfluss aus, weil ihre universale Anerkennung durch die Pharisäer allgemein akzeptiert wurde. Auch das frühchristliche Denken wurde durch diese Lehre stark geprägt. Wie die Schriften von Origenes und Clemens von Alexandria und die Synoden und Konzilien zeigen, wurde die Lehre in der Form, wie Origenes sie gebracht hatte, jedoch verdammt. So scheint es von nicht geringem Interesse und Wert zu sein, eine Anzahl recht langer Zitate aus der jüdischen wie auch aus der frühchristlichen Literatur der Kirchenväter zu bringen, um die hier gemachten Aussagen zu beleuchten. Diese Zitate sind auf späteren Seiten dieses und des folgenden Kapitels zu finden.

Bei den im christlichen *Neuen Testament* zu findenden Anschuldigungen und kritischen Bemerkungen gegenüber den alten jüdischen Pharisäern handelt es sich zwar mehr oder weniger um Andeutungen, doch der moderne Leser des christlichen *Neuen Testamentes* bekommt dadurch ein entstelltes und daher falsches Bild von den Pharisäern, von dem, wer und was sie tatsächlich waren. Wie in allen Klassen der menschlichen Gesellschaft gab es auch hochstehende und gute Pharisäer. Keineswegs waren sie alle Heuchler, auch waren sie nicht immer lediglich bloße Sektierer, die von einer vertrauensseligen Masse lebten, die ihrer Führung mehr oder weniger blind folgte. Dennoch ist es richtig, dass sie die größte jüdische Sekte bildeten, die in ihren Äußerungen die lauteste und nachdrücklichste der drei Sekten war, wie Josephus sie beschreibt. Ihr Einfluss war daher in Palästina oder zumindest unter den Einwohnern Jerusalems offensichtlich sehr groß und tiefgreifend.

Josephus, einer der größten, wahrscheinlich sogar der größte jüdische Historiker, war seiner religiösen Überzeugung nach selbst ein überzeugter Pharisäer.

Den Historikern ist Josephus als Flavius Josephus bekannt, da er den Namen Flavius von Kaiser Vespasian annahm, dessen Gunst er gewonnen hatte. Josephus wurde im Jahr 37 der christlichen Zeitrechnung in Jerusalem geboren. Mütterlicherseits war er fürstlicher jüdischer Herkunft, und vom Vater Matthias erbte er Amt und Funktion eines Priesters in Jerusalem. Er wurde in die Kämpfe der Juden gegen die römische Macht verwickelt, war einer der Generäle der Juden und versah seinen Dienst gegen die eindringende römische Armee. Sein Leben wurde durch Vespasian verschont, und er gewann die Gunst des großen römischen Kaisers. Josephus starb im Jahre 98. Er schrieb eine Reihe von Büchern, von denen die beiden bedeutendsten *Der jüdische Krieg* und *Jüdische Altertümer* sind. Sie liefern zwei der wichtigsten Quellen, aus denen moderne Historiker Informationen über die Zeit, in der Josephus lebte, schöpfen. Dass seine Bücher nachträgliche Einfügungen enthalten, ist richtig.

Josephus berichtet, dass die Pharisäer an Reinkarnation glaubten (wie sie sie verstanden). Tatsächlich sind bei ihm mehrere ausführliche Stellen zu finden, die von dem Glauben der Juden seiner Zeit an Metempsychose-Reinkarnation handeln, denn diese Glaubensrichtungen waren in den Lehrsätzen der Pharisäer verankert. Seinem Bericht zufolge gab es bei den Juden seiner Zeit, also im ersten Jahrhundert der christlichen Ära, drei Klassen von Religionsanhängern oder Sekten: 1. Die Pharisäer, die zahlreichste, mächtigste und populärste Sekte von allen, die in der Öffentlichkeit am meisten geschätzt und geachtet wurde. 2. Die Essener, eine sehr mystische Gruppe mit begrenzter Mitgliederzahl. Sie führten ein Leben, das in heutiger Zeit als klösterlich bezeichnet würde. 3. Die Sadduzäer, eine Gesellschaft mit begrenzter Anhängerzahl. Sie war weniger eine Sekte als eine Körperschaft von Denkern mit freidenkerischen Tendenzen. Ihre Anhänger opponierten gegen das, was die Pharisäer lehrten, und bestritten vieles davon. Sie bezeichneten sich offenbar selbst als die echten Bewahrer des alt-jüdischen Denkens mosaischer Prägung.

Die bei Josephus gefundenen Stellen enthalten Aspekte, die zum Thema dieses Kapitels gehören. Sie weisen interessante Beobachtungen auf, die dem allgemeinen Leser schwer zugänglich sind und daher hier wiedergegeben werden. Das erste Zitat stammt aus dem Buch *Jüdische Altertümer* :

Was die Pharisäer betrifft, so leben sie einfach und verachten Genussmittel. Sie folgen der Führung der Vernunft in Bezug auf das, was diese ihnen als gut vorschreibt, und sie halten es für richtig, ernsthaft danach zu streben, die Gebote der Vernunft zu beachten. Denen, die betagt sind, erweisen sie Achtung, und sie sind nicht so kühn, ihnen in dem zu widersprechen, was sie eingeführt haben. Wenn sie sagen, dass alles schicksalsmäßig abläuft, so nehmen sie den Menschen doch nicht die Freiheit, so zu handeln, wie diese es für richtig halten. Denn ihrer Ansicht nach hat es Gott gefallen, die Schicksalsbeschlüsse und den menschlichen Willen zu vermengen, sodass der Mensch tugendhaft oder lasterhaft handeln kann. Ebenfalls glauben sie, dass die Seelen eine unsterbliche Kraft in sich haben und dass es unter der Erde Belohnungen oder Strafen geben wird, je nachdem, ob die Menschen in ihrem Leben tugendhaft oder lasterhaft gelebt haben. Die Seelen der Lasterhaften müssen in einem ewigen Gefängnis bleiben, aber die Seelen der Tugendhaften haben die Kraft, wiederholt zu leben. Aufgrund dieser Lehren haben die Pharisäer einen sehr großen Einfluss auf das Volk, und alles, was das Volk in Bezug auf Gottesdienst, Gebete oder Opfer verrichtet, vollbringt es entsprechend ihren Anweisungen. Solch glänzendes Zeugnis legen die Städte über sie ab aufgrund der ständigen Ausübung der Tugend sowohl in ihren Handlungen im Leben als auch in ihrem Austausch.

Die Lehre der Sadduzäer hingegen besagt, dass die Seelen mit dem Körper sterben. Auch maßen sich die Sadduzäer nicht an, etwas anderes in Betracht zu ziehen als das, was das Gesetz ihnen auferlegt. Sie halten es für eine Tugend, mit den Lehrern der Philosophie, denen sie folgen, zu diskutieren. Ihre Ansichten nehmen aber nur sehr Wenige an, doch diese sind vom höchsten Rang. Sie sind jedoch kaum imstande, etwas auszurichten, denn wenn sie Magistrate

werden, was sie nur unwillig und teils gezwungenermaßen
tun, unterstellen sie sich dabei den Vorschriften der Pharisäer, weil das Volk sie sonst nicht dulden würde.

Jüdische Altertümer, Whistons Übersetzung, revidiert von
A. R. Shilleto; Buch XVIII, Kap. I, Abschnitte 3 und 4

Die Bezugnahme auf einen Teil jener menschlichen „Seelen", die
aufgrund eines lasterhaften Lebens in einem „ewigen Gefängnis"
zurückgehalten werden – könnte besser mit „äonenlanger Straf-
Läuterung" übersetzt werden. Sie drückt denselben Gedanken aus,
der auch in den anderen Ländern des Altertums zu finden ist und
der sich mit den Seelen befasst, die sich dem Laster hingegeben haben. Der Hinweis auf die Klasse der Seelen, die tugendhaft leben,
besagt hingegen, sie „haben die Kraft, wiederholt zu leben". Dies ist
die Lehre von der Wiederverkörperung, die hier nur kurz dargelegt
wird. An anderer Stelle spricht Josephus genauer darüber:

Was die beiden anderen erwähnten Sekten betrifft, so werden die Pharisäer als die geschickteste in der exakten Auslegung ihrer Gesetze angesehen; sie sind die erste Sekte. Sie
schreiben alles dem Schicksal und Gott zu, und doch machen sie das Zugeständnis, dass es hauptsächlich in der eigenen Macht des Menschen liegt, das Richtige zu tun oder das
Gegenteil davon, auch wenn das Schicksal bei jeder Handlung mitwirkt. Sie glauben außerdem, dass alle Seelen unsterblich sind, aber nur die Seelen tugendhafter Menschen
in einen anderen Körper übergehen, während die Seelen las-
terhafter Menschen ewige Bestrafung erleiden. Die zweite
Sekte aber, die Sadduzäer, streichen das Schicksal gänzlich
und nehmen an, dass nicht Gott die Ursache ist, wenn wir
Lasterhaftes tun oder nicht tun. Sie sagen, es sei die eigene
Wahl der Menschen, Gutes oder Böses zu tun, und dass das
eine oder das andere so zu jedem Menschen gehört, dass er
handeln kann, wie er will. Sie glauben weder an die Unsterb-
lichkeit der Seele noch an Bestrafungen und Belohnungen

im Hades. Ferner sind die Pharisäer freundlich zueinander und pflegen Eintracht zum Wohle der Allgemeinheit. Das Betragen der Sadduzäer untereinander ist jedoch ziemlich schroff, und ihr Umgang mit Mitgliedern ihrer eigenen Gesellschaft ist so unfreundlich, als wären diese Fremde für sie.

Der jüdische Krieg, Buch II, Kap. VIII, Abschnitt 14

Und schließlich sagte Josephus in seiner Ansprache an die meuternden Soldaten – die unter seinem Kommando während ihres Kampfes gegen die römischen Truppen unter Vespasian standen –, als sie erwogen, dass Selbsttötung für ihn wie auch für sie der Übergabe an die römische Macht vorzuziehen sei, Folgendes:

Wovor fürchten wir uns denn, dass wir nicht zu den Römern übergehen wollen? Ist es der Tod? Wenn dies so ist, sollen wir uns das, wovor wir uns fürchten, selbst antun, wenn wir doch nur vermuten, dass unsere Feinde es uns antun werden? Aber jemand wird sagen, dass wir uns vor der Sklaverei fürchten. Sind wir denn jetzt gänzlich frei? Ebenfalls könnte gesagt werden, es sei eine mannhafte Tat, sich selbst zu töten. Nein, das ist es bestimmt nicht, sondern eine höchst unmannhafte [...] Tatsächlich ist Selbsttötung in der allgemeinen Natur aller Tiere unbekannt, und sie wird aus Ehrfurchtslosigkeit gegenüber Gott, unserem Schöpfer, ausgeführt. Denn kein Tier stirbt aus eigener Überlegung oder durch eigene Hilfsmittel, da der Wunsch zu leben bei allen ein starkes Naturgesetz ist [...] Und meint ihr nicht, dass Gott sehr ärgerlich wäre, wenn ein Mensch das verachten würde, was er ihm geschenkt hat? Denn von ihm haben wir unser Dasein empfangen, und wir sollten es seinem Ratschluss überlassen, uns dieses Dasein zu nehmen. Die Körper aller Menschen sind wohl sterblich und aus vergänglichem Stoff geschaffen, aber die Seele ist ewig unsterblich und ein Teil Gottes, der unseren Körper bewohnt. Wenn außerdem jemand ein Pfand, das er von einem bloßen Menschen empfangen hat, zerstört oder missbraucht, so wird er als eine boshafte und treulose Person erachtet. Wenn nun jemand aus seinem eigenen Körper das Unterpfand Gottes hinauswirft, können wir uns da einbilden, dass er, der dadurch beleidigt wird, nichts davon weiß? [...] Wisst ihr nicht, dass diejenigen sich ewigen Ruhmes erfreuen, die gemäß dem Naturgesetz aus diesem Leben scheiden und die Schuld, die sie von Gott empfingen, bezahlen, wenn es ihm, der sie uns lieh, gefällt, sie wieder zurückzunehmen? Wisst ihr nicht, dass ihre Häuser und Nachkommen sicher und ihre Seelen rein und gehorsam sind und den heiligsten Platz im Himmel erhalten, von wo aus sie im Verlaufe der Zeitalter wieder in reine Körper gesandt werden, während die Seelen derjenigen, deren Hände wahnsinnig gegen sich selbst gehandelt haben, am dunkelsten Orte im Hades empfangen werden? Gott, ihr Vater, straft jene, die sich an Seele oder Körper vergehen, in ihren Nachkommen.

Der jüdische Krieg, Buch III, Kap. VIII, Abschnitt 5

Die überzeugende Kraft des obigen Zitates kann sofort aufgrund der natürlichen und einfachen Art und Weise erkannt werden. Josephus weist deutlich auf die besondere Art der Metempsychose-Reinkarnation, die er im Sinn hatte, hin und fügt sie in den Fluss seiner Darstellung ein. Dies ist keine Beweisführung für eine Lehre, die der Redner in seine Ansprache als etwas Fremdes und Neues ungeschickt als religiös-philosophische Neuheit für seine Zuhörer eingebracht hätte. Josephus hat den Hinweis auf die Annahme neuer Körper ohne jeden Zweifel als auf etwas für seine Zuhörer und Leser Alltägliches gegeben, folglich ist sie Teil der Psychologie, in der sie lebten. Wären die Lehren unbekannt, unorthodox oder ausländisch und fremd gewesen, wären sie natürlich nicht angeführt worden, da sie die Beweisführung geschwächt hätten.

V

Die Schriften des großen jüdischen Philosophen und Platonikers Philo Judäus oder Philo der Jude übten auf ihre Weise einen ungeheuren Einfluss aus, und zwar nicht nur auf zeitgenössisches und späteres jüdisches Denken, sondern ebenfalls auf die Anfänge der christlichen Theologie und somit auf das Denken vieler Kirchenväter. Bei mehreren Gelegenheiten spricht Philo Judäus sehr nachdrücklich zugunsten jener besonderen Form von Metempsychose-Reinkarnation, die ihn philosophisch und religiös am meisten ansprach. Tatsächlich weist sie enge Bande der Ähnlichkeit mit entsprechenden Aussagen von Platon auf, seinem großen griechischen Vorläufer, der in Wirklichkeit sein philosophisches Vorbild war.

Philo lebte im 1. Jahrhundert christlicher Zeitrechnung, von Geburt war er Alexandriner. Natürlich wurde er von dem synkretistischen Geist der alexandrinischen Philosophie und Metaphysik sehr stark beeinflusst, der auch zu seiner Zeit noch sehr wahrnehmbar war. Der Zweck seiner Schriften war, die gemeinsamen Grundlagen mystischen und theologischen Denkens zu zeigen, die seiner Meinung nach in den Platonischen Lehren und den heiligen Büchern der Juden existierten. Von modernen Gelehrten wird üblicherweise behauptet, dass Philo die Idee vertrat, Platon, der große Grieche, hätte einen Teil und möglicherweise den Kern seiner Ideen von dem hebräischen Gesetzgeber Moses entnommen. Mit gleicher, ja tatsächlich mit einer weitaus größeren logischen Wahrscheinlichkeit könnte behauptet werden, Philo habe im Herzen geglaubt, dass eine gemeinsame archaische Weisheitsreligion der Menschheit existiere, deren mehr oder weniger vollkommene – oder unvollkommene –

Exponenten und Lehrer sowohl Moses als auch Platon waren, und
zwar jeder auf seine Weise. Auch könnte angenommen werden, dass
Philo gemäß seiner eigenen Auffassung und in dem Wunsch, die
Aufmerksamkeit der Griechen auf die jüdischen heiligen Schriften
zu lenken, sich, so gut er es vermochte, der Tätigkeit widmete, die
Ähnlichkeiten und Übereinstimmungen zu beweisen, die er in den
Schriften von Platon und Moses gefunden hatte.

Philos Argumentation lautete in etwa folgendermaßen: Der Logos
oder der göttliche Geist, der in und durch die Menschheit wirkt,
flößte dem menschlichen Gemüt gemeinsame Ideen ein, und zwar
unabhängig von Volk oder Zeit. Auch scheint Philo an einigen Stellen die Ansicht zu vertreten, dass so große Männer wie Platon und,
allgemein gesprochen, diejenigen, die „die Weisheit der Griechen"
verkündeten, das, was sie an natürlicher Wahrheit besaßen, von der
Inspiration herleiteten, die ihren Ursprung in den jüdischen Schriften habe. Dieser Gedanke ist natürlich absurd und wurde, wie schon
gesagt, wahrscheinlich von dem großen jüdischen Philosophen und
Platoniker übernommen, damit er sein literarisches Werk für die
Menschen seines eigenen Volkes und seiner Religion annehmbarer
machen konnte.

Philo erörterte das Thema mit wirklichem Geschick. Es gelang ihm,
jedem unparteiischen Denker zu beweisen, dass die Juden aller Wahrscheinlichkeit nach ihre Weisheit aus derselben archaischen Quelle
geschöpft haben: der Esoterischen Tradition oder der Esoterischen
Philosophie, der auch die anderen Völker, die das jüdische Volk um-
gaben, ihre frühe religiöse, philosophische und mystische Inspiration
entnahmen. Zu diesen gehörten ebenso die großen griechischen Philosophen der verschiedenen Zeitepochen, die Ägypter und die Völker
aus dem Einzugsgebiet des Euphrat und des Tigris. Auf die großen
philosophischen Völker im Fernen Osten kann hier nicht genauer
eingegangen werden, obwohl auch auf sie das Gesagte zutrifft. Denn
es ist so gut wie sicher, dass der Einfluss, der von hinduistischem
Denken ausging, zeitalterlang auf die Völker westlich der großen

Hindu-Halbinsel eingewirkt hatte und dass indisches Denken ebenso lange in mesopotamische und syrische wie in ägyptische und griechische Spekulationen eingesickert war und sie langsam durchdrungen hatte. Dieser indische Einfluss wurde zu Lebzeiten Philos sehr stark und ist für den modernen Gelehrten deutlich wahrnehmbar. Wahrscheinlich aber war er schon seit Jahrhunderten im Stillen am Werk gewesen. Alexandria war ein wahrer metaphysischer Schmelztiegel religiöser und philosophischer Ideen, und kein kompetenter Gelehrter bezweifelt heute, dass orientalischer Einfluss, ob von brahmanischem oder buddhistischem Charakter, ja wahrscheinlich von beidem, das alexandrinische Denken in nicht geringem Maße gefärbt hat.

Was auch immer Philos Absicht gewesen sein mag, es gelang ihm eher zu beweisen, dass dasselbe essenzielle, fundamentale und universelle System ebenso die Grundlage des Judaismus war, wie es auch die Wurzel aller anderen alten religiösen und philosophischen Systeme bildete. Weniger hingegen bewies er, dass die größten Philosophen anderer Völker – unter anderem die der philosophischen Griechen, wie zum Beispiel Platon – ihre Inspirationen aus den philosophisch-mystisch unklaren *Büchern Mose* geschöpft hätten. Auf jeden Fall hinterließ der große alexandrinische jüdische Philosoph, der in Wirklichkeit ein platonisierender Hebräer war, der Nachwelt einige bewundernswerte mystische und philosophische Schriften. Auch aufgrund der Zitate, die er von Glaubensrichtungen gebracht hat, die nicht seinem eigenen Glauben entsprachen, sind sie unschätzbar.

Philo stellt seine eigene besondere Form der von ihm bevorzugten Metempsychose-Reinkarnation in sehr klaren Worten heraus. Sie sind, abgesehen von dem Wert für einen historischen Überblick, deshalb interessant, weil sie zeigen, in welch einem weiten Ausmaß zu Philos Lebzeiten an der Wiederverkörperung in der einen oder anderen Form festgehalten wurde. Auch spricht er von den verschiedenen Arten der „Seelen", die das Universum erfüllen, und von den Himmelskörpern als von beseelten Wesenheiten. Diese Aussagen trifft er in Übereinstimmung mit der allgemeinen Lehre des Altertums von

der Wiederverkörperung, die ebenfalls von vielen, wenn nicht von
den meisten der ersten Christen angenommen wurde, wie die Schriften von Clemens von Alexandrien und Origenes belegen.

In seinem Traktat „Über die Lehre, dass die Träume von Gott gesandt werden" führt Philo die Stelle aus der *Genesis*[1] an, in der die
kosmische Himmelsleiter erwähnt wird. Sie reicht von der Erde bis
zum Himmel, und die Engel Gottes steigen auf ihr auf und nieder.
Philo kommentiert dies wie folgt:

> In dem, was die Welt genannt wird, ist unter der Leiter bild-
> lich die Luft zu verstehen. Ihr Fundament ist die Erde, und
> ihr Haupt ist der Himmel. Denn der weite innere Raum,
> der nach allen Himmelsrichtungen ausgedehnt ist, ist die
> Luft; sie reicht von der Mondkugel bis hinab zur Erde, dem
> untersten dieser Körper. Der Mond wird als der entlegenste
> in der Ordnung am Himmel beschrieben; von jenen aber,
> die über erhabene Dinge meditieren, als der uns am nächs-
> ten stehende. Die Luft ist die Wohnstätte nicht verkörperter
> Seelen, da es dem Schöpfer des Universums als gut erschien,
> alle Teile der Welt mit lebenden Geschöpfen zu erfüllen.
> Deshalb rüstete er die irdischen Tiere für die Erde aus, die
> Wassertiere für das Meer und die Flüsse und die Sterne für
> den Himmel. Denn jeder einzelne dieser Körper ist nicht
> nur ein Lebewesen, er ist auch, genau gesagt, das äußers-
> te und reinste Universalgemüt, das das Universum durch-
> dringt. Somit gibt es also auch lebende Geschöpfe in jenem
> anderen Teil des Universums, nämlich in der Luft [...]
>
> Denn sie ist nicht nur nicht von allen anderen Dingen ver-
> lassen, sondern vielmehr gleich einer bevölkerten Stadt voll
> von unvergänglichen und unsterblichen Einwohnern, von
> Seelen, die so zahlreich sind wie die Sterne.

---

[1] *Genesis* 28, 12

Nun steigen einige dieser Seelen auf die Erde hinab mit der Absicht, sich ganz mit einem sterblichen Körper zu vereinigen. Das sind diejenigen, die am engsten mit der Erde verbunden sind und den Körper lieben. Einige aber schwingen sich empor; sie unterscheiden sich wiederum durch Begrenzungen und Zeiten, die von der Natur bestimmt sind. Von diesen kehren diejenigen, die von dem Wunsch nach sterblichem Leben beseelt und an dieses gewöhnt sind, wieder zu ihm zurück. Andere jedoch, die den Körper als sehr töricht und zu nichts tauglich verdammen, nennen ihn ein Gefängnis und ein Grab und fliehen von ihm wie von einem Zuchthaus oder einer Gruft. Auf leichten Flügeln erheben sie sich in die Höhe zum Äther und widmen ihr ganzes Leben erhabenen Wahrnehmungen [...]

Darum stellt Moses die Luft äußerst bewundernswert dar unter dem bildlichen Symbol einer Leiter, die fest in die Erde gepflanzt ist und bis zum Himmel emporreicht.

Die Werke von Philo Judäus, Bd. II, „Über die Lehre, dass die Träume von Gott gesandt werden", Buch I, Kap. XXII (alle Zitate von Philo aus der Übersetzung des griechischen Originals von C. D. Yonge)

Insbesondere im Hinblick auf Philos Ideen über die Himmelskörper als beseelte Wesenheiten oder als himmlische Seelen sei folgendes Zitat angeführt:

Jene Wesen, die andere Philosophen Dämonen [*daemones*] nennen, nennt Moses gewöhnlich Engel; es sind Seelen, die in der Luft schweben. Und niemand möge glauben, dass das, was hier gesagt ist, eine Fabel sei; denn es ist unbedingt richtig, dass das Weltall in allen seinen Teilen mit lebenden Dingen angefüllt sein muss, da jedes seiner ursprünglichen elementaren Teilchen seine zugehörigen Lebewesen enthält, und zwar jene, die mit seiner Natur übereinstimmen; [...]

und der Himmel enthält die Sterne. Denn auch diese sind
vollständige Seelen, die das Universum durchdringen, da sie
rein und göttlich sind, insofern sie sich kreisförmig bewegen. Und diese Art der Bewegung ist dem Denkprinzip eng
verwandt, denn jeder von ihnen ist Elter des Gemüts.

ebenda, „Über die Riesen", Bd. I, Kap. 2

Ähnlich drückt er sich in seinem Traktat mit dem Titel „Über die
Pflanzung (Noahs)" aus:

Denn jene, die Philosophie studiert haben, bezeichnen auch
die Sterne als Lebewesen [das heißt „animales" im Sinne von
lebenden oder beseelten Wesen], die mit Intellekt begabt
sind und das gesamte Universum durchdringen. Einige sind
Planeten und bewegen sich durch ihre eigene innere Natur;
andere, die Fixsterne, werden mit den Umläufen des Universums entlang getragen, sodass sie ebenfalls ihre Stellungen zu
verändern scheinen.

ebenda, Bd. I, Kap. 3

In den umfangreichen Schriften von Philo Judäus, der ein Zeitgenosse des jüdischen Historikers Josephus war, gibt es noch einige andere Stellen, die sich einschlägig und direkt auf die allgemeine Lehre
von der Wiederverkörperung beziehen. Philo verstand diese natürlich
und schrieb über sie daher gemäß seiner eigenen besonderen Ansicht
über Metempsychose-Reinkarnation. Ebenso wie in den Auszügen
von Josephus finden wir hier dieselbe Atmosphäre des Vertrautseins
mit der Wiederverkörperung, die keiner besonderen Erklärung und
Ausarbeitung bedurfte. Sie wird in Philos verschiedenen Schriften als
eine seinen Lesern bekannte Lehre erwähnt. Daher erforderte sie ihrerseits keinen besonderen, erläuternden Kommentar. Diese Tatsache
ist wirklich äußerst wichtig.

KAPITEL 2

Die Lehre von der Wiederverkörperung in den verschiedenen Zeitaltern – II

Eine der geschichtlichen Tragödien in psychologischer wie in geistiger Hinsicht ist der Verlust der allgemeinen Lehre von der Wiederverkörperung. Die Europäer verloren die Gesamtheit oder die einen oder anderen Aspekte der Lehre aus dem Bewusstsein, nachdem die letzten schwachen Strahlen der Alten Weisheit tatsächlich verschwunden waren. Dieser Verlust ereignete sich im 6. Jahrhundert der christlichen Zeitrechnung zu der Zeit, als die einzige in den Mittelmeerländern noch existierende Mysterienschule durch den Erlass des Kaisers Justinian geschlossen wurde. Sehr wahrscheinlich erfolgte die Schließung aufgrund eines Gesuches vonseiten der Hüter der Schule, der wenigen noch verbliebenen Getreuen der neuplatonischen Denkströmung.

Rom und Persien befanden sich zu dieser Zeit im Kriegszustand. Sieben Philosophen, deren Schule in Athen geschlossen wurde, flohen daraufhin und fanden am Hofe des Perserkönigs Chosrau Anuschirwan I. Schutz. Dort konnten sie ihre philosophischen Überzeugungen frei ausüben. Als Persien den Krieg gewann, war eine der Friedensbedingungen, die Chosrau dem Kaiser Justinian aufzwang, den sieben Philosophen zu erlauben, in das Römische Reich zurückzukehren, was auch geschah. Daraufhin konnten sie dort in Frieden leben, ohne den damaligen Gesetzen des Römischen Reiches unterworfen zu sein, deren Richtlinien sich besonders gegen die sogenannten „Heiden" und deren Religion oder Glaubensrichtungen wandten.

Hier möchte man innehalten und sich fragen, wie anders sich die religiöse Geschichte in den europäischen Ländern entwickelt hätte,

wäre die „Wiederverkörperung" zum Bestandteil des theologischen
Systems des Christentums geworden. Ihr Einfluss auf Herz und Verstand der Menschen ist sehr stark. Folglich ist ihre Kraft, das menschliche Schicksal zu formen, so stark, dass ein großer Teil der Religions-
geschichte des Westens weitaus freier und mehr im Einklang mit den
Intuitionen des menschlichen Geistes verlaufen wäre, hätte sich dieser Einfluss ausbreiten können.

Zweifellos gab es während und am Ende des Mittelalters einige Anhänger der Wiederverkörperung, die mehr oder weniger im Geheimen an der Lehre festhielten und deren tröstenden, verfeinernden
Einfluss ausstreuten, soweit es ihnen möglich war. In diesem Zusammenhang sei an einige Gesellschaften mystisch orientierter Christen
erinnert, die später das Opfer intoleranter, ja oft blutiger Verfolgung
wurden, wie zum Beispiel die sogenannten Albigenser, die Katharer
und die Bogomilen. Mit der Renaissance der Gedanken- und For-
schungsfreiheit wurde die Wiederverkörperung mit der Zeit unter
dem einen oder anderen ihrer verschiedenen Aspekte den Gelehrten bekannt. Zum großen Teil ist dies einer genaueren Kenntnis der
philosophischen und religiösen Literatur Griechenlands und Roms
zu verdanken. Die Niederlage Konstantinopels (heute Istanbul) und
seine Eroberung durch die Türken im Jahre 1453 brachte die darauf folgende Verbreitung der vielen antiken literarischen Werke der
byzantinischen Bibliotheken in Europa mit sich.

Obwohl die Wiederverkörperung für viele intuitive Gemüter an-
ziehend war, wurde sie allgemein dennoch für fremdartig gehalten.
Auch aufgrund ihrer Verbindung mit alten philosophischen Syste-
men und Religionen wurde sie viele Jahrhunderte hindurch in Eu-
ropa als „heidnisch" betrachtet. Ihre weitgehende Annahme in allen
Bevölkerungsschichten ist zweifellos der Verbreitung vonseiten der
Theosophischen Gesellschaft und der gewissenhaften literarischen
Arbeit einzelner Theosophen zu verdanken.

In heutiger Zeit ist die Lehre von der Wiedergeburt – jetzt allgemein
Reinkarnation genannt – zusammen mit ihrer Zwillingslehre von

Karman nicht nur nahezu populär, sie erfährt darüber hinaus eine bemerkenswerte Beachtung vonseiten der größten Dichter und Denker, und zweifellos geht die Zahl derer, die sie annehmen, im Westen in die Millionen. Überall finden sich Spuren von ihr. Tatsächlich ist die Lehre von der Reinkarnation heute bereits fester Bestandteil des philosophischen und religiösen Gedankenguts oder ist dabei, es zu werden. Weit davon entfernt, für eine heidnische Doktrin gehalten zu werden, beleuchtet sie nicht nur die Unterschiede und die Vielfalt im menschlichen Leben, sondern ebenso deren Bedeutung.

Ebenso könnte ohne Übertreibung gesagt werden, dass Reinkarnation im heutigen Westen von einer Vielzahl nachdenklicher Menschen stillschweigend angenommen wird. Diese stillschweigende Akzeptanz scheint die Tür für philosophische und religiöse Forschung sowie für Gedanken der Alten Weisheit geöffnet zu haben. So äußern sich viele bedeutende Menschen offen zur Reinkarnation und belegen unverkennbar die Spuren des Einflusses, den die Reinkarnation bewusst oder unbewusst auf ihr Denken ausgeübt hat.

Es könnte eine Vielzahl an Namen von mehr oder weniger prominenten Schriftstellern angeführt werden, deren literarische Werke hierfür beispielgebend sind. In dem vorliegenden Werk halte ich dies jedoch weder für notwendig noch für möglich.

Auf Beispiele von vorausblickenden, intuitiven Denkern hinweisen zu können, ist dennoch sehr erfreulich. Sie zeigen in ihren literarischen Werken sehr deutlich, wie sehr sich die Philosophie des Westens von den alten theologischen Fesseln und begrenzenden Ansichten in Wissenschaft, Philosophie und Religion – die selbst der letzten Generation noch so vertraut waren – befreit hat, und zwar rapide befreit hat.

Ein solcher intuitiver Denker mit liberalen und gleichzeitig genialen philosophischen Anschauungen ist Professor John Elof Boodin. Er zeigt in seiner weitsichtigen Vision in vieler Hinsicht den essenziellen Wert des antiken Denkens – insbesondere seine Hingabe zu Platon. Auch zeigt er, dass er sich weitgehend der Theosophie nähert – möglicherweise in einem größeren Ausmaß, als er zugeben wollte. Man möchte bedauern, dass sein wahrhaft philosophischer und intuitiver Geist nicht der

archaischen Theosophie die gleiche Aufmerksamkeit geschenkt hat wie
den vorübergehenden Phasen der modernen Naturwissenschaft. Ihnen
scheint er in seinem äußerst interessanten Buch *Three Interpretations of
the Universe* („Drei Interpretationen des Universums") (Macmillan Co.,
1934) scheinbar mehr Wert beizumessen, als die schnell wechselnden
wissenschaftlichen Meinungen es verdienen.

In diesem Werk finden sich viele Aussagen, die bewundernswert intuitiv
geschrieben wurden und die denen der Alten Weisheit sehr nahekom-
men, wenn nicht identisch mit ihnen sind. Es kann daher nur bedauert
werden, dass der Philosophieprofessor Boodin diesem Gedankengang
nicht weiter nachgegangen ist. Die folgenden Auszüge aus seinem erwähnten Werk (mit Erlaubnis des Verfassers, J. E. Boodin, zitiert) sind auf
den Seiten 497, 499 und 500 zu finden und werden hier als Beispiele
für das vorher Gesagte angeführt:

> Lebende Dinge durchlaufen ihre Zyklen im kosmischen Pro-
> zess. Sie haben ihren Abstieg wie auch ihren Aufstieg. Meistens
> ist ihre Lebensspanne kurz, obwohl die einfachsten Lebensein-
> heiten, wie die der Materie, eine sehr lange Existenz zu haben
> scheinen. Der Tod, heißt es, ist der Preis, den die Natur für
> Komplexität verlangt. Aber auch die einfachsten Organismen
> haben ihre Zeit im kosmischen Drama. Der evolutionäre Auf-
> stieg findet von Generation zu Generation durch den Lebens-
> strom statt. Der Lebensstrom ist aber nicht etwas von der Um-
> gebung Getrenntes. Er schließt sein Umfeld ein. Der Lebens-
> strom, von dem wir ein Teil sind, durchläuft seinen Zyklus in-
> nerhalb des Erdzyklus, wobei Evolution auf Degeneration folgt.
> Der Erdzyklus verläuft seinerseits innerhalb des Sonnenzyklus,
> von dem die Erde und die übrigen Planeten Teile sind. Der Son-
> nenzyklus wiederum nimmt seinen Lauf innerhalb noch umfas-
> senderer Zyklen, in denen Galaxien von Sternen aus Nebeln
> hervorgehen. Aber alle Zyklen verlaufen im Bereich der kosmi-
> schen Kontrolle.
>
> [...] Bei der Synthese von Wasser geht es um mehr als um
> das Verhältnis von zwei Teilen Wasserstoff zu einem Teil Sauer-
> stoff. Es ist ein Antrieb vorhanden, der ihre Trägheit überwindet,
> und das kosmische Feld, in dem die Synthese stattfindet und

das aufgrund seiner Struktur die Formel vorgibt. Die Struktur des Wassers ist weder im Wasserstoffgas noch im Sauerstoffgas, noch in der Summe ihrer Eigenschaften enthalten [...]

Der gesamte Prozess der Evolution ist ein Prozess der Vergeistigung.

[...] Der Grund, warum wir in der Natur, auch in den einfachsten Stadien, Schönheit und Intelligenz finden, ist der, dass wir es auch hier – im Atom, in den anorganischen Verbindungen – nicht mit träger, passiver Materie (was eine Fiktion von Philosophen ist) zu tun haben, sondern mit vergeistigter Materie. Beim Verstehen und Einschätzen der niedrigsten Materie „mag sich Geist mit *Geist* treffen", wenn auch der Spielraum begrenzt ist. Wir müssen reinen Geist als das Energie spendende Mittel in der gesamten Natur postulieren und nicht nur im Leben der höchsten Wesen. Die ganze Hierarchie von Wesen – vom Elektron bis zum Menschen und alles, was noch über dem Menschen sein mag – lebt und bewegt sich im Medium des *Geistes*. Geradeso wie unser Körper eine einzigartige Qualität besitzt, da er vom Feld des Denkens beherrscht wird, so hat auch die Natur eine einzigartige Qualität, denn sie wird von der Göttlichkeit beherrscht. In Augenblicken künstlerischer Unschuld ahnen wir, dass die Natur vergeistigt ist, und erkennen es an. Das ist auch der Grund, warum niemand ein großer Wissenschaftler sein kann, wenn er nicht ein Dichter ist.

I

Aus dem vorher Gesagten ist zweifellos ersichtlich, dass die *Wiederverkörperung*, und zwar in ihrer Gesamtheit, in einem oder in mehreren ihrer Aspekte, während der letzten 1500 Jahre nur in den europäischen Ländern verloren ging und vergessen wurde. Beim Studium der europäischen Geschichte von der Zeit des Niedergangs des Römischen Reiches bis zur Mitte des 19. Jahrhunderts können leicht die Gründe für diesen Verlust herausgefunden werden und auf welche Weise er zustande kam. Die heutige christliche Religion lehrt sie nicht und hat sie schon jahrhundertelang nicht gelehrt. Dennoch glauben in heutiger Zeit einige christliche Geistliche an Reinkarnation, und in einigen seltenen Fällen beginnen sie sogar, die Wiederverkörperung in mehr oder weniger abgewandelter Form wieder zu lehren. Möglicherweise wurde die Lehre zuerst aus den Augen verloren und verschwand aus jenen Büchern, die die Grundlagen der christlichen Theologie enthielten, einschließlich derjenigen, die die Lehre der *späteren* Kirchenväter brachten. Der Grund war, dass die Lehre von der Wiederverkörperung, der Palingenesis, der Metempsychose oder der Metensomatose zu einer frühen Zeitperiode der christlichen Ära mit den sich schnell ausbreitenden religiösen Ansichten in Konflikt geraten war. Ebenfalls stand sie im Gegensatz zu der Annahme, der zufolge die menschliche Seele vom allmächtigen Gott in einem unbestimmten Augenblick bei oder vor der physischen Geburt erschaffen worden sei. Die Folge davon war, dass die Lehre von wiederholten Wiederverkörperungen der menschlichen Seele allmählich als in Opposition und im Widerspruch stehend mit der damals vorherrschenden religiösen Ansicht über den Ursprung der Seele betrachtet wurde. Sie wurde verspottet und verworfen, weil sie aufrichtig oder vorsätzlich – wie der Fall auch gelegen haben mag – völlig missverstanden wurde. Ein geistreicher Franzose hat einmal gesagt, die beste und leichteste Art, etwas zu vernichten, das man nicht leiden mag, sei die, Hohn und Spott darauf zu lenken. Dies sind wirklich starke Waffen polemischer Argumentation; für Menschen jedoch, die wirklich selbstständig denken, sind Hohn und Spott in keiner Weise überzeugende Argumente, weil leicht zu erkennen ist, dass sie oft nur die mangelnde Fähigkeit verdecken, auf ein Argument überzeugend zu antworten.

Unter den ersten Christen wurde jedoch tatsächlich eine Form von Metempsychose-Reinkarnation gelehrt wie auch eine ziemlich klar dargelegte Lehre von der Präexistenz der Seele seit Ewigkeit. Der bedeutendste christliche Vertreter dieser frühen theologischen Schule, dessen literarische Werke uns in der Übersetzung oder im Original erhalten geblieben sind, war der große Origenes von Alexandria. Die meisten Hinweise auf den frühchristlichen Metempsychose-Glauben in Origenes' Schriften sind in seinem Werk *De principiis* („Über die Grundprinzipien") zu finden.[1]

Für jene, die die frühchristlichen Glaubensrichtungen studieren – von denen viele nicht mehr akzeptiert werden –, ist es bedauerlich, dass wir nicht den vollständigen Text von Origenes' griechischem Originalwerk besitzen. Das Wissen von dem, was jener große Kirchenvater schrieb, stammt daher hauptsächlich aus einer Übersetzung ins Lateinische mit dem Titel: *De principiis,* die in späterer Zeit von Tyrannius Rufinus von Aquileia angefertigt wurde. Er wurde um 345 der christlichen Ära geboren und starb 411; somit war er also ein Zeitgenosse des „orthodoxen" Kirchenvaters Hieronymus.

Rufinus hat sich gegenüber dem griechischen Originaltext des Origenes tatsächlich große Freiheiten erlaubt – was selbst moderne christliche Gelehrte zugeben –, und zwar so sehr, dass es nicht möglich ist, ihn von der Beschuldigung der Verstümmelung des Textes von Origenes freizusprechen, ja möglicherweise der eingefügten Fälschungen, die er in seine lateinische Übersetzung einschob und Origenes zuschrieb. Es handelt sich hierbei um gewisse Ideen, die sehr wahrscheinlich von Rufinus selbst stammen.

Rufinus war jedoch nicht der Einzige, der diese literarische Unehrlichkeit anwandte, insbesondere in Bezug auf Origenes' Werk. Denn in seinem Prolog zu *De principiis* sagt er, dass er nur so handele, wie Andere vor ihm zu anderen Zeiten gehandelt hätten. Seine Worte sind interessant und werden daher hier wiedergegeben:

> Damit ich in Ihnen nicht einen zu strengen Prüfer finden möge, gab ich nach, und das sogar gegen meinen Vorsatz,

---

[1] Der Titel der lateinischen Übersetzung von Origenes' Werk *Περι αρχων* lautet *De principiis,* der englische ist *On First Principles.*

jedoch unter der Bedingung und Vereinbarung, dass ich
in meiner Übersetzung so weit wie möglich der Regel folge, die von meinen Vorgängern beachtet wurde, besonders
von jenem ausgezeichneten Mann, den ich schon erwähnt
habe. Dieser Mann hat über 70 jener Abhandlungen von
Origenes, *Die Homilien* betitelt, ins Lateinische übersetzt
und auch eine beträchtliche Anzahl seiner Schriften über die
Apostel, in denen im griechischen Original sehr viele „Steine
des Anstoßes" zu finden sind. Diese hat er in seiner Übersetzung so geschliffen und korrigiert, dass ein lateinischer
Leser auf nichts stoßen würde, das zu unserem Glauben im
Widerspruch stehen könnte. Seinem Beispiel folgen wir daher nach den besten Kräften, wenn auch nicht mit der gleichen Ausdrucksfähigkeit, so doch zumindest mit der gleichen Genauigkeit in Bezug auf die Regel, indem wir solche
Ausdrücke nicht wiedergeben, die in den Werken des Origenes vorkommen und miteinander unvereinbar und einander
entgegengesetzt sind.

> *De principiis,* S. 12. Die Übersetzung
> der folgenden Auszüge stammt von
> Crombie, Professor der Bibelkritik, St. Andrews.

Rufinus mag den Eindruck erwecken, er sei so etwas wie ein Hu-
morist gewesen, da er seine Verstümmelungen von Origenes' Text
damit entschuldigt, sie seien „miteinander unvereinbar und einander
entgegengesetzt". Warum sich Rufinus und seine Vorgänger, von denen er spricht, zu Richtern über Origenes' Christentum aufgespielt
haben, ist leicht zu erkennen. Denn selbst das von seinen Lehren Ge-
bliebene wurde zum Anlass eines um sich greifenden polemischen
Aufruhrs in der christlichen Kirche, und schließlich wurde Origenes
auf der Heimsynode unter Mennas verdammt. Wäre noch heute der
vollständige griechische Urtext von Origenes' *De principiis* vorhanden, wäre zu erkennen, dass der große alexandrinische Kirchenvater
im griechischen Original in seinen Lehren weitaus klarer und offener

über die besondere Art der von ihm befürworteten Metempsychose-
Reinkarnation war, als es in den verstümmelten Texten, die uns hinterlassen wurden, den Anschein hat. Doch selbst diese verstümmelten
und gefälschten Texte genügen vollauf, um zu zeigen, wie weit der
große griechische Theologe aus Alexandria in seiner Anerkennung
und öffentlichen Lehre hinsichtlich einer Form von Metempsychose-
Reinkarnation ging.

In den Zeiten, die dem 6. Jahrhundert der christlichen Ära vor-
ausgingen, waren Origenes' Ideen sehr stark in das Gewebe des
christlich-theologischen Denkens – ja in die gesamte christliche Ge-
meinschaft – eingedrungen. Es verwundert daher nicht, dass der
wachsende religiöse Materialismus der Zeit über die Unterschiede
beunruhigt war, die die Lehren des Origenes, verglichen mit den eta-
blierten Dogmen des christlichen Glaubens, damals zeigten.

Obwohl es aufgrund der zweifachen Verdammung schließlich gelang,
den Geist der Lehren des großen Alexandriners Origenes zu ersti-
cken, gelang dies nichtsdestoweniger nur nach vielen polemischen
Auseinandersetzungen und sehr erbitterten Divergenzen und theologischen Meinungsverschiedenheiten. Tatsache ist, dass in der christlichen Kirche ein großer Teil des origenistischen Denkens bis in spätere Zeiten hinein weiterlebte, was noch im 14. Jahrhundert in Ost-,
Mittel- und Westeuropa sehr anschaulich belegt wird.

Es kann noch hinzugefügt werden, dass zu der Zeit, da die Lehren des
Origenes in Konstantinopel offiziell verdammt wurden und die Erinnerung an diesen großen Mann vollkommen verunglimpft wurde,
die sogenannten areopagitischen Lehren des Pseudo-Dionysios, des
Areopagiten, rasch in der orthodoxen Gunst standen. Diese Lehren
waren dem Typ nach mystisch und zweifellos heidnischen Ursprungs,
da sie zum großen Teil auf neuplatonischer und neupythagoreischer
Theologie basierten, doch waren sie weniger direkt als die Ansichten
des Origenes.

Die Frage ist nun, welche frühchristlichen Sekten die Wiederverkörperung in der einen oder anderen Form gelehrt haben. Zunächst

waren es vor allem die Manichäer, obwohl es fraglich ist, ob ihre Lehren in irgendeinem Sinn als christlich bezeichnet werden können. Auch wenn moderne christliche Theologen und Historiker – zumindest einige von ihnen – die Manichäer als christliche Sekte bezeichnen, kann kaum gesagt werden, dass sie eine solche waren. Sie hatten zwar tatsächlich einige wenige christliche Vorstellungen angenommen, möglicherweise aus Gründen der persönlichen Sicherheit, vielleicht aber auch, um ihre wahren Überzeugungen besser schützen zu können. Im Grunde genommen waren die Manichäer jedoch keine Christen, obgleich ihre Lehren weit verbreitet und zu jener Zeit in der Geschichte der frühen Christen sehr populär waren.

Außerdem gab es die vielen gnostischen Sekten, von denen sich einige tatsächlich wesentlich voneinander und oft sehr vorteilhaft von der christlichen Theologie und dem christlichen Leben unterschieden. Hinzu kamen andere Sekten wie zum Beispiel die Präexistenzialisten, die so genannt wurden, weil sie an die vorgeburtliche Existenz der menschlichen Seele glaubten sowie an eine Form der Reinkarnation. Sie waren jedoch ausgesprochen christlich und akzeptierten die christliche Theologie in den meisten Punkten. Auch diese Sekte hatte in den ersten Jahrhunderten der christlichen Ära keinen unbedeutenden Einfluss auf das Denken jener Zeit. Anscheinend waren sie mehr oder weniger Anhänger desselben Systems, das der große Origenes nach besten Kräften in seinen Schriften und Lehren entfaltet hatte.

Für den Leser wird von großem Interesse sein, Beispiele aus Origenes' Lehre vor Augen zu haben, in denen er die von ihm gelehrten Aspekte zu Metempsychose-Reinkarnation und Präexistenz behandelte. Daher wurden die folgenden Zitate aus einer Anzahl anderer gewählt, die alle charakteristisch sind. Das erste stammt aus einem noch erhaltenen Fragment des ursprünglichen griechischen Textes:

[…] da sich also die eine Natur jeder Seele in den Händen Gottes befindet und es sozusagen nur eine Gesamtheit vernunftbegabter Wesen gibt, haben gewisse Ursachen älteren

Datums dazu geführt, dass einige Wesen zu Gefäßen der Ehre und andere zu Gefäßen der Unehre erschaffen wurden.

De principiis, Buch III, Kap. I, Abschnitt 21

Die Formulierung „gewisse Ursachen älteren Datums" im obigen Zitat ist – sofern darüber hinaus viele andere ähnliche Passagen in Origenes' Werken beachtet werden, die eindeutig die Existenz einer Wesenheit vor der physischen Geburt feststellen – ein deutlicher Hinweis auf ein präexistentes Leben oder präexistente Leben der Seelenwesenheiten. Infolge inhärenter karmischer Ursachen werden einige zu „Gefäßen [Menschen] der Ehre" und andere zu „Gefäßen der Unehre".

Ferner heißt es im griechischen Original etwas weiter im Text:

[…] wie es andererseits möglich ist, dass jemand, der aufgrund von Ursachen, die älter sind als das gegenwärtige Leben, hier ein Gefäß der Unehre gewesen ist, nach der Besserung aber […] werden kann […]

ebenda

In einem späteren Kapitel spricht Origenes noch klarer wie folgt:

[…] diejenigen, die überzeugt sind, dass alles in der Welt unter der Verwaltung göttlicher Vorsehung steht, können, wie mir scheint, keine andere Antwort geben, um zu zeigen, dass kein Schatten von Ungerechtigkeit auf der göttlichen Regierung liegt, als durch die Überzeugung, dass gewisse Ursachen einer früheren Existenz vorhanden waren, infolge deren die Seelen vor ihrer Geburt im Körper eine gewisse Schuld in ihre Gefühlsnatur oder in ihre Bewegungen auf sich geladen hatten, aufgrund derer sie von der göttlichen Vorsehung für würdig befunden wurden, in die gegenwärtige Lage gestellt zu werden.

ebenda, Buch III, Kap. III, Abschnitt 5

Und etwas weiter im Text fährt er fort:

> Was nun aber die Einflüsterungen betrifft, die der Seele,
> das heißt dem menschlichen Denkvermögen, von verschie-
> denen Geistern eingegeben werden und die Menschen zu
> guten Handlungen oder zum Gegenteil anregen, so müssen
> wir auch in diesem Fall annehmen, dass manchmal gewisse
> Ursachen vor der körperlichen Geburt existiert haben.
>
> ebenda

Die letzten beiden Zitate von Origenes sind der lateinischen Übersetzung von Rufinus entnommen, und nur die unsterblichen Götter
wissen, wie schuldig sich Rufinus hier durch das Verstümmeln, Ab-
ändern oder Abschwächen des Textes seines großen alexandrinischen
Vorgängers gemacht haben mag.

Es folgt eine weitere Übersetzung aus Rufinus' *De principiis* von Origenes. Dort spricht Origenes von der Präexistenz der Seelen und
schreibt – wie Rufinus ihn wiedergibt – folgendermaßen:

> [...] auch vernunftbegabte Geschöpfe hatten einen ähnli-
> chen Anfang. Wenn sie aber einen Anfang hatten wie das
> Ende, das sie erhoffen, dann existierten sie zweifellos von
> Anfang an in jenen [Zeitaltern], die nicht zu sehen und ewig
> sind. Wenn das so ist, hat es einen Abstieg von einem höhe-
> ren zu einem niederen Zustand gegeben, und zwar nicht nur
> für jene Seelen, die den Wechsel durch die Verschiedenheit
> ihrer Bewegungen verdient haben, sondern auch für diejeni-
> gen, die, um der ganzen Welt zu dienen, aus jenen höheren
> und unsichtbaren Sphären heruntergebracht wurden in die-
> se niederen und sichtbaren Sphären [...]
>
> ebenda, Buch III, Kap. V, Abschnitt 4

Sofern dem vorhergehenden Gedankengang aufmerksam gefolgt
wurde, sind in diesem letzten Zitat von Origenes wesentliche Aspekte

derselben archaischen Lehre, der Präexistenz, deutlich zu erkennen. Die von Origenes (oder Rufinus) benutzte Phraseologie hat jedoch aufgrund ihrer absichtlichen Unbestimmtheit und ihrer weitschweifigen Kunstgriffe die wesentlichen, zugrunde liegenden Ideen verdunkelt.

In Verbindung mit der Lehre des Origenes von der Präexistenz der Hierarchien verschiedener Seelen ist ferner interessant, dass der große Alexandriner ebenfalls die Präexistenz von Welten und folglich auch deren Wiederverkörperung lehrte. Diese Aussage beinhaltet eine der selten zum Ausdruck gebrachten Hauptlehren der archaischen Weisheitsreligion des Menschengeschlechts. In *De principiis* (in Rufinus' lateinischer Übersetzung) kann weiter gefunden werden, was Origenes insbesondere über dieses Thema sagt:

> Im Einklang mit den Richtlinien der Religion kann eine logische Antwort gegeben werden, wenn man sagt, Gott habe nicht damals, als er unsere sichtbare Welt erschuf, zum ersten Mal zu wirken begonnen, aber wie es nach der Zerstörung der Welt eine andere Welt geben wird, so glauben wir auch, dass andere Welten existiert haben, bevor die gegenwärtige ins Dasein trat. Diese beiden Positionen werden durch die Autorität der Heiligen Schrift bestätigt.

> ebenda, Buch III, Kap. V, Abschnitt 3

Aus dem Zitat geht klar hervor, dass Origenes nicht nur eine Präexistenz und wiederholte Existenzen von Welten lehrte, sondern auch deren Wiederverkörperung zu ihrer Zeit. Ebenso lehrte er nicht nur die bloße Präexistenz von Seelen oder vernunftbegabten Geschöpfen vor ihrer Einkörperung auf Erden, sondern auch eine tatsächliche Reinkarnation oder Wiederverkörperung dieser Seelen-Wesenheiten auf Erden. Rufinus bringt dies in seiner lateinischen Übersetzung *De principiis* sehr klar zum Ausdruck:

Folglich ist jeder von denen, die zur Erde hinabsteigen, gemäß seinen Veranlagungen oder übereinstimmend mit seiner dort eingenommenen Stellung dazu bestimmt, in dieser
Welt geboren zu werden, in einem anderen Land oder unter
einem anderen Volk, in einer anderen Lebensart, von Un-
sicherheit verschiedener Art umgeben, von religiösen Eltern
abstammend oder von solchen, die nicht religiös sind. So
mag es manchmal geschehen, dass ein Israelit zu den Sky-
then hinabsteigt und ein armer Ägypter nach Judäa hinab-
geschickt wird.

ebenda, Buch IV, Kap. I, Abschnitt 23

Offensichtlich ist dies eine deutliche Darlegung der Reinkarnation,
wie sie auch in der heutigen Zeit verstanden wird. Es wäre völlig sinn-
los zu argumentieren – sollte ein solches Argument je vorgebracht
werden –, Origenes' Lehre schließe lediglich eine reine Präexistenz in
spirituellen Reichen in sich, und zwar ohne wiederholte Inkarnationen auf Erden in menschlichen Körpern. Seine letzten Worte stehen
vielmehr im direkten Einklang mit der Reinkarnationslehre.

Interessant ist, wie hier gezeigt wird, dass Origenes ebenso wie die
meisten Philosophen der besseren Klasse des Altertums und auch seiner Zeit – denn er war offensichtlich in die Eleusinischen Mysterien
eingeweiht – nicht jene besondere populäre, gröblich missverstandene Metempsychose-Reinkarnation lehrte, die heute fälschlich als
„Transmigration" von menschlichen Seelen in Tierkörper angesehen
wird. Seine Worte laufen dieser falschen Ansicht diametral entgegen.
Es ist daher gut möglich, dass die nachdrückliche Zurückweisung
dieser falschen Idee von der Transmigration in Origenes' Worten
dahingehend missverstanden wird, als habe Origenes die Lehre von
jener besonderen Form von Metempsychose-Reinkarnation zurückgewiesen, die er anderweitig so ausdrücklich bejaht. Seine Meinung
über dieses Thema wurde ebenfalls in seiner Schrift *De principiis* klar
herausgestellt:

Wir meinen, dass jene Ansichten, die einige unnötigerwei-
se vorzubringen und zu verfechten pflegen, auf keinen Fall
zugelassen werden sollten, nämlich dass Seelen zu solch einer Tiefe der Erniedrigung abwärtsgehen, dass sie ihre ver-
nunftbegabte Natur und Würde vergessen und in den Zustand unvernünftiger großer und kleiner Tiere absinken [...]
Alle derartigen Behauptungen nehmen wir nicht nur nicht
an, sondern widerlegen und verwerfen sie, weil sie unserem
Glauben widersprechen.

ebenda, Buch I, Kap. VIII, Abschnitt 4

Auch in seiner Schrift gegen den heidnischen Philosophen Celsus argumentiert Origenes erneut stark gegen die missverstandene Transmigration:

[...] eine Ansicht, die weit über die mythische Lehre von der
Transmigration hinausgeht, derzufolge die Seele vom höchsten Himmel herabfällt und in den Körper eines gefühllosen
zahmen oder wilden Tieres eintritt!

Origenes: *Contra Celsum* (*Gegen Celsus*), Buch I, Kap. XX
(Crombies Übersetzung)

Celsus hatte geschickt und überzeugend gegen den neuen christlichen
Glauben geschrieben. Er gründete seine Einwände darauf, dass der
christliche Glaube einen Mangel an angemessener Philosophie aufwei-
se. Ferner stellte er richtig fest, dass von dem, was neu am christlichen
Glauben war, sehr wenig von Wert sei und dass all das Beste von ihm in
den verschiedenen heidnischen Glaubensrichtungen vorweggenommen
worden sei.

So ist mehr als offensichtlich, dass Origenes, wie ebenfalls auch die
Theosophie, die falsche Auslegung der Transmigration verwirft. In
vielen Ländern führte das gröbliche Missverstehen der Transmigration zur Abzweigung von der wahren Lehre der Wiederverkörperung.

Nach dieser missverstandenen Transmigration könnten vernunftbe-
gabte menschliche Seelen wieder in die Körper unvernünftiger Tiere
eingehen, ja würden tatsächlich in sie eingehen. Wie in dem vorliegenden Buch deutlich herausgestellt wurde, ging diese falsche Auffassung in der Tat aus der wahren Lehre von der Wiederverkörperung
hervor, und zwar infolge einer Verwechslung mit den Lehren, die
sich auf die *Transmigrationen der menschlichen Lebensatome* beziehen
sowie auf die erhabenen Abenteuer der menschlichen Monade auf
ihren Wanderungen durch die Sphären.

Zum Teil beruht der Fehler auch auf einem Missverstehen einer weiteren Lehre hinsichtlich des unheilvollen Schicksals, das nicht selten
dem Kâma-rûpa von Menschen widerfährt, die während ihres Erdenlebens außerordentlich übel und grob-materiell veranlagt waren. Solche erdgebundenen, grob-materiellen und astralen kâma-rûpischen
Ebenbilder des Verstorbenen – von denen sich die menschliche Monade getrennt hat – werden durch psycho-magnetische Anziehung
und ihren groben Durst nach materieller Existenz zuweilen in die
Körper jener Tiere oder auch Pflanzen eingezogen, zu denen sie Affi-
nität besitzen. Es genügt hier, auf die Tatsache hinzuweisen, sie dann
aber auf sich beruhen zu lassen.

Origenes wiederholt sein Verwerfen der allgemein missverstandenen
Transmigration auch mit folgenden Worten:

> Nein, wenn wir doch diejenigen heilen könnten, die der
> Torheit verfallen sind, an die Transmigration der Seelen zu
> glauben gemäß der Lehre der Ärzte, die behaupten, dass
> die Vernunftnatur manchmal in allerlei Arten unvernünf-
> tiger Tiere, ja manchmal in einen Seinszustand hinabsteige,
> in dem sie unfähig ist, die Vorstellungskraft zu gebrauchen
> [...]
>
> ebenda, Buch III, Kap. LXXV

Und weiter schreibt er:

Unsere Lehre über das Thema der Auferstehung ist nicht, wie Celsus meint, von dem, was wir über die Lehre von der Metempsychose gehört haben, abgeleitet, sondern wir wissen, dass die Seele – ihrer Natur nach immateriell und unsichtbar – an keinem materiellen Ort existiert, ohne einen Körper zu haben, der der Natur jenes Ortes angepasst ist. Demnach wirft sie zu ihrer Zeit einen Körper ab, der vorher notwendig war, sich jetzt aber in ihrem veränderten Zustand nicht mehr eignet, und tauscht ihn für einen zweiten ein. Zu einer anderen Zeit nimmt sie zu dem ersteren noch einen anderen hinzu, der als bessere Umhüllung dient und der den reineren ätherischen Regionen des Himmels angepasst ist.

ebenda, Buch VII, Kap. XXXII

In seiner unbestimmten christlichen Phraseologie bringt Origenes hier noch eine andere Lehre der archaischen Weisheit der Alten zum Ausdruck: die Lehre von den Wanderungen der monadischen Wesenheit durch die Sphären – eine Lehre, die auf späteren Seiten ausführlicher besprochen wird.

Wiederum spricht er in demselben Werk im Verlauf eines Streites sehr vorsichtig – von seinem Standpunkt aus jedoch ganz korrekt – darüber, ob das Essen von fleischlicher Nahrung recht oder unrecht sei, wie folgt:

Wir glauben nicht, dass die Seelen von einem Körper in einen anderen übergehen und dass sie so tief hinabsteigen und in die Körper unvernünftiger Tiere eingehen. Wenn wir uns gelegentlich des Essens des Fleisches von Tieren enthalten, ist es daher offensichtlich [...]

ebenda, Buch VIII, Kap. XXX

Dieser letztere Auszug mag dem flüchtigen Leser im Gegensatz zu früheren Zitaten aus Origenes' Werk stehen und somit der Reinkarnation oder irgendeiner Form der Reinkarnation-Metempsychose

entgegengesetzt. Eine derartige Schlussfolgerung läuft jedoch seiner
Absicht zuwider. Origenes' genaue Kenntnis der allgemeinen Lehre
von der Wiederverkörperung kann als ein weiterer Beweis dafür angesehen werden, dass er eingeweiht war und zumindest die Grund-
züge der Mysterienlehre über diesen Gegenstand kannte. Denn er
bringt genau das zum Ausdruck, was die Alte Weisheit und die initi-
ierten Philosophen gelehrt haben: dass die Reinkarnation nicht den
Übergang der vernunftbegabten Wesenheit – des reinkarnierenden
Egos – von einem physischen Körper direkt in einen anderen physischen Körper bedeutet, ohne Zwischenstufen der Läuterung oder
Reinigung und ohne verbindende Prinzipien zwischen dem physischen Körper und dem reinkarnierenden Ego. Der Theosoph würde
eine derart entstellte Lehre ebenso entschieden ablehnen wie Origenes – der frühere eleusinische Eingeweihte und spätere christliche
Theoretiker.

Schließlich findet sich noch die folgende, eindeutig origenistische
Lehre in Hieronymus' Brief an Avitus:

> Auch besteht kein Zweifel daran, dass nach gewissen Zeit-
> spannen die Materie wieder existieren wird und Körper ge-
> bildet werden und in der Welt eine Mannigfaltigkeit herge-
> stellt wird, und zwar aufgrund der unterschiedlichen Willen
> vernunftbegabter Geschöpfe, die, nachdem sie sich bis zum
> Ende aller Dinge ihres Daseins erfreut hatten, allmählich in
> einen niederen Zustand abgesunken sind.
>
> Hieronymus: *Epistulae,* Brief CXXIVF:
> An Avitus, Abschnitt 11

In diesem Auszug ist eine klare Aussage Origenes' über die Neubil-
dung von Welten und ihre Wiederbevölkerung mit Wesenheiten zu
erkennen. Sie steht genau im Einklang mit seiner Lehre, was durch
die genannten Zitate bezeugt ist.

II

Ein anderer früher griechischer Kirchenvater – neben Origenes einer der bedeutendsten des 2. und 3. Jahrhunderts – war der berühmte Clemens von Alexandria, der oft mit der lateinischen Form seines Namens, „Clemens Alexandrinus", genannt wird. Sowohl er als auch Origenes waren seit ihrer Zeit von Theologen aller Epochen hoch geachtet und wurden häufig konsultiert, trotz der Tatsache, dass die sogenannten „origenistischen Ketzereien" offiziell verdammt waren. Letzteres geschah formell zweimal zu Konstantinopel im 6. Jahrhundert der christlichen Ära. Clemens sagt in seiner *Mahnrede an die Heiden:*

> [...] der Mensch, eine zusammengesetzte Wesenheit von
> Körper und Seele, ist ein Universum im Kleinen.
>   Kapitel I

Hier spricht buchstäblich ein kanonisierter Heiliger der christlichen Kirche eine typische theosophische Lehre aus, die so häufig in den Satz gefasst wird: „Der Mensch ist ein Mikrokosmos im Makrokosmos." Mit anderen Worten: Der *individuelle* Mensch enthält nicht nur alles das in sich, was das universale Ganze enthält, sodass er ein „Universum im Kleinen" ist. Damit ist er zugleich ein integraler Teil dieses universalen Ganzen und ein untrennbarer Teil des kosmischen Kontinuums, wird dieses nun im göttlichen oder spirituellen, im intellektuellen oder psychischen, im astralen oder physischen Sinn verstanden. Da der Mensch ein Mikrokosmos oder eine „Reflexion" des Universums im Kleinen ist, ist er offensichtlich ebenso – aus philosophischer Sicht – ein Mittelpunkt des Universums, was tatsächlich auch jede andere Wesenheit ist, weil sie ihrerseits ein Mikrokosmos ist, der dem universalen Ganzen nachgebildet und damit ein Abbild von ihm ist. Jede Wesenheit unterscheidet sich jedoch von jeder anderen aufgrund der innewohnenden evolvierten monadischen Individualität einer jeden solchen Einheit. Wenn aber der Mensch ein Zentrum des Universums ist, was tatsächlich der Fall ist; wenn jede Wesenheit überall einen Mittelpunkt bildet, was tatsächlich auch der Fall ist; und wenn ein Zentrum und daher jeder Mittelpunkt ein untrennbarer Teil des Alls ist, was tatsächlich auch der Fall ist, dann muss der Mensch gemeinsam mit allen anderen in sich alles das enthalten, was das grenzenlose All enthält, jedoch en miniature auf der mikrokosmischen Skala. Die Eichel enthält, zumindest potenziell, die gesamte zukünftige Eiche, tatsächlich jeden Teil der zukünftigen Eiche, jedoch noch unentwickelt, noch nicht „manifestiert".

Nachdem Clemens diese typische theosophische Aussage gemacht hat, fährt er wie folgt fort:

> Ob also die Phrygier durch die Ziegen in der Fabel als das älteste Volk dargestellt sind, andererseits die Arkadier von den Dichtern als älter als der Mond beschrieben werden oder schließlich Ägypten von Träumern als das Land, das zuerst Götter und Menschen zur Welt brachte, so existierte doch keines von diesen vor der Welt. Vor der Entstehung der Welt aber waren wir; denn, weil bestimmt, in IHM zu sein, präexistierten wir schon im Auge Gottes vorher – vernunftbegabte Kreaturen des Wortes [Logos] Gottes, um dessentwillen wir von Anfang an datieren, denn „Am Anfang war das Wort" [der Logos]. Insofern nun das Wort von Anfang an da war, war und ist ER die göttliche Quelle aller Dinge; [...]
>
> ebenda, Kap. I
> (Die Übersetzung stammt von Rev. Wm. Wilson.)

Diese Präexistenzialisten blieben als Sekte zumindest bis zum 3. und 4. Jahrhundert bestehen. Es gibt keinen Grund anzunehmen, dass sie nicht noch länger bestanden haben. Sicher ist jedoch, dass ihr Einfluss mit den Jahren und mit der weiteren Verbreitung der rein exoterischen theologischen Lehren der christlichen Vertreter und Exegeten unter den Völkern des Mittelmeerraums stetig dahinschwand – das führte zum großen Verlust der Spiritualität in der orthodoxen Theologie. Zweifellos gab es noch andere frühchristliche Gruppierungen, die ähnliche Überzeugungen vertraten. Aller Wahrscheinlichkeit nach hatten diese Sekten schon existiert, bevor die meisten, wenn nicht alle Bücher des christlichen *Neuen Testamentes* zusammengestellt oder geschrieben waren. Ohne Frage gibt es auch Stellen darin, die, wörtlich genommen, mehr sind als „bloße Redensarten". Sie können von keiner orthodoxen christlichen Theorie erklärt werden und wären reiner Unsinn, wenn die Idee des Verfassers dieser Stellen nicht auf einer Form frühchristlicher Metempsychose-Reinkarnation beruht hätte, die mehr oder weniger willkommen und angenommen war. Daher konnten sie auch den neutestamentlichen Schriften einverleibt werden, was tatsächlich auch mit der Zuversicht geschehen ist, dass sie verstanden werden.

Das Gespräch zwischen Nikodemus und Jesus – die Fragen des Nikodemus und die Antworten darauf – bilden ein interessantes, wenn nicht beweiskräftiges Beispiel. Sie zeigen den allgemeinen Glauben der Zeit, unabhängig davon, ob die tatsächliche Existenz des Nikodemus angenommen wird oder nicht. Der springende Punkt wird dadurch bewiesen, dass der Glaube an eine Form von Metempsychose-Reinkarnation in Palästina wie auch in anderen Mittelmeerländern so weit verbreitet war, dass der Schreiber dieser Zeilen es als selbstverständlich betrachtete, dass jeder die Anspielungen in Bezug auf die Reinkarnation verstehen würde. Daher kamen die Fragen ganz natürlich aus Nikodemus' Mund, sie befinden sich im *Evangelium nach Johannes:*

Es war aber ein Mensch unter den Pharisäern mit Namen Nikodemus, ein Oberster unter den Juden. Der kam zu Jesu bei der Nacht und sprach zu ihm: Meister, wir wissen, dass

du bist ein Lehrer von Gott gekommen; denn niemand kann
die Zeichen tun, die du tust, es sei denn Gott mit ihm. Jesus
antwortete und sprach zu ihm: Wahrlich, wahrlich, ich sage
dir: Es sei denn, dass jemand von Neuem geboren werde, so
kann er das Reich Gottes nicht sehen. Nikodemus spricht zu
ihm: Wie kann ein Mensch geboren werden, wenn er alt ist?
Kann er auch wiederum in seiner Mutter Leib gehen und
geboren werden? Jesus antwortete: Wahrlich, wahrlich, ich
sage dir: Es sei denn, dass jemand geboren werde aus Wasser
und Geist, so kann er nicht in das Reich Gottes kommen.
Was vom Fleisch geboren wird, das ist Fleisch, und was vom
Geist geboren wird, das ist Geist. Lass' dich's nicht wundern,
dass ich dir gesagt habe: Ihr müsset von Neuem geboren
werden.

Johannes 3, 1–7

Die Aufmerksamkeit des Lesers wird auf die Tatsache gelenkt, dass
in dieser höchst interessanten und seltsamen Stelle – die auf zumindest drei verschiedene Aspekte der Weisheitslehre Bezug nimmt –
Nikodemus ein Pharisäer genannt wird. Wie in dem vorhergehenden Kapitel gezeigt wurde, akzeptierten und lehrten die Pharisäer zu
Beginn der christlichen Ära eine Form der allgemeinen Lehre von
der Wiederverkörperung, wie sie durch die Zitate des jüdischen Pha-
risäers Flavius Josephus bezeugt ist. Folglich muss Nikodemus, der
selbst ein Pharisäer war – wenn der seltsamen Ausdrucksweise dieser Bezugnahme auf ihn im christlichen *Neuen Testament* Vertrauen
geschenkt wird –, mit seinen Fragen nach einer bestimmten Informa-
tion besonderer Art gesucht haben. Es scheint aber viel wahrschein-
licher zu sein, dass der Gedankenaustausch von dem Verfasser des
Evangeliums entweder unvollständig berichtet oder entstellt wurde.
Die Voraussetzung hierfür ist jedoch, dass eine derartige Aussprache
zwischen dem großen syrischen Avatâra Jesus und dem bekannten
Pharisäer, der hier ein „Oberster der Juden" genannt wird, je stattgefunden hat.

Wie die moderne kritische Forschung deutlich genug gezeigt hat, wurde kein einziges der christlichen Evangelien zu Lebzeiten Jesu geschrieben. Infolgedessen stammt auch dieses Evangelium nicht von der Hand des Apostels Johannes, wie durch den üblichen griechischen Zusatz *gemäß* oder *nach* Johannes bewiesen ist.

In demselben Evangelium findet sich noch eine andere interessante Stelle, die folgendermaßen lautet:

> Und Jesus ging vorüber und sah einen, der blind geboren war. Und seine Jünger fragten ihn und sprachen: Meister, wer hat gesündigt, dieser oder seine Eltern, dass er ist blind geboren?
>
> *Johannes 9, 1–2*

Diese Stelle macht deutlich, dass auch die Jünger Jesu eine sehr genaue Lehre von der Metempsychose-Reinkarnation und der ausgleichenden Vergeltung für die „Sünden" in einem früheren Leben im Sinne hatten, denn genau diese Tatsache geht aus der Frage hervor, die sie an Jesus stellten. Sollten diese Worte aus dem christlichen Evangelium als die getreue Wiedergabe einer tatsächlich erfolgten Aussprache angenommen werden, liegt die Annahme nahe, dass Jesu Jünger selbst Pharisäer waren oder – was auf dasselbe hinausläuft – unter dem Einfluss der Lehre jener jüdischen Sekte gestanden haben. Es ist beachtenswert, dass Jesus in seiner Antwort ein früheres Erdenleben des Blinden nicht ablehnt, sie besagt lediglich, dass weder der Blinde noch seine Eltern gesündigt hätten. Der Verfasser des Evangeliums lässt Jesus in seiner weiteren Antwort ganz im Einklang mit späteren christlich-theologischen Ideen sprechen, wodurch dieses eine Beispiel zeigt, dass das Evangelium wahrscheinlich mehrere Jahrhunderte nach dem angeblichen Geburtsdatum Jesu geschrieben wurde. Der Leser wird jedoch feststellen, dass hiermit der Beweis erbracht wird, dass die Lehre von der Wiederverkörperung in der einen oder anderen Form in Palästina weit verbreitet war. Dieser Beweis ist das Wichtigste, das für die vorliegenden Ausführungen von Bedeutung ist.

Aufgrund der Belege aus frühchristlichen Zeiten, die in mehr oder weniger verstümmelter Form überliefert wurden, ist sicher, dass bereits vor dem 2. Jahrhundert oder während der Zeit des Origenes die besondere Form, die die allgemeine Lehre von der Wiederverkörperung bei den Christen angenommen hatte, mehr oder weniger streng geheim war. Dies ist keine Vermutung, die sich lediglich auf die in der Literatur der frühchristlichen Kirchenväter zu findenden Beweise stützt und mehr oder weniger von der mentalen Ausrichtung der Interpretation vonseiten moderner Wissenschaftler abhängt. Die besondere Form der Wiederverkörperung wurde tatsächlich, zumindest durch einen der „orthodoxesten" frühchristlichen Kirchenväter, den lateinischen Vater Hieronymus, bestätigt. In seinem Brief an Demetrias stellt er ausdrücklich fest, dass diese Lehre in den frühchristlichen Sekten Ägyptens und den orientalischen Teilen Vorderasiens geheim gehalten und nicht an jeden weitergegeben wurde. Angesichts der allgemeinen Grundhaltung und des wesentlichen Inhaltes seines Kommentars kann lediglich vermutet werden, dass die Lehre mehr oder weniger „im Flüsterton" und „von Mund zu Ohr" verbreitet wurde.

Hieronymus' Worte sind so interessant, dass sie hier wiederholt werden:

> Diese gottlose, abscheuliche Lehre verbreitete sich in früheren Zeiten in Ägypten und in den östlichen Gebieten. Gegenwärtig verbreitet sie sich im Geheimen, sozusagen in den Höhlen der Nattern, unter vielen und beschmutzt die Reinheit jener Gebiete. Wie eine Erbkrankheit schleicht sie sich bei einigen wenigen ein, um die Mehrheit zu erreichen.
>
> Hieronymus: *Epistulae,* Brief CXXX: An Demetrias,
> Abschnitt 16

Der lateinische Text, von dem die obige Übersetzung stammt, wird hier wiedergegeben:

> Haec impia et scelerata doctrina olim in Aegypto et Orientis partibus versabatur; et nunc abscondite, quasi in foveis viperarum, apud pleros versatur, illarumque partium polluit puritatem; et quasi haereditario malo serpit in paucis ut perveniat ad plurimos.

Hieronymus berichtet ebenfalls, dass in der Tat mehr als eine christliche Sekte eine Form von Reinkarnation-Metempsychose lehrte. In dem Schreiben an Demetrias, eine vornehme römische Dame, sagt er abermals, dass damals von einigen christlichen Gruppierungen an eine Form von Metempsychose oder Reinkarnation geglaubt und diese gelehrt wurde, jedoch als traditionelle Lehre, die nur wenigen Auserwählten mitgeteilt wurde. Offensichtlich glaubte er selbst nicht an diese Lehre, und ebenso offensichtlich warf er viel Schmutz auf diejenigen, die an sie glaubten. Dennoch gelten seine Aussagen als Tatsachenbericht.

Der Leser möge sorgfältig beachten, dass Hieronymus erst in der zweiten Hälfte des 4. Jahrhunderts gelebt und geschrieben hat, also mehrere Jahrhunderte nach dem angeblichen Geburtsdatum Jesu. Folglich schrieb er unter dem Einfluss des zunehmenden Exoterizismus und der dogmatischen Theologie, die in seinen Tagen beständig mehr zu der Form kristallisierte, die sie später annahm. Seine Einstellung zur Lehre von der Wiederverkörperung ist daher leicht zu verstehen. Sie ist verantwortlich für die typisch patristische und dogmatische Art, in der er über sie schreibt, wie es der gegebene Auszug zeigt. Ebenfalls beweist dieser Auszug, wie auch anderweitig in diesem und dem vorhergehenden Kapitel bereits festgestellt wurde, dass von gewissen christlichen Sekten – selbst noch so spät wie zu Hieronymus' Zeit, also im 4. Jahrhundert – an einer Form von Metempsychose-Wiederverkörperung festgehalten wurde, obwohl mehr oder minder geheim. Die Geheimhaltung geschah zweifellos aus Angst vor orthodoxer Verfolgung und Vergeltungsmaßnahmen. Danach starb die Lehre bald aus.

Es gab eine Anzahl der größten späteren, streng orthodoxen Kirchenväter, deren Verunglimpfungen sich nahezu zu übertreffen schienen für das, was sie ganz und gar nicht verstanden. Sie verachteten und verdammten die Überzeugungen ihrer christlichen Brüder eines früheren, lautereren Zeitalters sowie selbst ihrer eigenen Zeit, und das noch im Jahre 540! Lactantius zum Beispiel, ein anderer sehr angesehener Kirchenvater, der im 4. Jahrhundert der christlichen Ära lebte und schrieb, sprudelt geradezu über vor Verachtung für die alte Lehre von der Wiederverkörperung.

Folglich können für keinen Gelehrten, der imstande ist, Zeugnisse angemessen zu sondieren, Zweifel darüber bestehen, dass die Lehre von der Wiederverkörperung in der einen oder anderen ihrer Formen auch in gewissen christlichen Sekten verbreitet war, ja anscheinend bis zu einer so späten Zeit wie dem 6. Jahrhundert der christlichen Zeitrechnung. Ebenso ist unzweifelhaft, dass die Lehre, die in den Tagen von Philo, Josephus und Jesus allgemein bekannt und populär war, allmählich aus der allgemeinen Anerkennung verschwand. Sie wurde fallengelassen und kursierte mit der Zeit mehr und mehr im Geheimem in gewissen Sekten und weniger in der Öffentlichkeit – hierauf wurde bereits hingewiesen.

War die Verschwiegenheit – die in späteren Jahrhunderten der christlichen Ära in Bezug auf die Lehre von der Wiederverkörperung an den Tag gelegt wurde – von Motiven weltlicher Klugheit diktiert; von Motiven, die aus Angst vor Verfolgung und Vergeltungsmaßnahmen vonseiten ihrer Mitchristen erwuchsen? Oder wurde die Verschwiegenheit von ganz anderen Motiven diktiert, die die öffentliche Lehre und ihre Verbreitung in einer Form der Wiederverkörperung bei den Völkern bestimmten, die *vor* der christlichen Zeitrechnung lebten? Vielleicht trifft von beidem etwas zu. Der Grund für die Geheimhaltung in vorchristlichen Zeiten war folgender: Um die allgemeine Lehre von der Metempsychose-Palingenesis, oder allgemeiner ausgedrückt, der Wiederverkörperung, völlig zu verstehen, bedarf es vielen Nachdenkens und eines langen, intensiven Studiums. Die Prinzipien dieser Lehre an sich sind sehr einfach, ein Kind könnte sie verstehen. Ein genaues und umfassendes Wissen über sie erfordert jedoch tiefes Nachdenken und Studium. Gemäß alter Tradition gab jedoch kein verantwortungsbewusster und wirklich weiser Mensch alle Lehren einer Wissenschaft, Kunst oder eines philosophischen Systems auf einmal aus, und insbesondere nicht an jene, die sich nicht durch Schulung und gründliches Studium vorbereitet hatten, sie zu empfangen. Diese Regel wurde überall eingehalten.

Dies war der Geist, der allen alten Einweihungsriten in den alten Mysterienschulen zugrunde lag. Bis zu einem gewissen Grad findet diese Regel auch heute noch in unserem eigenen, kaum spirituell geprägten, höchst pragmatischen Jahrhundert Anwendung. So würden wir einem Kind nicht etwas lehren, das körperliche Gefahren in sich schließt oder seelische Auswirkungen hat. Wir erlauben ihm zum Beispiel nicht, zu lernen, wie Chemikalien zu Sprengstoffen verbunden werden, um zu verhindern, dass es sich selbst und sein Zuhause in die Luft sprengt. Der Schüler sollte zuerst die Grundprinzipien seines Studiums lernen, zu dem er sich entschlossen hat, sich auf sie vorbereiten und sie verinnerlichen. Zunächst muss er charakterlich bis zu einem gewissen Grad entwickelt sein, damit nicht nur seine eigene Sicherheit, sondern auch die seiner Mitmenschen gewährleistet ist. Hierauf folgend mag der Schüler die größeren Geheimnisse des Arkanums empfangen, doch auch nur im Verhältnis zu dem Grad, in dem er auf sie vorbereitet ist.

Dem Thema der Metempsychose-Reinkarnation und ihrer allgemeinen weiten Verbreitung – zumindest eines ihrer Aspekte, ja möglicherweise auch mehrerer ihrer Aspekte – unter den Juden und den ersten Christen wie auch bei den anderen Völkern, die die Mittelmeerländer bewohnten, wurde in den vorangegangenen Abschnitten durch Zitat und Kommentar eine etwas ausführlichere Behandlung gewidmet. Das geschah, weil mit Ausnahme jener Gelehrten, die mit den verschiedenen Literaturen der genannten Glaubensrichtungen und religiösen Bewegungen vertraut sind, die große Masse europäischer und amerikanischer Leser keine Vorstellung davon hat, dass die Reinkarnation, oder genauer gesagt die Wiederverkörperung, so weit verbreitet und so populär war, wie die literarischen Zeugnisse zeigen. Es schien daher nützlich und angebracht zu sein, dieses Thema so ausführlich zu behandeln.

Würde zum Beispiel einem Durchschnittschristen von heute gesagt werden, dass sowohl die Juden als auch die Mitglieder der ersten christlichen Gemeinden die Reinkarnation auf ihre Weise akzeptiert haben, würde er diese Behauptung wahrscheinlich entweder mit einem ungläubigen Lächeln beantworten oder, falls er mit einem wissbegierigeren, pragmatischeren Verstand ausgestattet wäre, fragen, worauf sich diese Behauptung stütze. Aus diesem Grunde wurde gezeigt, dass nicht nur die Juden eine Form von Metempsychose-Reinkarnation angenommen hatten. Dies ist keine übertriebene Behauptung, wenn man bedenkt, dass die Pharisäer den Hauptteil der Hebräer bildeten und dass dieser Glaube daher unter der jüdischen Masse weit verbreitet war – Josephus und Philo zeigen in reichem Maße, dass sie ihn völlig akzeptierten. Auch die ersten Christen mit ihren zwei Klassen, Lehrer und Anhänger, glaubten an eine Form der Wiederverkörperung, und dieser Glaube muss zu Zeiten Jesu auf sie übertragen worden sein. Wie schon gezeigt wurde, waren auch die Jünger Jesu völlig mit der Lehre vertraut und von deren Wahrheit so sehr überzeugt, dass sie sich den Kopf darüber zerbrachen, ob der Blindgeborene als karmische Folge einer Sünde in früheren Leben so geboren wurde oder ob vielleicht seine Eltern in irgendeiner Art schuld daran seien – eine ganz moderne Fragestellung der Theosophie.

III

Wird der Blick nun auf eine spätere Zeit europäischer Geschichte gelenkt, ist zu ersehen, dass während des Mittelalters gewisse Körperschaften vorhanden waren, die an einer Art der Wiederverkörperung als einer geheimen Lehre festhielten und sie lehrten; die Einzelheiten ihres Glaubens sind jedoch nicht mehr auffindbar. Diese unglücklichen Gruppen von sogenannten „Ketzern" wurden ihres Glaubens wegen von dem langen Arm der damaligen kirchlichen und weltlichen Behörden rigoros aufgespürt, verfolgt und bestraft.

Zu einer solchen Körperschaft gehörten die schon erwähnten Katharer. Katharer bedeutet die „Reinen", weil sie an die Führung eines reinen Lebens glaubten. Sie wurden auch Albigenser oder Albigeois und Tisseranden genannt und in westlichen Ländern mit weiteren Namen bezeichnet. Zu diesen Gesellschaften gehörten auch die Bogomilen in Bulgarien und Russland. „Bogomilen" ist ein altslawischer Ausdruck, der wahrscheinlich die „Auserwählten Gottes" bedeutet. Ihr „Verbrechen" scheint darin bestanden zu haben, dass sie mehr das liebten, was sie für die Dinge Gottes erachteten, als die Dinge der Welt. Möglicherweise hielten die beiden letztgenannten Gesellschaften eine Form der allgemeinen Lehre von der Wiederverkörperung lebendig, die schon wesentlich früher gelehrt wurde in dem einstmals weitverbreiteten und beliebten manichäischen Glaubenssystem.

Noch später trat in Europa der unglückliche Neuplatoniker Giordano Bruno (1548 – 1600) auf, der aus der Zeit gefallen zu sein schien. Es ist sehr gut möglich, dass auch der Wissenschaftler und mystische Philosoph van Helmont aus Holland (1578 – 1644) an eine Form der

Reinkarnation geglaubt hat. Und noch später scheint der berühmte schwedische Denker und Mystiker Swedenborg (1688 – 1772) die Lehre von der Wiederverkörperung der Seele angenommen zu haben, und zwar in einer nach seinen eigenen Ideen modellierten Form.

Im neuzeitlichen Deutschland lehrten Goethe, Lessing und Herder ebenfalls die Reinkarnation, doch so, wie sie diese verstanden. Ebenso tat es der Biologe und Philosoph der französischen Schweiz Charles de Bonnet auf seine Weise, während Schopenhauer und Hume, obwohl sie die Reinkarnation nicht lehrten, sie dennoch als eine Lehre betrachteten, die die tiefste philosophische Hochachtung verdiene und eines ernsthaften Studiums wert wäre.

Der berühmte Schriftsteller und Kritiker G. E. Lessing vertrat die vollkommen logische und notwendige Auffassung, dass der Fortschritt der menschlichen Spezies – wie auch der aller anderen beseelten Wesenheiten – auf einer Form von Metempsychose-Wiederverkörperung basiere.

Seine Ansicht wird hier ausführlich wiedergegeben, weil sie in gewisser Hinsicht dem Umriss der Lehre der Theosophie von der Reinkarnation nahekommt. Lessing schrieb offener als Andere, die privatim die gleiche Ansicht vertraten.

In dem beachtenswerten kurzen Aufsatz – der nach dem Tode Lessings gefunden wurde –, den er betitelt mit „Dass mehr als fünf Sinne für den Menschen sein können", sagt er:

1. Die Seele ist ein einfaches Wesen, welches unendlicher Vorstellungen fähig ist.
2. Da sie aber ein endliches Wesen ist, so ist sie dieser unendlichen Vorstellungen nicht auf einmal fähig, sondern erlangt sie nach und nach in einer unendlichen Folge von Zeit.
3. Wenn sie ihre Vorstellungen nach und nach erlangt, so muss es eine Ordnung geben, nach welcher, und ein Maß, in welchem sie dieselbe erlangt.

4. Diese Ordnung und dieses Maß sind die Sinne.

5. Solcher Sinne hat sie gegenwärtig fünfe. Aber nichts kann uns bewegen zu glauben, dass sie Vorstellungen zu haben so fort mit diesen fünf Sinnen angefangen habe.

6. Wenn die Natur nirgends einen Sprung tut, so wird auch die Seele alle unteren Staffeln durchgegangen sein, ehe sie auf die gekommen, auf welcher sie sich gegenwärtig befindet. Sie wird erst jeden dieser fünf Sinne einzeln, hierauf alle zehn Amben, alle zehn Ternen und alle fünf Quaternen derselben gehabt haben, ehe ihr alle fünfe zusammen zu Teil geworden.

7. Dieses ist der Weg, den sie bereits gemacht; auf welchem ihrer Stationen nur sehr wenige können gewesen sein, wenn es wahr ist, dass der Weg, den sie noch zu machen hat, in ihrem jetzigen Zustande so einförmig bleibt. Das ist, wenn es wahr ist, dass außer diesen fünf Sinnen keine andern Sinne möglich, dass sie in alle Ewigkeit nur diese fünf Sinne behält, und bloß durch die Vervollkommung derselben der Reichtum ihrer Vorstellungen anwächst.

8. Aber wie sehr erweitert sich dieser ihr zurückgelegter Weg, wenn wir den noch zu machenden auf eine des Schöpfers würdige Art betrachten. Das ist, wenn wir annehmen, dass weit mehrere Sinne möglich, welche die Seele schon alle einzeln, schon alle nach ihren einfachen Complexionen (das ist jede zwei, jede drei, jede viere zusammen) gehabt hat, ehe sie zu dieser jetzigen Verbindung von fünf Sinnen gelangt ist.

[...] Dieses mein System ist gewiss das älteste aller philosophischen Systeme. Denn es ist eigentlich nichts als das System von der Seelenpräexistenz und Metempsychose, welches nicht allein schon Pythagoras und Plato, sondern auch vor ihnen Ägyptier und Chaldäer und Perser, kurz alle Weisen des Orients, gedacht haben.

Und schon dieses muss ein gutes Vorurteil dafür wirken. Die erste und älteste Meinung ist in spekulativen Dingen immer die wahrscheinlichste, weil der gesunde Menschenverstand sofort darauf verfiel.

Im Übrigen schreibt Lessing über die Reinkarnation in *Die Erziehung des Menschengeschlechts* wie folgt:

§ 94. [...] Aber warum könnte jeder einzelne Mensch auch nicht mehr als einmal auf dieser Welt vorhanden gewesen sein?

§ 95. Ist diese Hypothese darum so lächerlich, weil sie die älteste ist? Weil der menschliche Verstand, ehe ihn die Sophisterei der Schule zerstreut und geschwächt hatte, sogleich darauf verfiel?

§ 96. Warum könnte auch ich nicht hier bereits einmal alle die Schritte zu meiner Vervollkommnung getan haben, welche bloß zeitliche Strafen und Belohnungen den Menschen bringen können?

§ 97. Und warum nicht ein andermal alle die, welche zu tun uns die Aussichten in ewige Belohnungen so mächtig helfen?

§ 98. Warum sollte ich nicht so oft wiederkommen, als ich neue Kenntnisse, neue Fertigkeiten zu erlangen geschickt bin? Bringe ich auf einmal so viel weg, dass es der Mühe wiederzukommen etwa nicht lohnet?

§ 99. Darum nicht? – Oder, weil ich es vergesse, dass ich schon da gewesen? Wohl mir, dass ich das vergesse. Die Erinnerung meiner vorigen Zustände würde mir nur einen schlechten Gebrauch des gegenwärtigen zu machen erlauben. Und was ich auf itzt vergessen *muss,* habe ich denn das auf ewig vergessen?

§ 100. Oder, weil so zuviel Zeit für mich verloren gehen würde? – Verloren? Und was habe ich denn zu versäumen? Ist nicht die ganze Ewigkeit mein?

Philosophen, Dichter, Wissenschaftler, religiöse Eiferer, Soziologen und Andere: die größten Denker, die glänzendsten Intellekte, die edelsten spirituellen Lehrer und die größten Seher, die die Welt je gekannt hat, lehrten eine Form der Lehre von der Wiederverkörperung, und zwar ausnahmslos, soweit sich der Verfasser erinnern kann. In vielen Fällen haben sie uns auch die Gründe für ihre Überzeugung in der Form eines religiösen oder philosophischen Gedankensystems übermittelt.

Wie schon erwähnt, wird auch heute in Romanen über die Lehre von der Reinkarnation geschrieben, und sie ist in Schauspielen sowie in Filmen Thema. Heute stört sich niemand mehr an einer so edlen, inspirierenden Lehre. Woran liegt das? Die modernen Menschen beginnen wieder zu verstehen, was Reinkarnation oder besser die allgemeine Lehre von der Wiederverkörperung bedeutet – wie unvollkommen und unbestimmt sie auch zum Ausdruck kommen mag.

Der amerikanische Industrielle Henry Ford war ein Anhänger der Reinkarnation modernen Typs. Er sprach öffentlich über diese Tatsache, weil sein Herz und auch sein Verstand mit dem Frieden erfüllt waren, den diese Lehre gibt. Es folgt ein Auszug aus einem Interview über dieses Thema, das Mr. Ford einem bekannten amerikanischen Journalisten, Mr. George Sylvester Viereck, gab. Er sagte darin:

> Ich nahm die Lehre von der Reinkarnation an, als ich 26 Jahre alt war [...] Die Religion bot mir nichts über sie, zumindest konnte ich nichts entdecken. Selbst die Arbeit konnte mir keine volle Befriedigung geben. Die Arbeit ist zwecklos, wenn wir die Erfahrungen, die wir in einem Leben sammeln, nicht in einem nächsten verwerten können.

> Als ich die Reinkarnation entdeckte, schien es mir, als hätte ich einen universalen Plan gefunden. Ich erkannte, dass hierin eine Chance liegt, meine Ideen auszuarbeiten. Die Zeit war nicht länger begrenzt. Ich war nicht mehr Sklave

des Uhrzeigers, denn es gab nun genug Zeit, zu planen und
zu schaffen. [...]

Die Entdeckung der Reinkarnation gab mir innere Ruhe. Ich war gefestigt. Ich fühlte, dass in dem Mysterium
des Lebens Ordnung und Fortschritt gegenwärtig sind. Ich
brauchte nicht länger anderweitig nach der Lösung des Le-
bensrätsels zu suchen.

Wenn Sie einen Bericht über unsere Unterhaltung festhal-
ten, dann schreiben Sie ihn so, dass er den Menschen innere
Ruhe schenkt. Ich möchte Andere gern teilhaben lassen an
der Ruhe, die uns die Aussicht auf ein langes Leben gibt.
[...] Wir alle haben, wenn auch nur schwache, Erinnerungen an vergangene Leben. Oft fühlen wir, dass wir Zeuge einer Szene gewesen sind oder in einer früheren Existenz einen
bestimmten Augenblick durchlebt haben. Doch das ist nicht
wesentlich. Es ist die Essenz, das Wesentliche, die Resultate
der Erfahrung, die wertvoll sind und bei uns bleiben.

The San Francisco Examiner, 26. August 1928

Andererseits sind heute auch eigenartige Missverständnisse, ja sogar
Entstellungen dieser bedeutenden alten, einst universal verbreiteten
Lehre zu finden. So schrieb der hervorragende Forschungs-Ingenieur
und berühmte Wissenschaftler Matthew Luckiesh:

Von der Reinkarnation der Seele haben viele Völker ge-
träumt und sie erhofft [...] Noch nach all den Jahren sind
wir immer noch ungewiss über das Schicksal jenes immateriellen Teils von uns – der Seele oder der denkenden Wesenheit. Können wir ein Lächeln unterdrücken, wenn wir
zugeben, dass die Wissenschaft zwar die Reinkarnation und
praktisch ewiges Leben für tote Materie bewiesen hat, bisher jedoch noch keinen Beweis für unsere sogenannte Seele
gefunden hat? Wir legen uns des Abends nieder, und unser

Gemüt ruht im Unbewussten. Die Atome in den Textilien, die uns bekleiden, vibrieren genauso voller Leben wie unser Körper. Die Elektronen in den Atomen kreisen unablässig auf ihren Bahnen, und die Moleküle, die aus Atomen bestehen, schwingen weiter. Die Bewegungen dieser kleinen, elementaren Körper werden fortgesetzt, ob wir wachen oder sterben, ja sie fahren für immer damit fort, abgesehen von einem kataklysmischen Phänomen, das bis jetzt nur in der Theorie existiert. Welche Ironie! Die Wissenschaft hat zuerst das ewige Leben der Materie bewiesen.

Wie kann ein so klar denkender Logiker wie Luckiesh von der Tatsache sprechen, dass „tote Materie ewig lebt"? Offensichtlich hat seine unzutreffende Auffassung den Verstand dieses oft intuitiven Denkers beeinflusst, als er eine so seltsam widerspruchsvolle Hypothese niederschrieb. Ihre Teilaspekte wurden wahrscheinlich weder von ihm überprüft noch analysiert, jedenfalls gab er sich nicht die Mühe, dies zu tun. Zum einen glaubt Luckiesh, dass „die Materie tot ist", und zum anderen sagt er in demselben Satz, die Materie habe „ewiges Leben". Das Zitat lautet weiter:

Ein sogenanntes Lebewesen stirbt, doch seine Myriaden Atome sind so lebendig wie immer. Die besondere Organisation der Atome, die dieser tote Körper repräsentierte, ist verlassen. [...]

Wir können uns viele interessante Wanderungen der Materie vorstellen, in deren Verlauf viele Reinkarnationen stattfinden. [...]

Hier zeigt sich wieder ein ständig auftretender Missbrauch des Ausdrucks Reinkarnation, der tatsächlich sehr fachlich ist, wenn mit scharfer Logik und in strenger Analogie angewandt wird. Was Luckiesh zu sagen beabsichtigte war, dass „viele Wiederverkörperungen stattfinden". In der Theosophie ist man jedoch stets bestrebt, im Gebrauch der

Ausdrücke genau zu sein, sofern die Umstände nicht geradezu zwingen, allgemein verständlichere Wörter anzuwenden, die für den Leser leichter fassbar sind. Daher ist es notwendig, mit Nachdruck darauf hinzuweisen, dass Reinkarnation „Wieder-ins-Fleisch-Eintreten" oder „Wiedereinfleischung" bedeutet. Aus diesem Grunde kann „Reinkarnation" nur dann angewandt werden, wenn von der Wiederverkörperung des Egos in einem Körper aus Fleisch gesprochen wird. Um also den Eintritt der wandernden Monade in „Körper" der verschiedenen Arten zu bezeichnen, ob sie nun aus Fleisch – in diesem Fall ist der passende Ausdruck Reinkarnation – oder aus Licht, aus Äther oder aus einer anderen Substanz bestehen, wird der allgemeine Ausdruck „Wiederverkörperung" benutzt.

Die Betonung, die hier auf die Reinkarnation gelegt wird, ist äußerst wichtig. Dem Leser oder einem Zuhörerkreis werden auf diese Weise die unterschiedlichen Arten und Typen von Körpern vermittelt, die von der sich wiederverkörpernden Monade im Verlaufe ihrer wunderbaren Abenteuer auf der Wanderung durch die Sphären angenommen werden.

Hier wird insbesondere auf die sich wiederverkörpernde Monade hingewiesen. Das Beispiel kann jedoch ebenso gut auf jede andere wandernde Wesenheit angewandt werden, gleich, ob es sich um eine Monade oder um ein wanderndes Atom handelt, von dem Luckiesh spricht. Tritt also zum Beispiel ein Atom in die Zusammensetzung eines „Mineralsalzmoleküls" ein, in eine chemische Verbindung einer Pflanze oder in ein Bakterium, handelt es sich um eine Wiederverkörperung des entsprechenden Atoms. Sie wird jedoch dann zu einer Art Reinkarnation, wenn das Atom einen Teil der organischen Struktur des Fleisches eines Tieres bildet. Nichtsdestoweniger und um es noch strikter und genauer auszudrücken, ist es weitaus besser, alle Wanderungen des Atoms oder eines Elektrons als Wiederverkörperungen zu bezeichnen. Der Ausdruck „Reinkarnation" sollte nur dann angewandt werden, wenn die Monade bei ihren wiederholten Inkarnationen Körper aus Fleisch annimmt. Wie notwendig diese Genauigkeit ist, wird leicht erkannt werden.

Luckiesh fährt mit folgenden Beispielen fort:

Ein Sauerstoffatom, das wir jetzt einatmen, kann von weit her in einem Meteor zu unserer Erde gekommen sein. Vielleicht bildete es sich vor Milliarden von Jahren [...] in einem stellaren Schmelztiegel, einem fernen Sternennebel.

[...] Das Sauerstoffatom war [später] ein Teil eines Meteors, der äonenlang umherirrte. Dieses Stück *Treibholz* des Weltraums trat schließlich in die Erdatmosphäre ein und verbrannte.

[...] Das Sauerstoffatom kam im Aschenstaub zur Erde.

Dies mag vor Milliarden von Jahren geschehen sein. Die gesamte Zeit über aber rotierten die Elektronen in den Bahnen dieses Atoms. Dann wurde das Atom zu einem Teil eines Mineralsalzmoleküls, und bei Gelegenheit ging es [...] in eine Pflanze über.

[...] Nun mag das Atom Teil eines Bakteriums und schließlich eines Tieres höheren Grades geworden sein. [...] Jetzt ist es Teil eines Wassermoleküls. Wieder macht es eine Irrfahrt und viele Reinkarnationen durch. [...] Dies ist nichts anderes als ein Schimmer seines ewigen Lebens – unverändert, obwohl unzählige Male reinkarniert.

Luckiesh spricht von dem Atom, als wäre es für immer physisch lebendig, was offensichtlich für die „Ewigkeit" bedeuten soll. Das bedeutet aber, eine sehr weitgehende, verallgemeinernde Behauptung aufzustellen. Der modernen Chemie-Physik entsprechend haben die Atome eine definitive Existenzzeit, also sowohl einen Anfang als auch ein Ende. Aber auch hier stellt die Theosophie klar, dass ein derartiger Anfang eines Atoms, seine unterschiedlichen Lebenszeiten und schließlich sein Ende lediglich *eine* Einheit, *ein* Glied in einer endlosen Kette atomarer Wiederverkörperungen bilden. Nicht nur Atome verkörpern sich wieder, sondern auch die Himmelskörper, Sonnensysteme und Galaxien – so weit, wie unser Denkvermögen in der Lage ist, unsere Imagination in den Raum auszusenden.

Weiter sagt Luckiesh, dass die Elektronen im Sauerstoffatom Milliarden von Jahren in den Bahnen dieses Atoms rotieren und die gesamte Zeitspanne hindurch „unverändert" bleiben. Ein Milliarden Jahre altes Atom wäre in der Tat ein uraltes Atom. Wie aber kann ein Atom diese lange Zeit hindurch „unverändert" seine Lebenszeit verbringen? Uns ist nichts in der Natur bekannt, was die Ewigkeit hindurch unverändert bleibt, was nicht seinen Anfang hat, seine Reife erreicht und schließlich verfällt und stirbt – nur um zurückzukehren, um sich wieder zu verkörpern. Betrifft diese *Evolutionsperiode* die menschliche Seele, wird sie kurz und anschaulich als „Reinkarnation" bezeichnet. Findet aber eine der Wanderungen der *Lebensatome* oder auch der *chemischen Atome* statt, handelt es sich um „Wiederverkörperungen" oder „Transmigrationen" der Lebensatome.

Jede individualisierte Wesenheit hat ihre eigene Lebenszeit, denn ihr Lebenszentrum muss zu physisch-manifestierter Existenz gelangen, um darin das Wachstum ihrer Kräfte und Fähigkeiten – welche diese auch sein mögen – zu erreichen. Zunächst gelangen ihre Kräfte und Energien zur Entfaltung, zu ihrer vollen Stärke, auf die Verfall und Altersschwäche einsetzen, denen der „Tod" folgt. Bleibt die Wesenheit aber für immer, für die Ewigkeit „tot"? Könnte das sein? Ist nicht vielmehr der sogenannte „Tod" lediglich ein Zustandswechsel oder ein Wechsel der Bedingungen, das Hinüberwechseln von Kräften, oder besser gesagt, der zusammenhaltenden Kraft, die Transmigration in andere Zustände oder Bedingungen? So sicher, wie die Wesenheit schon vorher hier gewesen ist, so sicher wird sie die magnetische oder psycho-magnetische Anziehung abermals in eine neue Verkörperung zurückziehen. Das bedeutet: Jene besondere Individualität, die monadische Essenz, die das Lebensatom beseelte und ihm Leben, Kohäsion und Individualität gab, wird sich von Neuem manifestieren und fortfahren, dies von Anbeginn des *kosmischen Manvantaras* bis zu dessen Ende wiederholt und ununterbrochen zu tun.

IV

Wird der Blick auf die vielen beschriebenen Seiten der Annalen der Geschichte gelenkt und werden die oft verwirrenden überlieferten Palimpseste der Vergangenheit gelesen, kann immer deutlicher erkannt werden, dass die allgemeine Lehre von der Wiederverkörperung, je mehr wir uns den Zeiten moderner Geschichte nähern, umso stärker entstellt und verändert wurde. Andererseits wurde die Lehre, je weiter sie zeitlich in ihrer Geschichte zurückverfolgt wird, zunehmend genauer gelehrt, auch war sie weit ausgedehnter über den Erdball verbreitet. In jenen vergangenen Zeiten wurde diese edle Lehre von den Menschen verstanden. Sie verbrachten Jahre ihres Lebens mit dem Studium des Themas in seinen verschiedenen Ausprägungen und populären Formulierungen. Daher wussten sie, zumindest bis zu einem gewissen Grad, was die Wiederverkörperung in Wirklichkeit bedeutet. Sie wussten, zu welchem ungeheuer weiten Gebiet des Wissens, das die verborgenen Mysterien der Natur beinhaltet, die Wiederverkörperung tatsächlich der Schlüssel ist. Sie wussten auch, dass ein lebenslanges Studium ihren immensen Inhalt nicht erschöpfen würde, und sie wussten ebenfalls, wie weitreichend die Weisheit und der Trost sind, die bei einem ernsthaften, unablässig fortgesetzten Studium in Herz und Gemüt einfließen. Mit der Wiederverkörperung konnten sie die wirkungsvollsten, weil zufriedenstellendsten Antworten auf viele ungelöste Rätsel und Lebensfragen geben, die auch weniger intuitive Mitmenschen verstanden. Mit der Wiederverkörperung verbreiteten sie eine Lehre grenzenloser Hoffnung, denn sie erkannten deren Tragweite und Bedeutung, die sich nicht nur auf die karmische Vergangenheit beziehen, sondern die sich auch bis in die grenzenlosen Gefilde der Zukunft erstrecken.

Zum Schluss dieses Kapitels mag es interessant und lehrreich sein, wie die Lehre von der Wiederverkörperung im Altertum dargeboten und verstanden wurde. Eine kurze Zusammenfassung jenes Teiles, der im antiken orphischen Denken eine große Rolle spielte, wird hier zur Veranschaulichung wiedergegeben.

Orpheus war einer der größten, zeitalterlang hochverehrten griechischen Philosophen. Moderne Gelehrte vermuten, dass er Griechenlands „heroischem Zeitalter", wie sie es nennen, angehörte. Es stellt sich jedoch die Frage, ob diese modernen Gelehrten wirklich genau wissen, was sie mit dem Ausdruck „heroisches Zeitalter" zu sagen beabsichtigen! Orpheus hat seinerzeit – gemäß einer Richtung legendenhafter Überlieferung – die einstmals berühmten Eleusinischen Mysterien gegründet, zumindest war er ihr Hauptgründer.

Es folgt nun die kurze Zusammenfassung antiken orphischen Denkens:

Geist und Körper sind durch Bande verbunden, die ungleich stark zwischen ihnen sind. Der Geist ist in seiner Essenz göttlich, unsterblich. Er sehnt sich nach seiner eingeborenen Freiheit, während der Körper ihn vorübergehend gefesselt hält. Der Tod löst diese Bande auf, jedoch nur zeitweilig, weil das Rad der Wiedergeburt beständig revolviert und daher die Geist-Seele zu gegebener Zeit zur Reinkarnation zurückbringt. So setzt die Geist-Seele ihre kosmische Reise zwischen Perioden freier, spiritueller Existenz und neuen Inkarnationen rund um den weiten Kreislauf der Notwendigkeit fort. Die gefangenen Wesenheiten erfahren durch Orpheus die Botschaft von der Befreiung, er ruft sie auf, durch strenges, heiliges Leben und Selbstläuterung zum Göttlichen zurückzukehren: Je reiner das Leben, desto höher die nächste Inkarnation, bis die Geist-Seele den spiralförmigen Aufstieg des Schicksals vollendet hat, um danach in voller Freiheit als eine göttliche Wesenheit im Schoße des Göttlichen zu leben, doch jetzt voll *selbst*bewusst, denn aus dem Göttlichen ist sie ursprünglich unselbstbewusst hervorgegangen.

So weit also wird die Herzenslehre des archaischen orphischen Systems ausgelegt. Ihr könnte noch hinzugefügt werden, dass die Geist-Seele, die ihre kosmische Laufbahn für die bestimmte kosmische Zeitperiode und für das besondere kosmische Universum vollendet hat, nunmehr zu einem voll selbstbewussten Teilnehmer an dem großen kosmischen Werk des noch größeren, es umschließenden Universums geworden ist: eine voll entwickelte Göttlichkeit in diesem kosmischen System der Evolution. Und so verbleibt sie, bis eine neue Manifestationsperiode des kosmischen Lebens, ein neues kosmisches Lebensdrama, ein kosmisches Manvantara beginnt. Wie schon unzählige Male zuvor wird sie von innen wie auch von außen zu einer neuen Manifestation angetrieben, nun jedoch als Anfänger zu Beginn dieser neuen manvantarischen Evolutionsskala, der kosmischen Lebensleiter. Sie beginnt eine neue Reise zu erhabeneren Höhen und zu universelleren Gefilden als zuvor.

Dies ist tatsächlich auch unser eigenes monadisches Schicksal. Es ist das Endziel einer jeden Periode evolutionären Strebens nach zunehmend höheren, erhabeneren und universelleren Zuständen und Stufen im grenzenlosen Universum. Was nun aber ihr besonderes Schicksal auf dieser unserer Erde betrifft, einem der Halteplätze auf ihrem evolutionären Pfad, so lernt sie durch Inkarnation auf Inkarnation, durch wiederholtes Ins-Fleisch-Eintreten der menschlichen Monade – genauer gesagt ihres menschlichen Egos, deren Wurzel sie ist – von ihrem ersten Hervortreten aus dem Schoße des Göttlichen an als nicht selbstbewusster Gottesfunke, bis sie nicht eine Einheit, sondern die Vereinigung mit dem Göttlichen erreicht hat, dem sie entstammt, um danach eine voll selbstbewusste Göttlichkeit zu sein und als gottgleicher Teil an dem großen kosmischen Wirken des Weltalls teilzunehmen.

KAPITEL 3

Geburt und Wiedergeburt – I

Was bewegte zu allen Zeiten den Geist der größten Genies dazu, die Lehre von der Wiederverkörperung oder der Reinkarnation zu verkünden? In Anbetracht der historisch belegten Fakten kann angenommen werden, dass ihnen das spirituelle Fundament der majestätischen esoterischen Tradition Inspiration und Führung gab. Auch ist wichtig zu bedenken, dass sie aufgrund ihrer eigenen, individuellen spirituellen Essenz eine Inspirationsquelle besaßen, durch die die von ihnen aufgestellten philosophischen und religiösen Systeme mit Leben erfüllt wurden und ihre spezifische Ausprägung erhielten. Dies vorausgesetzt, wird ersichtlich, dass die Wurzel der *individuellen spirituellen Essenz* in jedem dieser Lehrer ihre innere motivierende Kraft ist. Sie treibt ihre Seele an und stellt das spirituell-göttliche Bindeglied zu dem Kosmisch-Geistigen dar, dem grenzenlosen All. Tatsächlich war und ist jeder dieser Lehrer notwendigerweise ein spirituelles Zentrum des kosmischen Raumes, was gleichermaßen auch jede Wesenheit aufgrund ihrer eigenen individuellen Monade ist – jener todlosen, zeitlosen und daher unsterblichen, unvergänglichen Essenz im Innern. Unter Abwägung der inspirierenden philosophischen Faktoren ist diese Schlussfolgerung nicht nur logisch, sie ist ebenso unausweichlich.

Die Fortdauer der sich wiederverkörpernden Monade – genauer ihres reinkarnierenden Egos – durch wiederholte endliche Existenzen in verschiedenen Seelen, Hüllen, Körpern oder Rûpas ist der Kern der Lehre von der Wiederverkörperung oder der Wiedergeburt. In Bezug auf den Menschen ist sie die Reinkarnation oder der Wiedereintritt ins Fleisch, da sie in Körpern aus physischem Fleisch stattfindet.

Das menschliche Ego, dessen Träger die menschliche Seele ist, hat in früheren Leben bestimmte Handlungen begangen, Gedanken gedacht und Gefühlsregungen gehabt, denen es folgte. Sie alle wirkten sich, je nach Lage, entsprechend schwach oder stark auf andere Menschen und Wesenheiten, aber auch auf das Ego des Menschen selbst aus. Auch moderne Wissenschaftler sind zu der Erkenntnis gelangt, dass die verschiedenen Schwingungen der mittleren, der Zwischennatur des Menschen das Ergebnis der Wirkung kausaler Kräfte sind. Diese kausalen Kräfte haben ihren Sitz in der Zwischennatur (der menschlichen Seele) und steuern von dort aus nicht nur die Gedanken des Menschen, seine Handlungen und seine Gefühle, sie geben ihnen zugleich ihre Form. Infolge des Anstoßes wirken sie zudem auch stark auf die Atome des physischen Körpers ein, in dem die Seele zu gegebener Zeit lebt. Tritt dann der Tod ein, folgt für die Zwischennatur Befreiung aus der physischen Gebundenheit, und die menschliche *spirituelle Geist-Seele* nimmt das exkarnierte Ego in sich auf. Auf diese Weise kehrt es in das spirituelle Reich zurück, aus dem es seiner Bestimmung entsprechend zu seiner Zeit wieder hervorgehen wird, um von Neuem einen anderen physischen Körper zu bewohnen. Im Schoße seiner „Elter"-Monade oder seiner Geist-Seele ruhend, findet das exkarnierte Ego in dem spirituellen Reich Ruhe und unsagbaren inneren Frieden. Dort vollzieht sich in ihm auch der Prozess der Erholung und sozusagen der mentalen Verdauung jener Lektionen, die es in dem gerade beendeten Leben gelernt hat, sowie der Ideen, die es beschäftigten. Der Zustand nach dem Tode – ein Zustand der Ruhe und Erholung, der mentalen Assimilation und Verdauung – bietet auch Zeit und Gelegenheit für ein völliges, wenn auch nur zeitweiliges Aufblühen all dessen, was der menschlichen Seele, ihrem Ego in seinem letzten Erdenleben das Liebste, Höchste und Reinste gewesen war, wobei es jedoch keine angemessene Möglichkeit hatte, seine Vorstellungen in ihrer Fülle zu erleben.

Wie bereits in vorhergehenden Kapiteln beschrieben, ist der nachtodliche Zustand in der Theosophie unter dem Namen *Devachan* bekannt. Dieser tibetische Ausdruck hat als Äquivalent im Sanskrit Sukhâvatî, was mit „Glückliches Land" übersetzt werden kann. Der Leser möge sich an Folgendes erinnern: Weil die Bewusstseinszustände des exkarnierten Egos äußerst vielfältig sind, sich in Grad und Charakteristik sehr voneinander unterscheiden, muss das Devachan selbst offensichtlich als eine hierarchische Reihenfolge oder „Leiter" betrachtet werden. Das Devachan reicht von den höchsten, spirituellsten Zuständen über Stufen oder Grade hinab bis zu den niedrigsten spirituellen Zuständen, die allmählich in die höchsten, ätherischsten, halb-spirituellen Bereiche des Kâma-loka übergehen. Devachan ist aber keine Lokalität; das Wort veranschaulicht lediglich die Gesamtheit der Bewusstseinszustände und -bedingungen, fasst sie zusammen und generalisiert sie.

So befindet sich also die „Seele", das exkarnierte menschliche Ego in diesen unterschiedlichen, immer angemessenen Bereichen des Devachan, die seiner Bewusstseinsstufe entsprechen. Es befindet sich während der Zeit seines Aufenthaltes im Devachan in ungetrübtem Frieden und ist unaussprechlich glücklich. In diesen „Regionen" spirituellen Friedens und der Erholung sind alle Erfahrungen des Egos unbeschreiblich schön und bleiben ungestört. Auch die entferntesten und leisesten Widrigkeiten oder Unglück irgendwelcher Art können es nicht erreichen. Wenn dann der Zyklus in diesen Bereichen, das heißt die Frist in diesen Bewusstseinszuständen und -bedingungen für das Ego dem Ende entgegengeht, steigt das Ego zunächst langsam, dann immer schneller die hierarchische Skala von Stufen oder Graden hinab und tritt schließlich in eine neue Inkarnation auf Erden ein. Es wird sozusagen psycho-magnetisch wieder zu der Sphäre angezogen, in der es vorher gelebt hat – in dem beschriebenen Fall also zu unserer Erde. In diesem Stadium oder Abschnitt seines nachtodlichen Abenteuers kann das nun reinkarnierende Ego nirgendwo anders hingehen; es kann nur dorthin gehen, wohin es seine Anziehungskräfte ziehen. Denn die Gesetzmäßigkeiten und Operationen der Natur (der nachtodliche Zustand ist mit einbegriffen)

finden nicht von ungefähr statt – wie sie gerade auf gut Glück kommen –, sie vollziehen sich vielmehr, bildlich gesehen, nur im Einklang mit den genauesten Funktionen von „Gesetz und Ordnung".
Unvermeidlich folgt eine Wirkung auf deren Ursache, die Folge unfehlbar auf die sie auslösende Handlung. Diese kausale Kette währt
von Ewigkeit zu Ewigkeit als Verkettung der Zwischenglieder, der
„Ereignisse", die regelmäßig, ununterbrochen aufeinander folgen: eine endlose Kette von *Aktion und Reaktion* in der Natur, die jeder
pilgernden, wandernden Wesenheit zugehört. Und gerade deshalb,
weil diese Kette von jeder Wesenheit selbst geschmiedet wurde, ist
diese Kette die Wesenheit selbst. Ihre Auswirkungen sind aus ethischer Sicht absolut gerecht und wirken vom Anfang bis zum Ende
ausgleichend und entsprechend vergeltend.

I

Der gesamte Prozess ist ein systematisches, ausgleichendes Zusam-
menspiel von mental-seelischen und anderen Kräften. In jedem individuellen Fall überwiegen diejenigen Kräfte, an die die individuelle
„Seele" am meisten gewöhnt ist, da sie in dieser Seele ihren Ursprung
haben. Somit sind es die der Seele vertrautesten Kräfte, denen sie am
leichtesten folgt und sich unterordnet. Aus diesem Grunde sind es
auch die als treibende Ursache tätigen Kräfte, die die Seele mit ihrem
Ego zu dem Zeitpunkt, an dem die devachanische Ruhe und Erholung abgelaufen ist, wieder zurück zu dem Schauplatz ihrer früheren
Betätigungen ziehen, also zu unserer Erde. Auch sollte beachtet wer-
den, dass die als treibende Ursache tätigen Kräfte ursprünglich als
Samen in das Gewebe der „Seele" gesät wurden, als diese auf unserer
Erde lebte. Die Kräfte, die gegen Ende der devachanischen Periode in
Aktion treten, fühlen die Anziehung der Erde da, wo sie früher ein-
mal, im letzten oder in vorhergehenden Leben, als Samen künftiger
Ursachen geweckt und „geboren" wurden.

In dem Gleichnis des christlichen *Neuen Testaments* kehrt der „verlorene Sohn" in sein Elternhaus zurück. Die schönen Erinnerungen an seine Kindheit und Jugend führten ihn durch die Macht ihres starken, doch subtilen Einflusses auf sein Herz und Gemüt dorthin zurück. Der Metapher folgend kehrt auch das sich wiederverkörpernde reinkarnierende Ego am Ende seiner devachanischen Periode ins Erdenleben zurück, weil es die Samen seiner Handlungen, der Gedanken, die es dachte, und der Gefühle, die es empfand, früher einmal auf Erden ausgesät hat. Diese ursächlich wirkenden Samen der Handlungen, Gedanken und Gefühle bringen nun ihrerseits wirkungsvolle Folgen hervor, die sich gegen Ende der devachanischen Periode zu manifestieren beginnen. Sie finden nun auf der Erde, da, wo sie in früheren Leben als Samen entstanden waren, den geeigneten Boden für ihr Aufblühen.

So werden Menschen wieder vereint, die früher auf Erden ein Herz und eine Seele waren. Es werden sich auch Seelen wiederfinden, die in engem sympathisierendem Einvernehmen und Gedankenaustausch miteinander verbunden waren. In der Tat werden sich jene Menschen, die sich einstmals ernsthaft geliebt haben, wieder begegnen. Tatsächlich können sie gar nicht anders, denn wahrer Liebe liegt die magnetischste Anziehungskraft zugrunde, die im Universum wirksam ist. Unpersönliche Liebe zieht Liebe an. Ihre Essenz beinhaltet und bedeutet Vereinigung und Wiedervereinigung, erneutes Wiederfinden und erneutes Zusammenführen. Der unpersönliche Eros des Universums ist die kosmische Energie, die Sterne und Planeten so in ihren Bahnen hält, wie sie zusammenfinden und zusammengehören; er ist es auch, der dem Aufbau und der Struktur der Atome zugrunde liegt. Der Eros ist alldurchdringend. Er ist die Ursache jener Energie, die in Myriaden Formen überall am Werk ist. Er ist in gleicher Weise im Stern wie im Atom tätig und hält sie alle in unentrinnbarer Umarmung zusammen. Doch wundersames Paradoxon: Dieselbe Kraft ist es auch, die die individuelle Zusammengesetztheit jeder kosmischen Einheit garantiert. Sie ist die mystische, wunderbare magnetische Sympathie, die Menschen zusammenführt. *Unpersönliche* Liebe ist die einzige wahre Grundlage.

Es sollte deutlich verstanden werden, dass die Liebe, von der hier die Rede ist, die gänzlich unpersönliche Liebe des kosmischen Göttlichen ist. Dennoch ist sie, da sie alldurchdringend ist und weil nicht das kleinste Teilchen im Universum außerhalb ihres mächtigen Einflussbereiches stehen kann, ebenfalls auch die ursächliche Kraft in ihren materiellsten Äußerungen, die für uns oft launenhafte, scheinbar ungeregelte und tadelnswerte Formen annehmen. Dafür ist jedoch offensichtlich nicht die kosmische Essenz zu tadeln, denn ihre Wirkungsweise ist unabänderlich *unpersönlich*. Da die Menschen aber über einen begrenzten freien Willen verfügen und relativ frei Entscheidungen treffen können, ist es ihnen möglich, diese kosmische Energie zu materialistischen Zwecken und zu niedrigen Handlungen zu missbrauchen. Und gerade dieser Missbrauch der kosmischen Energie verursacht als Reaktion in unpersönlicher Weise und fast automatisch das Leid und den Schmerz. Weil aber das Herz der Natur unendliches Mitleid ist, sind auch in diesem Fall Leid und Schmerz Mittel, durch die die Menschen lernen, besser zu handeln.

In allen Ländern und zu verschiedenen Zeiten haben intuitive, nachdenkliche Menschen diese tiefgehende Wahrheit aufgegriffen. So sagt zum Beispiel der Johannes der Christen im ersten ihm zugeschriebenen Brief, Kapitel 4, Vers 7 und 8, Folgendes:

> Ihr Lieben, lasset uns untereinander lieb haben;
> denn die Liebe ist von Gott, und wer lieb hat,
> der ist von Gott geboren und kennet Gott.
>
> Wer nicht lieb hat, der kennet Gott nicht;
> denn Gott ist die Liebe.

Auch der englische Dichter Spenser sang in seiner „Hymne von der himmlischen Liebe" („An Hymne of Heavenly Love"):

> Jene hohe, ew'ge Kraft,
> die jetzt in allen Dingen sich bewegt,

kam in sich selbst
durch Liebe in Bewegung.

Durch und mittels Reinkarnation begegnen sich menschliche Seelen und kommen zu ihrem Wohl und Wehe, je nach Fall, wieder zusammen. Wir blicken in diesem jetzigen Leben in die Augen eines Fremden, doch intuitiv erkennen wir alte Freundschaft, die sich durch die Kraft magnetischer Sympathie wieder einstellt.

Reinkarnation trennt nicht, wie oberflächliche Kritiker irrtümlich angenommen haben, im Gegenteil, sie vereint. Wäre die Reinkarnation nicht eine Tatsache in der Natur, fänden die Menschen sicher nicht wieder zusammen. Immer wieder werden sie in den jeweiligen Leben, die der Reihe nach einander folgen, wieder vereinigt; es sei denn, dass aufgrund karmischer Ursachen nicht jedes Mal eine Zusammenführung möglich ist. Es gibt auch noch eine andere universale Lehre, eine sehr viel umfassendere als die der Wiederverkörperung. Diese Lehre bezieht sich auf die ultimative Wiedervereinigung aller Wesenheiten in der göttlichen Essenz, wenn die universale Periode der Manifestation – das kosmische Manvantara – ihren Lauf gänzlich vollendet hat. Während dieser essenziellen Wiedervereinigung wird jede Wesenheit – ihre geistige Essenz – für lange Zeit Eins mit der göttlichen Essenz. Sie behält aber dennoch ihre monadische Individualität, ihre Samen-Individualität, bei und wird außer dem Gefühl des *individuellen* Seins nun auch noch ein *kosmisches* Gefühl des vollkommenen Einsseins und der Einheit mit den zahlreichen Heerscharen anderer Wesenheiten empfinden. Das „Aufgehen" des individuellen Daseins in der kosmischen Einheit kann mit unvollkommenen menschlichen Worten kaum beschrieben werden. Dennoch kann es verstanden werden, wenn sich das Denken über die Begrenzungen der Persönlichkeit erhebt und in den klaren spirituell-intellektuellen Äther unpersönlichen Verstehens aufsteigt. Unsere moderne Mentalität ist von persönlichen Nebeln umwölkt; entstellt durch Gefühle und Leidenschaften ist die Wirklichkeit nur

schwer zu erfassen. Jedoch beinhaltet dieses „Aufgehen" die fundamentale Bedeutung der in den höheren orientalischen Philosophien
so allgemeinen Lehre, in der auf das „Aufgehen" des Individuellen in
Paramâtman, in Brahman oder in dem kosmischen Geist Bezug genommen wird. Dieses „Aufgehen", dieses Absorbiertwerden, ist nur
im Sinne einer gänzlichen, vollständigen Selbst-Identifizierung mit
dem kosmischen SELBST zu verstehen. Der todlose Sitz der monadischen Individualität wird beibehalten. Es findet die Regeneration,
die Ausweitung unseres nun göttlich gewordenen Ich-Bewusstseins
zur unmittelbaren und fortdauernden Verwirklichung eines vollkommenen Einsseins mit Allem in unpersönlicher Liebe und Frieden, in
Glück und Bewusstheit statt. Dieser Zustand währt so lange, wie das
„Absorbiertwerden" andauert, was für Äonen über Äonen kosmischer
Zeit sein mag. Im Fall eines weniger glücklichen Jîvanmukta kann es
bis zum Ende des kosmischen Manvantaras andauern, und das ist fast
immer der Fall.

Das Wort „glücklich" sollte nicht dahingehend ausgelegt werden, als
bedeute es eine Art der Bevorzugung. Vielmehr sollte es allein in dem
Sinne eines seit Langem angesammelten karmischen Verdienstes verstanden werden. Spirituell gesehen ist die „freie Monade" oder der
Jîvanmukta befähigt, für die erwähnte lange Zeit den niederen Sphären der Manifestation fernzubleiben.

II

Aufgrund karmischer Reaktionen wirken die Gedanken einer Inkarnation in der nächsten Inkarnation, ja selbst in allen nachfolgenden Wiederverkörperungen, stark auf uns ein. Das bedeutet, wir wachsen und entfalten uns, wir evolvieren durch und mittels unserer Gedanken. Wir denken Gedanken und werden durch sie, je nachdem, stark oder schwach beeindruckt und beeinflusst. Unauslöschlich prägen sie sich in das Gewebe unseres Wesens, unseres Bewusstseins ein. Wir sind eine wunderbare magische Bildergalerie in allen sichtbaren und unsichtbaren Teilen unserer Konstitution. Unser gesamtes zusammengesetztes Wesen, sowohl als ein Ganzes als auch in seinen Teilen – das heißt insgesamt und im Einzelnen –, ist wie ein äußerst empfindlicher fotografischer Film, der sich ständig erneuert und ununterbrochen Eindrücke aufnimmt und sie festhält. In einem gewissen Sinn ist es wie ein Palimpsest, das Eindruck auf Eindruck empfängt. Jeder der Eindrücke bleibt unauslöschlich bestehen und wird doch auf magische Weise modifiziert, obwohl alle nachfolgenden Eindrücke darübergelagert sind. Alles, was sich vor dem „Film" abspielt, wird ihm sofort aufgeprägt, wird sozusagen fotografiert, und der „Film" sind wir. Jeder von uns ist ein solcher fotografischer „Film", und dies ist die Art und Weise, in der unser Charakter aufgebaut und gestaltet wird. Aus diesem Grunde beeindrucken ihn natürlich auch die Gedanken, die wir denken, die Gefühlsregungen, die wir erleben, die Leidenschaften, die uns leiten oder in die Irre führen, und selbst die Handlungen, die durch Gedanken verursacht werden. Es ist daher von größter Wichtigkeit, dass wir unser niederes Denken, die niedere mânasische Fähigkeit, so regulieren, dass unsere

Gedanken – denen wir erlauben, unser Gemüt zu durchwandern – erhebende und hilfreiche Eindrücke hinterlassen.

Gedanken sind Energien, verkörperte Energien, elementale Energien. Sie entstehen nicht im menschlichen Denkprinzip. Die Elementalwesen ziehen vielmehr *durch* unser Denkprinzip, durch diesen empfindsamen Übertragungsapparat, und jeder von uns färbt die passierenden Gedanken und gibt ihnen eine neue Richtung, einen neuen karmischen Impuls. Kein Gedanke wurde jemals in einem menschlichen Gehirn erschaffen. Die Inspirationen des Genies, die erhabensten Erzeugnisse des menschlichen Geistes, kommen schlicht und einfach durch große, edelmütige Geister zu uns. Sie sind die fähigen Kanäle für die Übertragung einer so erhabenen Flut.

Durch das ständige Denken niederer und abwegiger Gedanken kann ein Mensch degenerieren. Andererseits kann sich ein Mensch zu den Göttern erheben, wenn er seinen spirituellen Willen übt und gleichzeitig seine Natur öffnet, um nur inspirierende, hohe und erhabene Gedanken aufzunehmen. Auf dem Gewebe seines Wesens hinterlassen sie Eindrücke, die ihrerseits automatisch aktiv werden als ein unerschöpflicher Inspirationsstrom. Den Gedanken anderer Art aber kann der Mensch den Weg versperren, damit sie ihn nicht dauerhaft beeindrucken können.

Im kosmischen Maßstab betrachtet ist die mystische Bildergalerie der Ewigkeit das Astrallicht. Von unserer gesamten Konstitution aber ist das Astrallicht zu neunundneunzig Prozent das „Aurische Ei", wie dieser Teil in der Theosophie genannt wird, hier aber nicht weiter erläutert werden kann. Das Aurische Ei ist gleich allen anderen Teilen der menschlichen Konstitution eine vollkommene Bildergalerie von sehr erstaunlicher Art. Es ist nicht nur eine Empfangsstation, sondern auch eine Sendestation für innere „Funksignale", für „Funknachrichten" jeglicher Art. Alles, was um uns herum geschieht, wird dem Aurischen Ei unauslöschlich aufgeprägt, sofern wir unserem Bewusstsein gestatten, die Geschehnisse wahrzunehmen und zu empfangen. Durch unseren Willen und mittels innerer Prozesse, denen jeder von uns instinktiv oder auch unbewusst folgt, können wir die âkâśische Sperre, die üble Gedanken automatisch ausschließt, stärken, sodass sie keinen bleibenden Eindruck mehr auf uns ausüben. Auf diese Weise finden sie in unserem Wesen keine Bleibe, keinen Hafen, und folglich ist ihre Wirkung auf das reinkarnierende Ego praktisch gleich null. Erlauben wir üblen Gedanken aber, auf uns einzuwirken, bleiben die Eindrücke für ewig bestehen. Sie sind dem Gewebe unseres Bewusstseins unauslöschlich eingeprägt. Um die üblen Eindrücke wieder zu glätten, müssen wir an ihnen arbeiten, um sie zu modifizieren oder zu spiritualisieren. So können sie in der nächsten Wiedergeburt, wenn die automatische Reproduktion erfolgt, nicht mehr als reproduzierte Ursachen für übles Tun auftreten, und infolgedessen werden sie in der neuen Inkarnation nur sehr wenig ursächliche üble Kraft besitzen.

III

Der Prozess der individuellen Wiederverkörperung vollzieht sich auch – aufgrund der nie ruhenden Aktivität während eines kosmischen Manvantaras – infolge eines anderen der Natur innewohnenden Gesetzes: des *Gesetzes von Ursache und Wirkung*. Dieses Gesetz besagt: Einer einmal erzeugten oder hervorgerufenen Ursache folgen früher oder später unausweichlich die ihr genau entsprechenden Wirkungen. Diese Wirkungen werden auf der Stelle ihrerseits zu neuen Ursachen, die neue Folgen auslösen, die ihrerseits auch wieder sofort zu neuen tätigen kausalen Energien werden. Und so geht es weiter – ohne Ende, denn diese Kette der Verursachung erstreckt sich von Manvantara zu Manvantara und in der Tat von Ewigkeit zu Ewigkeit. Die Wesenheiten selbst aber – die sich innerhalb ihres Macht- und Einflussbereiches befinden, was so viel bedeutet wie überall – evolvieren und bewegen sich ständig vorwärts. Sie tun dies aufgrund und unter dem noch weiter reichenden karmischen Gesetz, das *die*

Wesenheiten einschließt und regiert, die Bestandteile von ihnen sind. In diesem Bild fügen sich also „Räder in Räder": Das Größere umfasst das Kleinere, und während das Kleinere seinen eigenen karmischen Schicksalsweg streng verfolgt, untersteht es gleichzeitig auch der noch gebieterischeren Macht des weiter reichenden Karmans des größeren Lebensrades.

Die karmische Aktivität, die gesamte karmische Tätigkeit, vollzieht sich sowohl im Allgemeinen als auch im Besonderen im Einklang mit einer weiteren fundamentalen Operation der Natur: dem *Gesetz der Zyklen*. Bei strenger Prüfung ist jedoch zu erkennen, dass diese „ewig fundamentale Operation der Natur" selbst nur eine Phase des kosmischen Karmans ist. Die sich überall im Großen wie im Kleinen manifestierende zyklische oder sich wiederholende Aktivität in der Natur ist lediglich *eine* der Methoden, durch die sich kosmisches Karman zum Ausdruck bringt und seine verborgenen Ziele verfolgt. Die Natur wiederholt sich ständig und fortgesetzt, ununterbrochen und ohne Aufhebung der Kontinuität, sodass sich das Große im Kleinen widerspiegelt und das Kleine nur eine Reflexion des Großen darstellt. Was also im Großen vorhanden ist, ist im Kleinen en miniature enthalten. Diese Tatsache findet in der Theosophie ihren Ausdruck durch den Hinweis auf eine andere grundlegende Tatsache des kosmischen Seins: universale „Analogie".

Die Natur wiederholt sich überall und unaufhörlich in ihren Operationen, ihren Wirkungsweisen und in ihrer Struktur. Alle ihre Operationen folgen immer und unausweichlich den früher gelegten Aktivitätsschablonen, weil sie den Kraft- beziehungsweise den Energielinien, den Bahnen des geringsten Widerstandes folgen müssen. Überall ist diese Manifestation universaler Periodizität zu erkennen: Tag und Nacht, Sommer und Winter, das Frühlings-Hervorfluten und das Herbst-Zurückebben sind vertraute Beispiele hierfür. Alle Planeten unseres Sonnensystems folgen den gleichen allgemeinen Umlaufbahnen; Wachstum vollzieht sich nach zyklischen Gesetzen wie ebenso auch Krankheiten. Zyklische Aktivität ist ausnahmslos universal.

Wüssten wir doch nur genug, um überall in der Struktur der Natur das Wirken der natürlichen Aktivität in periodischen Abschnitten zu erkennen! Die Periode der Sonnenflecken ist ein weiteres Beispiel für die zyklische Periodizität. Tatsache ist, dass Periodizität überall in Mutter Natur vorherrscht. Sie wirkt nicht nur auf unserer physischen Erde allein, sondern ebenso auf und in den unsichtbaren Plänen, ja überall, in den unsichtbaren Sphären wie in der sichtbaren physischen Sphäre.

Tatsächlich ist alles, was geschieht, ob im Großen oder Kleinen, im Sichtbaren oder Unsichtbaren, gemäß seiner Charakteristik zyklisch bedingt und die Reproduktion dessen, was vorausgegangen ist. Dies gilt auch im Hinblick auf weitaus früher Dagewesenes, das dem Wesen nach ebenfalls zyklisch bedingt war. Daher sind Tod und Geburt gleichfalls zyklisch oder erfolgen periodisch. Wir Menschen bilden auch in kosmischer Hinsicht in der Natur – ihren Methoden und Funktionen – keine Ausnahme. Warum sollten wir auch? Als untrennbare und integrale Teile des Universums wäre es uns nicht möglich, getrennt von der Natur zu existieren. Wir stehen weder außerhalb, noch sind wir getrennt vom Universum, noch könnten wir es jemals sein. Der Mensch kann sich niemals vom Universum frei machen, keine Wesenheit kann das. Was auch immer wir tun, geschieht aus der Notwendigkeit heraus, nicht aber durch Zufall. Es geschieht vor allem deshalb, weil wir selbst der Schöpfer unseres Schicksals sind. Es wurde im Laufe der Zeit im Schoße des Universums fortschreitend erarbeitet und entfaltet, und notwendigerweise wird es auch von den herrschenden inhärenten Gesetzen der Periodizität ununterbrochen gelenkt und geleitet. Alles untersteht überall in gleicher Weise derselben alles beherrschenden Gewohnheit der Natur. Diese Gewohnheit wird analog „Gesetz" genannt. Periodische oder zyklische Tätigkeit kann auch mit Fug und Recht eine *Gewohnheit der Natur* genannt werden. In gleicher Art und Weise werden auch menschliche Gewohnheiten durch Wiederholung erworben, bis die betreffende Person schließlich automatisch der Gewohnheit folgt;

für diese Zeit ist sie dann das „Gesetz", das ihr Handeln leitet. Glei-
cherweise sind auch Tod und Geburt tief verwurzelte Gewohnheiten
der reinkarnierenden Wesenheit. Diese Reinkarnations-Gewohnheit
wird Zeitalter hindurch fortdauern. Sie wird so lange fortdauern,
bis sie durch die wachsende Abneigung des reinkarnierenden Egos
in Bezug auf materielles Leben allmählich geringer wird, mit anderen Worten: Die Anziehung zu der gegenwärtigen Sphäre und dem
entsprechenden Plan verliert langsam ihre Macht über das sich wiederverkörpernde Ego. Die beschriebenen Vorgänge sind Teil der natürlichen, allgemeinen Prozesse des endlosen evolutionären Wachstums. Die evolvierenden und revolvierenden sich wiederverkörpernden Monaden durchlaufen diese Prozesse während ihrer Wanderungen durch die Welten und Sphären kosmischen Lebens.

Menschen widersetzen sich zuweilen eigensinnig und ablehnend den
eigenen besten Interessen. Wider besseren Wissens opponieren und
kämpfen sie für das Schlechtere. Auf diese Weise säen sie Samen,
die sie irgendwann einmal als Früchte ernten müssen; doch wenn
sie diese geerntet haben, werden sie unfehlbar neue Samen aussäen,
denn sie können nicht anders: So bieten sich jedem Menschen immer
wieder neue Chancen, wie tief er auch „gefallen" sein mag, einerlei,
welche „Sünden" er begangen haben mag; neue Chancen zur Selbst-
erlösung, und das ad infinitum. Diese Lehre verschließt zügellosem,
selbstsüchtigem, üblem Handeln in moralischer wie ethischer Hinsicht die Tür. Die Früchte unfehlbarer Gerechtigkeit, die nie irrenden
Wirkungen vergeltender Gerechtigkeit sind allemal bitter. Das Wort
„Vergeltung" ist lediglich eine Verallgemeinerung der Lehre von Karman oder den Folgen und wird auf jene Resultate angewandt, die
sich aus üblen Handlungen ergeben. Die Flucht vor den Folgen einer
einmal ausgeführten Handlung, eines einmal gedachten Gedankens
oder einer einmal zugelassenen Gemütserregung ist nicht möglich,
denn „was der Mensch sät, das wird er auch ernten", bis durch bitte-
re Erfahrungen die fundamentale Lektion des Lebens gelernt wurde:
das Selbst in zunehmende Harmonie mit dem kosmischen SELBST

zu bringen, das hinsichtlich seines ethischen Aspektes auch „unpersönliche kosmische Liebe" genannt werden kann.

Der Gedanke ist westlichem Denken vertraut. Doch diese Vertrautheit scheint infolge mangelnden Verständnisses eine Dosis Verachtung mit sich gebracht zu haben. „Vertrautheit erzeugt Verachtung" [heißt es im Englischen, d. Ü.]. Es gibt jedoch keine Lebenslektion, derer die gesamte westliche Welt dringender bedarf als dieser: ausgleichende Gerechtigkeit. Sie gehört zum wahren Wesen des kosmischen Seins. Die wunderbare Ordnung und Symmetrie, die Regelmäßigkeit und Harmonie, die in der Struktur der universalen Natur so offensichtlich überall vorhanden sind, lassen sich auf diese zurückführen. So erfolgreich ein Mensch also zeitweilig auch sein mag auf seiner scheinbaren Flucht vor vergeltenden Folgen seines üblen Tuns, so wird er dennoch früher oder später durch die automatische Gewohnheit der Natur mit den Geistern seiner totgeglaubten Vergangenheit konfrontiert. Er wird gezwungen, sich bewusst oder unbewusst zu bessern und vollständige Wiedergutmachung zu leisten.

Der Paulus der Christen, dessen Worte in dem ihm zugeschriebenen *Brief an die Galater* aufgezeichnet sind, sprach die Wahrheit: „Irret euch nicht, Gott lässt sich nicht spotten. Denn was der Mensch sät, das wird er ernten." (6, 7)

Es gibt in der Tat Menschen, die während einer Reihe aufeinanderfolgender Erdenleben fortgesetzt Böses um des Bösen willen taten. Schließlich fallen sie mental so tief, dass sie, genau genommen, nicht mehr als menschliche Wesen anzusehen sind. Ihre innere spirituelle Monade, und damit die inspirierende Flamme, hat sich zurückgezogen. Wenn das geschieht, scheiden diese Menschen, die nun nicht mehr wirklich menschlich sind – obwohl sie noch menschliche Gestalt besitzen können –, sowohl aus der menschlichen Sphäre als auch aus der Menschheit aus. Sie gehen in tiefer stehende Reiche über. Dennoch besteht für die Betreffenden noch immer eine Chance, sich selbst aus ihrer Situation zu erlösen, zumindest so lange, wie der letzte schwache inspirierende Strahl von der spirituellen Monade noch nicht erloschen ist. Derartige Fälle sind jedoch so selten, dass hier nur

kurz auf sie hingewiesen zu werden braucht. Es muss der Menschheit
hoch angerechnet werden, dass Fälle, in denen Menschen das Böse aus Liebe zum Bösen wählen, tatsächlich so selten sind, dass sie
hier nur der Vollständigkeit halber gestreift zu werden brauchen. Die
überaus große Mehrheit der Menschen hat zu allen Zeiten genug
des innewohnenden spirituellen Lichtes brennend in ihrem Herzen
erhalten, um vor einem derart furchtbaren Schicksal bewahrt zu bleiben.

Aufgrund allgemeiner Gesetzmäßigkeit und entsprechend der allgemeinen Regel erfolgt das Wachstum des Menschen normalerweise
„immer vorwärts!". Auch wenn es oft nur sehr langsam vorangeht,
in zögernden und unsicheren Schritten, so werden sie doch edler.
Zugleich wächst das Mitgefühl, und die intellektuellen Fähigkeiten
nehmen zu. Wir wachsen aufgrund unserer Bestrebungen und der
Sympathien, die wir sowohl für unsere Mitmenschen als auch für alles, was ist, hegen, sie weiten sich aus. Denn diese hohen Eigenschaften folgen auf sich entfaltendes Wachstum, „wie das Rad dem Fuße
des Ochsen folgt, der den Wagen zieht". Diese schöne bildhafte Darstellung ist in der alten buddhistischen Schrift *Dhammapada* (Kap.
1, Vers 1) wiedergegeben. Sie lässt sich auch auf die Wirkungen, die
üblen Handlungen folgen, anwenden.

IV

Während der letzten zwei- bis dreihundert Jahre gab es im Westen lediglich zwei alternative Erklärungen für die innere und äußere Natur
des Menschen sowie für seinen Ursprung und seine Bestimmung: die
christlich-theologische Sichtweise und die wissenschaftliche Theorie. Die erstere hält oder hielt jahrhundertelang daran fest, dass der
Mensch eine „ewige" Seele habe, die jedoch bei der Geburt oder ungefähr zu dieser Zeit *erschaffen* wurde und die beim Tode das eine von

zwei unwiderruflichen Schicksalen erleiden würde: ewige Verdammnis in den Flammen einer nie endenden Hölle „in einem asbestartigen Körper", wie gewisse Kirchenväter es ausdrückten, oder eine endlose Existenz in einem „Himmel", in dem die Seele zur Rechten des allmächtigen Gottes sitzen und dem Ewigen bis in alle Ewigkeit Lobpreisungen singen würde. In keinem der beiden Fälle wurde jemals gezeigt, dass die menschliche Seele ein derartiges Schicksal verdient haben könnte, denn um *ewige* Verdammnis in *endloser* Qual verdient zu haben, müsste die Seele, wollte man einen gerechten Maßstab anlegen, in ihrem Erdenleben eine ungeheure Sünde oder Sünden begangen haben, die so schwerwiegend sind und sie so tief beflecken, dass eine Ewigkeit von Leiden sie nicht reinzuwaschen imstande wäre. Im anderen Fall müsste die menschliche Seele von ihrer „Erschaffung" an so erhaben, göttlich stark und gut gewesen sein, dass eine Ewigkeit vermeintlichen Glücks eine kaum ausreichende Belohnung für eine so unaussprechliche Tugend wäre.

Der andere Versuch, die Konstitution des Menschen zu erklären, den die neuere, jedoch wohl kaum die moderne Wissenschaft unternimmt, scheint für einen nachdenkenden Menschen ebenso willkürlich und eigenartig zu sein wie der der Theologie. Er besagt, dass der Mensch nichts weiter sei als sein physischer Körper und dass nach dem Tode alles vorbei sei. Glücklicherweise wird heute vielfach erkannt, dass diese Ansichten nur die spekulativen Modeerscheinungen eines verflossenen Zeitalters sind. Es kann vorausgesetzt werden, dass sich nicht alle der hervorragenden wissenschaftlichen Größen von diesem theoretischen Albdruck eines leeren, einst aber äußerst stimmgewaltigen Materialismus einfangen lassen. Wie dem auch sei, die Idee der vollständigen Auslöschung ist fast vorzuziehen, wenn sie in scharfen Gegensatz zu dem leeren, jeder Inspiration baren „Himmel" der alten Theologie oder ihrer ebenso inspirationslosen, doch durchaus abstoßenden „Hölle" gestellt wird. In diesem Zusammenhang wird man unwiderstehlich an einen Ausruf erinnert, der Voltaire zugeschrieben wird: „Même le néant ne laisse pas d'avoir du bon!" – „Selbst das Nichts hat sein Gutes!"

Ach, der Mensch, der ein Denker ist; eine Wesenheit, die fühlt und
strebt, die Intuitionen und Ahnungen von erhabenen und großartigen Wahrheiten hat; der Mensch, der durch Selbstaufopferung wahrhaft gottgleich sein kann; der edle Ideale verkörpern kann; der spirituelle, intellektuelle Kräfte und Fähigkeiten besitzt, die sich in ihrer
Fülle niemals in einem einzigen Erdenleben manifestieren lassen; der
Mensch, der mit einer so edlen Liebe, die jede Ausdrucksmöglichkeit in Worten übersteigt, unpersönlich zu lieben vermag, aber mit
ebenso starker, übler Kraft hassen kann; der Mensch, dessen Sehnen
erfüllt ist von schönen, unpersönlichen Werten und dessen Erkennen
derselben nie vollständig zufriedengestellt wird; dessen Hunger nach
Wahrheit und Schönheit in einem einzelnen Erdenleben nie volle
Befriedigung erfährt: bringt dieser Mensch – diese Wesenheit, die
ein Bündel, eine Garbe derartiger Kräfte, derartiger Eigenschaften
und Attribute ist, die unaufhörlich nach einem Weg suchen, um sich
auf geeignete Weise zum Selbstausdruck zu bringen –, bringt dieser
Mensch alle diese fantastischen Eigenschaften wirklich nur deshalb
zum Ausdruck und gebraucht er ihre verschiedenartigen Energien,
die für edle oder unedle Zwecke benutzt werden können, allein aus
dem Grunde, um sie beim Tode auf unerklärliche Weise zu verlieren
und vergehen zu lassen, bevor alle diese verschiedenen Kräfte und
Energien zufriedengestellt wurden?

Das gegebene Bild widerspricht nicht nur unserem logischen Empfinden, sondern auch einem der allgemeinsten Naturphänomene, das
durch wissenschaftliches Studium erkannt wurde: Eine Kraft- und
Energiequelle ist nicht deshalb vernichtet, weil ihre Kanäle blockiert
sind oder umgelenkt wurden. Offensichtlich kann das Blockieren
einer selbsterzeugenden ewig aktiven Kraft- und Energiequelle diese nicht vernichten: Ihre Flut wird lediglich eine Zeit lang zurück-
gedämmt. Sie staut sich mit der Zeit auf und verursacht, dass die
Quelle wieder aufbricht und sich gegebenenfalls anderweitig einen

Ausweg erzwingt. Wäre es anders, würde ein Grundgesetz der Natur verletzt werden: Eine einmal erzeugte Ursache, eine einmal freigelassene Kraft oder Energie muss und wird bis zu ihrer völligen Erschöpfung tätig sein, wenn sie nicht durch eine kontrollierende Kraft, die mächtiger ist als sie selbst, in Schach gehalten wird. In letzterem Fall wartet die schwächere Kraft ihre Zeit ab, um von Neuem hervorzubrechen, sobald der sie zurückhaltende Einfluss beendet oder überwunden ist. Die Vorstellung einer völligen und nahezu augenblicklichen Auslöschung einer kosmischen Energiequelle, als die sich jeder Mensch tatsächlich erweist, ist nicht nur widersinnig, sondern – schlimmer noch – völlig unphilosophisch. Es drängt sich die Schlussfolgerung auf: beide alternativen Erklärungen bezüglich der konstitutionellen Natur des Menschen und seiner Bestimmung – wie sie bis vor nicht langer Zeit im Westen dargelegt wurden – verfehlen, den infrage kommenden Grundlagen zu entsprechen und den Intellekt zufriedenzustellen.

Die Kräfte, Energien und Substanzen, aus denen die gesamte Konstitution des Menschen – die äußere und die innere – aufgebaut ist, sind gleichfalls auch die Kräfte, Energien und Substanzen der universalen Natur. Dass ausgerechnet diese Kräfte und Substanzen ihren eigenen essenziellen Eigenschaften entgegengesetzt wirksam sein sollten, ist völlig unrealistisch. Auch die Vorstellung, der Mensch könnte kraft der Befugnis einer vermeintlich diktatorischen, schöpferisch tätigen Wesenheit entweder in eine ewige Hölle oder in einen ewigen Himmel getrieben werden, ist völlig unrealistisch. Gerechterweise kann kein Mensch eines dieser Schicksale verdient haben, da seine willentlichen Anstrengungen begrenzt sind. Weder für die Hölle noch für den Himmel gibt es für die den Menschen beseelende Monade die geringste Anziehungskraft. Dennoch besteht nach wie vor häufig die Annahme, eine Wesenheit wie der Mensch – der ein untrennbarer Teil der Mutter Natur ist – könne durch einen bloßen Zustands- oder Bedingungswechsel ausgelöscht werden. Offensichtlich wird übersehen, dass der Mensch eine sich entwickelnde, lernende Wesenheit

voller unbefriedigter und unaufgebrauchter Kräfte ist; eine sich im
Schoße der universalen Natur evolvierende Wesenheit; und es wird
angenommen, dass diese Wesenheit Mensch durch die Auflösung
seines niedrigsten, flüchtigsten, zusammengesetzten Teiles, nämlich
des physischen Körpers, aus seiner Existenz ausgelöscht wird. Hypothesen dieser Art können nicht bewiesen werden, sie beruhen allein
auf theoretischen Spekulationen. Ihnen fehlt daher die innere Aussagekraft, die den Tatsachen der Natur, ihrer Kräfte, Energien und
Substanzen zugrunde liegt. Bloße Hypothesen, die jeglichen Bewei-
ses entbehren, als feststehende Naturtatsachen hinzunehmen, stellt
zudem eine Verletzung gut fundierter wissenschaftlicher Prinzipien
dar.

Was wird nun aus diesen in Tätigkeit *gewesenen* Kräften? Heute ist
bekannt, dass „Energie" oder „Kraft" nur andere Worte sind für feinstoffliche Materie oder Substanzen. Was wird aus diesen Energien,
die beim Tode sozusagen gerade erst begonnen haben, sich zu erschöpfen? Offensichtlich kann kein Mensch in einer Lebenszeit alle
Folgen abtragen, die aus seinen gehegten Gedanken, seinen ausgeführten Handlungen, aus dem Guten, das er vollbrachte, und aus
dem Unheil, das er angerichtet hat, resultieren. Wohin sind diese
unverbrauchten Kräfte und Energien gegangen? Sind sie ausgelöscht?
Träfe dies zu, stellte sich die Frage nach der Verursachung. Was brachte die Auslöschung zuwege, und welcher Beweis liegt vor, dass sie,
jenseits spekulativer Hypothesen, überhaupt stattgefunden hat? Vollbringen wir auf der Bühne des Lebens lediglich ein flüchtiges Dasein,
das zu dem Zeitpunkt des Todes für immer im Nichts endet? Diese Vorstellung ist vollkommen unwissenschaftlich wie auch logisch
inkonsequent.

Jeder Mensch wird von den „schlaflos" wirkenden kosmischen Gesetzmäßigkeiten augenblicklich und ständig auf der Waage immer
aktiver, nie irrender naturgemäßer Gerechtigkeit gewogen. Wir können weder das Gleichgewicht in der Natur stören noch ihre Strömungen von Ursache und Wirkung durch unser Sterben ändern,

ohne dass uns dadurch eine Rückwirkung widerfährt. Jede Tat, die wir vollbringen, jede gute Tat und jede üble Tat, jeder gute Gedanke, den wir denken, und jeder schlechte Gedanke, dem wir erlauben, sich in unserem Denkprinzip einzunisten und unser Verhalten zu beeinflussen: alles muss seine unvermeidliche konsequente Wirkung haben, die streng proportional zu der Kraft ist, die sie erzeugte. Nachdruck soll hier allein auf den folgenden Punkt gelegt werden: Wo bringt sich jene Kraft oder Energie in Resultaten zum Ausdruck? Nur nach dem Tode oder in künftigen Leben? Die Antwort lautet: in beidem; doch insbesondere in den künftigen Erdenleben, weil eine Erdenkraft keine wirkungsvolle Manifestation ihrer selbst in Sphären außerhalb der Erde finden kann. Eine Ursache muss ihre konsequenten und notwendigen Folgen am Ort der Handlung selbst haben und nicht anderswo. Andernfalls wäre es – um ein einfaches Beispiel heranzuziehen – logischerweise möglich, dass sich ein Autofahrer, anstatt in die Stadt zu fahren, plötzlich über dem Pazifik befände und in Richtung China flöge! So etwas geschieht nicht. Lebende Menschen erzeugen Gedanken, bringen Handlungen hervor, und nur lebende Menschen können deren Folgen ernten. Dennoch ist es durchaus richtig, dass Gedanken und Handlungen auch auf das Gewebe des handelnden Menschen in einem solchen Ausmaß einwirken, dass sogar die nachtodlichen Zustände durch die Handlungen während des Lebens eine entsprechende Veränderung erfahren. Dies ist deshalb so, weil derartige Gedanken und Handlungen den *Willen* und die *Intelligenz* – ihre ursprüngliche Quelle –, das heißt die Konstitution des Menschen tiefgehend modifizieren oder verändern. In der Tat, die Energien in uns, die sich als Anzeichen höherer, innerer energetischer Operationen kundtun, leben wirklich weiter und finden im nachtodlichen Zustand zumindest einen teilweisen Ausdruck. Sie können nicht anders, da sie Manifestationen reiner Energie sind. Diese Energie ist todlos und daher den spirituellen Sphären näher als der physischen Sphäre, der Erde, auf der unsere niederen Neigungen ihren vollen Ausdruck finden.

V

Hieraus geht hervor, dass der Mensch viele Male wieder und wieder
geboren wird. Dies geschieht weder auf Befehl oder durch das Man-
dat eines außerhalb von ihm Stehenden noch durch die rein automatische Tätigkeit einer seelenlosen Kraft oder Substanz – eine Vorstellung dieser Art ist völlig unbegründet und steht im Widerspruch
zu ihrer eigenen Prämisse. Es geschieht vielmehr allein aufgrund der
Ursachen, die der Mensch selbst in seinem Innern erzeugt hat. Als
aktive Wirkungen und Folgen zwingen ihn nun diese Ursachen, zu
den Gefilden zurückzukehren, in denen er sich in früheren Erdenleben abgemüht hat. In diesem unserem gegenwärtigen Leben setzen wir durch unser Denken und Handeln Ursachen in Bewegung,
die uns in ferner Zukunft wieder auf unsere Erde zurückbringen.
Irgendwann in künftigen Zeiten werden wir also in physische Inkarnationen zurückkehren, weil wir im jetzigen Leben Ursachen säen.
Sie zwingen uns schließlich, zu neuer Existenz in Menschengestalt zu
unserer Mutter Erde zurückzukommen. Dann werden wir die Ernte
einholen, den reichen Ertrag aus den Samen unseres Denkens, Fühlens und Handelns, die wir in diesem Leben in die Gefilde unserer
inneren Konstitution einpflanzen, in uns selbst.

Das ist die Kette der Notwendigkeit. Sie ist jenes Schicksalsgewebe,
das jeder Mensch, jede Seele Glied um Glied schmiedet, während
die Tage dahineilen. Sie ist die ungebrochene, ja unzerreißbare Kette
aus Ursache und Wirkung, aus Aktion und deren Folge, die „Karman" genannt wird. Wenn in irgendeinem Leben der Tod an uns
herantritt, verbleiben die Samen der Ursachen, die wir auf Erden

gesät haben und die noch nicht zur Entfaltung einer vollen Blüte oder Frucht gelangt sind, in unserer inneren, unsichtbaren Konstitution als latent liegende, sozusagen schlafende Impulse. Sie liegen latent wie schlafende Samenkörner, die im nächsten Leben und in nachfolgenden Leben zu künftiger Tätigkeit erblühen werden. Sie verbleiben als Impulssamen und schlafen, bis die richtige Zeit für sie gekommen ist, um zu neuer Tätigkeit zu erwachen. In den *nachtodlichen* Zuständen unserer inneren Konstitution empfinden sie weder Ruf noch Impulse, noch die Anziehung zu neuer Manifestation. In den nachtodlichen Zuständen ist kein physischer Körper vorhanden, der für sie geeignet wäre, um zu neuer Tätigkeit und Manifestation hervorzukommen. Als *kausale* Samen – die im und durch den physischen Körper und seine niederen und inneren Abläufe ins Dasein gerufen wurden – können sie sich in den unsichtbaren Reichen, in denen unsere Seelennatur nach dem Tode schläft, nicht manifestieren. Aber, und das ist die Hauptsache, die beachtet werden muss: Wenn die menschliche Seele in der nachtodlichen Periode unsagbaren inneren Friedens ihre Ruhezeit, die Erholungszeit für ihre Kräfte, beendet hat; wenn sich die menschliche Seele völlig erfrischt fühlt wie nach einem langen, erquickenden Schlaf und nun sozusagen zu erwachen beginnt, dann beginnen sogleich auch diese Samen, den neuen Zustand zu fühlen, in dem sie sich jetzt befinden. Sie beginnen, die wachsende Flut der Lebenskraft zu spüren, die aus der nun erwachenden menschlichen Seele hervorgeht, und erbeben unter der hereinbrechenden Flut der Impulse, die in diesen Samen aufsteigen und aus ihnen hervorströmen – aus den Samen, die im vergangenen Leben gesät wurden und jetzt beginnen, in Tätigkeit zu treten. Die *Samen* selbst beginnen nun mit ständig wachsender Neigung zum Selbstausdruck aufzukeimen. Diese stetig anwachsende Flut erwachender niederer Kräfte und Energien, die aus vergangenen Leben mitgebracht wurden und bisher in Samengestalt schliefen, zieht die menschliche Seele nun an und gegebenenfalls hinab in eine neue irdische Inkarnation in menschlichem Fleisch.

Bei diesem Abstieg wird die Seele automatisch zu der Familie auf Erden angezogen, deren Atmosphäre und Milieu dem gesamten Aggregat ihrer persönlichen Impulse, Neigungen und Attribute am nächsten stehen. So kommt es, dass die Seele in diesem ihr sympathischen
Feld als Kind inkarniert, sie tritt erneut in einen menschlichen Schoß
ein. Sobald die Verbindung mit dem menschlichen Keim hergestellt
ist – ein äußerst faszinierender Vorgang spirituellen Charakters –, beginnen die niederen Elemente, von der sich wiederverkörpernden
Seele angeregt, von diesem Augenblick an, durch Wachstum den
künftigen Körper zu formen und zu gestalten. Ist das Kind geboren und sind die Tage der Kindheit dahingegangen, machen sich
die Prozesse der sich nun entfaltenden höheren Natur bemerkbar.
Sie vollziehen sich auch innerhalb der niederen Natur, die ihrerseits
durch die physische Hülle zum Ausdruck kommt. Diese Vorgänge
sind deutlich sichtbar. Wer die seelischen Vorgänge seines Denkens
und Fühlens überprüft, erkennt, dass im Verlaufe der Jahre – die
den Übergang von der Kindheit zum Erwachsenenalter herbeiführen – eine Reihe fortschreitender innerer Erkenntnisse wachgerufen
werden. Es sind die Anfänge und Erweiterungen eines neuen Verständnisses, die oft intensiv bewusst werden und wissen lassen, dass
sie allein aus dem Inneren kommen.

Von großer Wichtigkeit ist an dieser äußerst faszinierenden Episode im menschlichen Dasein Folgendes: Der Mensch durchläuft verschiedene spirituelle, mentale und seelische sowie moralisch geprägte
Phasen, wenn er aus der Kindheit herauswächst und sich zum Erwachsenen entfaltet. Diese Phasen sind eine Analogie, eine Wiederholung oder Reproduktion im Kleinen – dem individuellen Menschen – von dem, was bei dem weitaus umfangreicheren Schicksal
der sich wiederverkörpernden Monade stattfindet, während sie ihre Reise durch Raum und Zeit unternimmt. Sie beginnt ihre Reise
mit ihrem ersten Erscheinen als nicht selbst-bewusster Gottesfunke
zu Beginn des kosmischen Manvantaras und setzt sie fort bis hin
zu ihrem gegenwärtigen Zustand als selbstbewusster Mensch. In der

Biologie sind die physiologischen Veränderungen, die der Embryo in seiner Entwicklung vom Keim bis zum Kind durchläuft, bekannt. Sie sind ein weiteres Beispiel für die wunderbare Art und Weise, in der die Natur im Großen wie im Kleinen Gewohnheiten folgt, den Bahnen einstiger Aktionen.

Obwohl das in den vorangegangenen Abschnitten skizzierte Bild in seinen Einzelheiten logisch nachvollziehbar und folgerichtig ist, kann doch der Eindruck entstanden sein, dass „Vererbung", wie sie in der modernen Biologie verstanden wird, ausgelassen wurde. Dies lässt vermuten, dass die Struktur des Bildes noch nicht genügend erfasst wurde. Die vermeintliche Übertragung oder sogenannte „Vererbung" gewisser physischer Merkmale und anderer Eigenschaften von Vorfahren und Eltern auf die Kinder ist nicht von ursächlichem Charakter, sondern lediglich eine Folgeerscheinung. Mit anderen Worten: Die Vererbung ist in keinem Fall eine Ursache, denn die sich wiederverkörpernde Wesenheit betritt genau genommen das physiologische Milieu oder die Umgebung, zu der sie sich am stärksten hingezogen fühlt. Sie wird als Kind in die Familie hineingeboren, zu der sie ihre eigenen seelischen, mentalen und vitalen charakteristischen Merkmale am stärksten hinziehen. Hieraus ist zu erkennen, dass „Vererbung" nicht eine Sache an sich ist. Es ist nicht die Übertragung von Mensch zu Mensch, die bestimmte Resultate im Kind hervorbringt. Vielmehr besitzt das sich wiederverkörpernde Ego in seiner eigenen Konstitution gewisse Eigenschaften oder Attribute, die es zu der Familie hinziehen, in der bereits ähnliche Charakterzüge und Merkmale in die Manifestation getreten sind. So ist „Vererbung" tatsächlich weit davon entfernt, von ursächlichem Charakter zu sein. Sie ist die Fortsetzung ähnlicher oder identischer Typen oder Charaktere, die nicht im üblichen Sinn „von den Eltern auf das Kind" *übertragen* werden, sondern mittels der Eltern durch das Kind *fortgeführt* werden. Eine derartige Fortführung kommt tatsächlich aufgrund gleicher Charakterzüge und Urbilder zustande, die den sich wiederverkörpernden und als Kinder ins Dasein tretenden Egos innewohnen oder angehören.

Das in den letzten Abschnitten skizzierte Bild zeigt nicht nur jene
fortdauernden Faktoren auf, die in dem Lebensstrom enthalten sind
und unwissenderweise als „Vererbung" bezeichnet werden. Es stellt
vielmehr das natürliche und getreue wissenschaftliche und philosophische Bild dar, das erklärt, was „Vererbung" in Wirklichkeit bedeutet.

VI

Aufgrund oberflächlicher Betrachtung der „Reinkarnation" wird zuweilen von jenen Menschen, die ihr jetziges Leben nicht noch einmal durchmachen möchten, geäußert: „Der Himmel bewahre mich
davor! Ich habe mich nicht hierher gebracht, und ich möchte nicht
wiederkommen!" Es stellt sich die Frage, wer außer uns selbst hat uns
hierher gebracht? War es Gott? Dann trägt er auch die Verantwortung, und niemand braucht mehr gegen sein Leben anzukämpfen,
wenn es ihm missfällt. Gemäß dieser Ansicht schuf Gott, der All-
wissende und Allmächtige, das Leben des Menschen. Daher weiß er
nicht nur alles, was uns bis zum Tode widerfahren wird. Aufgrund
seiner Allwissenheit und Allmacht schuf er alles, unsere Gedanken,
unsere Gefühle und unsere Handlungen, die unseren Lebenslauf von
der Wiege bis zum Grabe ausmachen. Folglich ist – ex hypothesi –
Gott der Verantwortliche. So wird Gott offensichtlich auch alles auf
sich nehmen. Der Mensch täte aber gut daran, seine Seele in Geduld
zu halten und das Beste aus alledem zu machen.

Gemäß dieser *Theorie* schuf uns Gott, unser Schöpfer, so, wie wir
sind. Er schuf uns mit einem gewissen Quantum intellektueller und
moralischer Kraft und den daraus unfehlbar folgenden Impulsen, mit
Sehnsüchten und Bestrebungen sowie mit Begierden unterschiedlicher Art. Und da er allwissend ist, wusste er auch, was wir in jedem
einzelnen Fall tun würden. Doch wozu erschuf er uns – zur ewigen

Verdammnis oder für den Himmel? Weder das eine noch das andere kann der Mensch selbst verdient oder erworben haben, denn er wurde in göttlicher Allwissenheit für das eine oder für das andere erschaffen, ohne die geringste Wahl des Menschen. Als Theorie ist diese häufig so geäußerte Lehre sowohl vom Standpunkt der Philosophie als auch vom Standpunkt wahrer Religion nicht annehmbar. So ist es nur natürlich, dass sich der Mensch aufgrund seines Sinnes für moralische Gerechtigkeit und eine ihm eingeborene geistige Ordnung dagegen auflehnt.

Theosophie, die die Weisheit der Zeitalter umfasst, lehrt Folgendes: Im Verlaufe der Zeit empfängt jeder Mensch zu gegebener Zeit die Summe dessen, was er Leben für Leben für sich aufgebaut hat, nicht mehr und nicht weniger. Wird diese erhabene Wahrheit einst erkannt und zur Überzeugung geworden sein, werden die Menschen ihr Antlitz der aufgehenden Sonne zuwenden, was besagen will, dass sie sich anstrengen werden, ehrlich und aufrichtig durchs Leben zu gehen. Der Sinn für moralische und ethische Verantwortlichkeit wird erwacht sein, und die betreffenden Menschen werden dann ihre künftigen Handlungen selbst leiten und beherrschen. Zudem wird sich ihr Herz mit unauslöschlicher Hoffnung füllen, denn sie wissen nun: Was auch immer sie sich gegenwärtig und in der Vergangenheit erworben haben, wie gering es auch sein mag: es steht in ihrer Macht, es edel und erhaben zu gestalten. Da jeder Mensch ein integraler und daher auch ein untrennbarer Teil des Universums ist, kann er alles das werden, was er wirklich ernsthaft sein *will*.

Wie aus dem Vorhergehenden ersichtlich ist, reicht ein Leben nicht aus, um allen Kräften und Fähigkeiten der Seele zum Aufblühen ihrer Knospen und zu ihrer Frucht zu verhelfen. Daher ist es für den Menschen unvermeidlich, immer wieder auf die Erde zurückzukommen, damit er seine bislang unerschöpften höheren Bestrebungen zu edler Vollendung bringen oder aber auch alle bisher unmanifestierten Schwächen und Fehler überwinden kann. Wenn der müde

und abgetragene physische Körper abgelegt wird – wie etwa ein altes Kleidungsstück, wenn es zerschlissen ist –, schläft die Seele eine
Zeit lang in beglückender Ruhe, ungetrübt durch Gedanken an Sorge und Schmerz. Es kann ein Traum genannt werden; der Schläfer
aber weiß nicht, dass er träumt. Ja, es ist wirklich das Gleiche, wie
es ein glücklicher Traum für das Gemüt eines müden, schlafenden
Menschen auf Erden ist. Er legt sich ins Bett und schläft, erwacht
erfrischt am Morgen und nimmt seine Pflichten wieder auf. Ebenso
ergeht es der Seele am Ende eines jeden physischen Lebens, jedoch
wesentlich intensiver als der Vorstellung normalerweise möglich.

In gleicher Weise, wie ein Mensch in seinem gegenwärtigen physischen Körper zu seinem eigenen Wohl oder Wehe die Pflichten auf
sich nimmt und den Anziehungen folgt, die aufgrund der Gesamtsumme seines Charakters und dessen Einwirkung auf Leben und
Umgebung an ihn herantreten, wird auch das *reinkarnierende Ego* in
die Familie, das heißt zu dem Vater und zu der Mutter angezogen –
die dem eintretenden Ego den Körper geben –, die den vibrierenden
Attributen und Eigenschaften im Charakter des Egos am nächsten
kommen. Im vorgeburtlichen Stadium tritt die reinkarnierende Wesenheit dann in einen männlichen oder weiblichen Körper ein, oder
genauer gesagt, belebt oder „überschattet" ihn. Dies geschieht aufgrund psycho-mentaler und emotionaler Ursachen, die in den letzten
vorhergegangenen Leben auf Erden hervorgerufen wurden.

Es lässt sich vielleicht keine bessere Stelle finden als diese, um zu sagen, dass das Geschlecht ein Übergangs-, ein Entwicklungsereignis im
Schicksal des sich wiederverkörpernden Egos darstellt. Ursprünglich war
die Menschheit geschlechtslos. Die Menschheit der fernen Zukunft auf
unserer Erde wird, nachdem sie Zwischenstufen durchgemacht hat, wiederum geschlechtslos werden.

Das Geschlecht ist keine feststehende Konstante. Das bedeutet, es
wurzelt nicht in der menschlichen Konstitution. Vielmehr ist es die
Folgeerscheinung von Tendenzen und Neigungen, die dem niederen

Teil der menschlichen Konstitution, seiner Struktur und seinem Gewebe während einer Anzahl früher durchlebter Leben eingefügt wurden. Die Illusion zu zerstören, dass das Geschlecht eine feststehende Konstante im Leben des Menschen sei, trägt dazu bei, die edlen Interessen des Menschen und seinen Gemütsfrieden zu fördern. Noch deutlicher: Das Geschlecht ist die Folge von früheren Gedankenniederschlägen und deren Auswirkungen, von emotionalen und psychisch-mentalen Tendenzen und Neigungen, denen in vergangenen Erdenleben nachgegeben wurde. Diese Tendenzen und Neigungen haben jenen relativ starken Einfluss gewonnen, dem sich der Mensch in seiner derzeitigen Entwicklung gegenübergestellt sieht. Aus diesem Grunde wird das sich wiederverkörpernde Ego zu der Wahl geleitet – und zwar ziemlich automatisch –, entweder in einen männlichen oder in einen weiblichen Körper zu inkarnieren. Die Ursachen für das Geschlecht sind daher nicht in der menschlichen Konstitution verwurzelt, vielmehr gehören sie dem niederen Teil des menschlichen Egos und seiner Seele an. Das Geschlecht hat seine Wurzeln also durchaus nicht in einem der edleren, höheren Prinzipien und Elemente der zusammengesetzten Konstitution des Menschen.

Normalerweise bleibt das männliche oder das weibliche Geschlecht als quasi-automatische und relativ unbewusste Wahl des reinkarnierenden Egos einige Inkarnationen hindurch bestehen. Diesen folgen mehrere Inkarnationen in einem Körper des anderen Geschlechts, wobei der Wechsel auf eine Umkehrung der bisherigen Neigungen und Tendenzen zurückzuführen ist. Warum und wie geht dieser Wechsel vor sich? Die dominierende Ursache, ja es kann zu Recht gesagt werden, die Hauptursache für den Geschlechtswechsel bei der Inkarnation ist eine starke Neigung zum anderen Geschlecht während einiger der vorausgegangenen Erdenleben – in seltenen Fällen können es auch relativ viele sein. Diese Anziehung, die vermittelnde Ursache in Bezug auf Tendenzen und Neigungen, die aus der Gedanken- und Gefühlsenergie aufsteigen, feminisiert oder maskulinisiert die Lebensatome je nach Einzelfall. Die natürliche Folge ist dann eine Inkarnation in einen Körper des betreffenden Geschlechts, zu dem die entsprechende Anziehung hinführt.

Die männlichsten Männer und die weiblichsten Frauen aber sind diejenigen, die sich am wenigsten zum anderen Geschlecht hingezogen fühlen. Hier wird jedoch nicht auf Fälle sexueller Entartung Bezug genommen, die die Natur als Verletzungen eines ihrer fundamentalen Gesetze unvermeidlich bestraft. Dieser Abschnitt bezieht sich auf die Norm, auf die allgemeine Regel. Es bleibt zu hoffen, dass die vorausgegangene Bemerkung nicht von den vielen, vielen Menschen missverstanden wird, die wahrscheinlich die große Mehrheit der Spezies Mensch bilden, die die Anziehung des anderen Geschlechts zwar verstehen und ihr Folge leisten, aber dennoch ein Leben führen, das von den feststehenden Prinzipien des dem Menschen eingeborenen Moralgesetzes geleitet wird. Die Idee ist jedoch folgende: Da das Geschlecht im Grunde genommen etwas Physisches ist, hat es seine Wurzeln in den niederen psycho-mentalen Teilen der menschlichen Konstitution. Die Wurzeln sind also nicht der Boden, auf dem jene äußerst großartigen und schönen Attribute des menschlichen Herzens aufs Edelste und Feinste erblühen. Diese sind in den Teilen der menschlichen Konstitution verwurzelt, die jegliche Art geschlechtlicher Anziehung weit übersteigen, und tatsächlich bilden sie die ewig sprudelnde Quelle aller Inspirationen, der Empfindungen für abstrakte Schönheit, unpersönliche Hingabe und Liebe, die dem menschlichen Leben Würde verleihen, es über alle menschlichen Maßstäbe erheben.

Auch das Gebiet des Geschlechts hat seinen ihm angemessenen Platz in diesem ständig von oben herabfließenden Strom, aber nur dann, wenn die niedere, leidenschaftliche Natur so gut unter Kontrolle gehalten wird, dass die innere Stimme wahrgenommen und befolgt werden kann. Daher sind die männlichsten Männer und die weiblichsten Frauen nicht diejenigen, deren Aufmerksamkeit sich auf das Gebiet des Geschlechtlichen konzentriert und deren Gefühlsleben

daran gefesselt ist. Sie sind vielmehr jene, die – obwohl sie in heutigen Körpern leben – sich über diese niederen Gefilde menschlichen
Bewusstseins in ihre höhere Natur hinaufschwingen können. Die
schwächsten Männer und somit also die unmännlichsten sowie die
unbeständigsten Frauen und somit die am wenigsten weiblichen sind
gerade diejenigen, die auf die oben angedeutete Weise Sklaven der
niederen Teile ihrer menschlichen Konstitution sind, was aus dem
Vorhergehenden klar geworden sein sollte.

Das Gesagte sollte jedoch andererseits keineswegs als Kritik und philosophische Zensur in Bezug auf den rechtmäßigen Platz aufgefasst
werden, den das Geschlecht im menschlichen Leben auf der gegenwärtigen Entwicklungsstufe während der sich entfaltenden Evolution einnimmt. Das Gegenteil trifft zu, denn zurzeit ist die Ehe im
Hinblick auf die große Mehrheit der Männer und Frauen nicht nur
durchaus richtig, sondern auch empfehlenswert, abgesehen davon,
dass sie die beste Sicherheitsmaßnahme gegen Zügellosigkeit und
Unmoral darstellt. Ein ehrenhaftes Eheleben ist nicht nur aus den
genannten Gründen angemessen, sondern mehr noch deshalb, weil
die Ehe die Übernahme von Verantwortungen und Pflichten in sich
schließt und weil die engen Bindungen sehr wichtige Lektionen in
Bezug auf Selbstvergessenheit, häufig sogar in Bezug auf Selbstaufopferung mit sich bringen. Dadurch wird der Charakter mit der Zeit
gestärkt und die Selbstsucht unterbunden. Rücksichtnahme auf Andere, das unablässige Denken an Andere und der Wunsch nach ihrem
Wohlergehen werden der Psyche von Mann und Frau fortgesetzt ein-
geflößt. So werden diese Eigenschaften zu Gewohnheiten und damit
zu integralen Bestandteilen des Charakters, der sich dadurch schneller entfaltet.

Weniger, um einen neuen Gedanken hineinzubringen, als um das
Bild abzurunden und um noch einige Details einzusetzen, kann abschließend hinzugefügt werden: Es sind nur relativ Wenige, denen es
auf der gegenwärtigen Stufe menschlicher Entwicklung vollkommen
gelingt, den einsamen, aber dennoch edlen Pfad der Chelaschaft zu

beschreiten. Dies wird nicht deshalb gesagt, um jene zu entmutigen, die sich bemühen, erste Schritte auf diesem erhabenen Pfad zu unternehmen, denn das kann jeder Mensch, der ein rechtschaffenes und aufrechtes normales Leben führt. Dies wird vielmehr im Hinblick auf die etwas unsteten Gemüter gesagt, die meinen, ein forciertes Zölibat in körperlicher Hinsicht sei etwas Bewundernswertes, es sei lobenswert oder zu empfehlen, obgleich das Gemüt ein Pfuhl unrühmlicher Neigungen ist.

Die ersten Schritte auf dem glorreichen Pfad der Chelaschaft kann jeder tun. Sie bestehen in einer inneren Läuterung, die Herz und Verstand gleichermaßen umfasst; in der Säuberung des Augiasstalles von mentalem, emotionalem oder psychischem Schmutz, der die niedere mental-leidenschaftliche Konstitution des Menschen verkrustet. Nicht diejenigen, die das Zölibat einhalten, deren Gemüter aber dennoch durch üble Sinnesträume verdorben sind, folgen dem Pfad. Es sind vielmehr jene Menschen, die, einerlei, in welcher Lebenslage sie sich befinden mögen, mit starkem Willen beginnen, die ersten Schritte zu tun. Sie pflegen die Bindungen und moralischen Verpflichtungen gegenüber ihren Mitmenschen und üben Gerechtigkeit und Rücksichtnahme.

Starke Zuneigung und ebenso starke Abneigung sind psychomagnetische Kräfte, deren Wechselwirkung einen weitreichenden Einfluss auf den niederen Teil der menschlichen Konstitution haben kann. Sie vermögen die Menschen – gleich, ob männlich oder weiblich – wirkungsvoll zu ihrem künftigen Wohlergehen oder Verderben zu leiten. Es ist sozusagen eine psychologische Eigenheit, die ermöglicht, den abwärtsführenden Pfad durch irregeleitete Neigungen zu betreten oder durch Unterwerfung des Willens und Denkens unter die niederen Antipathien, die ein Mensch in sich beherbergt. Ein Weiser sagte einst, dass Liebe und Hass im Grunde genommen das Gleiche sind, sie sind lediglich polarisiert, wodurch sie verschiedene Richtungen einschlagen können. Hass ist nicht immer zurückstoßend und abweisend in seiner Wirkung und den folgenden

Resultaten. Er scheint eine ebenso geheimnisvolle zusammenführende und anziehende Kraft zu besitzen, wie die Liebe der Gegenpol von Hass ist. Die beiden Pole der Elektrizität oder des Magnetismus können diese Tatsache mittels der Analogie aufhellen.

Hieraus ergibt sich Folgendes: Wo über den Abgrund des Todes hinaus Liebe oder Hass bestehen bleiben – was ja in Wirklichkeit stets der Fall ist –, führen die in Bewegung gesetzten karmischen Ursachen diejenigen Menschen wieder zusammen, die diese gegensätzlichen Gefühle ursprünglich empfunden haben. Auf diese Weise begegnen oder vereinigen sie sich dann in späteren Leben unvermeidlich wieder. War das eine oder andere Gefühl sehr stark, kann die Reinkarnation der beiden sehr leicht in der entsprechenden Familie stattfinden, was tatsächlich auch oft geschieht. Fälle, in denen zum Beispiel Bruder und Schwester, Bruder und Bruder oder Schwester und Schwester, ja selbst Eltern und Kind eine unerklärliche Abneigung gegeneinander haben, sind häufig genug. Wahrscheinlich sind diese Fälle jedoch seltener als jene, in denen eine höchst bewundernswerte familiäre Freundschaft und Sympathie besteht.

Die einzelnen Beispiele veranschaulichen, was bei dem besonderen Vorgang der Natur, der Wiederverkörperung, geschieht. Doch bezieht sich das, was über die Ursachen und deren Früchte gesagt wurde, ebenso gut auf alle Vorgänge, die mit der Wiedergeburt durch Reinkarnation in Verbindung stehen. Der Mensch hungert und dürstet nach hohen Werten oder niedrigen Dingen, er strebt ihnen nach und sehnt sich nach ihnen. Dadurch setzt er Naturkräfte in Bewegung, die nicht nur vor allem in seiner eigenen Konstitution, sondern ebenfalls auch in seiner Umwelt wirksam werden. Dieser Vorgang kann weder verhindert noch vollständig aufgehoben werden, denn der Mensch selbst, sein ganzes Wesen, ist mit seiner Umwelt untrennbar verbunden. Er kann seinem Schicksal, dem Schicksal, das er sich während vieler früherer Leben Schritt um Schritt für sich aufgebaut hat, ebenso wenig entfliehen, wie die Planeten des Sonnensystems ihrer Zentralsonne entrinnen können.

So sind es also diese untrennbaren Bande mit der Natur, die der
Mensch – wie die Spinne ihr Netz – in seiner Umwelt und durch
sie um sich herum webt. Es sind die vielen verwobenen Schicksals-
fäden, die sein Schicksalsgewebe bilden.[1] Durch diese Bande werden
die Sphären der Betätigung und die Handlungsbereiche abgesteckt
und begrenzt, an die die Monade zeitlich mittels ihrer Seele gebunden ist. So sind es also diese Schicksalsbande, die die Rückkehr zu
wiederholten Wiedergeburten auf Erden bewirken.

VII

Der häufige Einwand gegen die Reinkarnation: „Wir können uns
nicht an vergangene Leben erinnern", ist neben anderen Einwänden
ebenso banal wie unbegründet. Warum aber sollten wir uns an frühere Leben erinnern, und wäre es überhaupt möglich, dass wir uns
an ihre Einzelheiten erinnern? Man könnte diese Menschen wohl fragen: „Können Sie sich denn daran erinnern, wann Sie sich in diesem
Leben zum ersten Mal Ihrer selbst bewusst wurden; wann Sie zum
ersten Mal eine vollständige Mahlzeit zu sich nahmen und aufhör-
ten, die Milchflasche zu nehmen und Brei zu essen? Können Sie sich
auch nur daran erinnern, was Sie heute Morgen erlebt haben, sodass Sie sich *alle* Einzelheiten in richtiger Reihenfolge ins Gedächtnis
zurückrufen können; oder was heute vor einem Jahr geschehen ist?
Wissen Sie noch, an welchem Tag Friedrich der Große von Preußen
gestorben ist oder an welchem Tag Napoleon nach St. Helena segel-
te; wann Julius Caesar geboren oder wann Antonius gestorben ist?
Kennen Sie noch das Datum der Schlacht von Brandywine?"

Ist der gegen die Tatsache der Reinkarnation vorgebrachte Einwand,
dass wir uns nicht an die beispielhaft beschriebenen Vorgänge und

---

[1] Siehe auch: Gottfried von Purucker: *Mit der Wissenschaft hinter die Schleier
     der Natur.* Hannover, 2020, Kapitel 3 und 4.

Einzelheiten erinnern können, von Belang, dann kann die konsequente Schlussfolgerung nur diese sein: Weil wir uns nicht erinnern können, hat niemand etwas von alledem getan! Das bedeutet: Wir wurden nie geboren und sind nie gestorben. Der Fragesteller erlangte nie sein Bewusstsein, er erlebte auch nie die Zeit, in der er seine erste vollständige Mahlzeit einnahm, weil er sich nicht daran erinnern kann! Das Argument ist also wertlos, trivial und oberflächlich. Es kann noch die offensichtliche Tatsache hinzugefügt werden, dass jeder neue Körper auch mit einem neuen physischen Gehirn geboren wird. Es ist das Instrument des physischen Gedächtnisses und muss folglich in jeder neuen Inkarnation erneut trainiert werden. Der Einwand gegen eine frühere Existenz ist demnach gegenstandslos. Denn das Gehirn kann sich nicht an Dinge erinnern, die stattgefunden haben, bevor es existierte – aus dem einfachen Grund, weil es noch nicht da war, um sich an das zu erinnern, was stattgefunden hatte. Nichtsdestoweniger gehört das Gedächtnis tatsächlich zur inneren Struktur und zum Gewebe des sich wiederverkörpernden Egos. Der Verfasser dieses Buches geht sogar so weit, zu sagen, dass es möglich ist, wenn auch außergewöhnlich schwierig, vergangene Ereignisse nicht nur in ihren weitläufigen oder allgemeinen Aspekten, sondern auch in ihren besonderen Einzelheiten aus den Bewusstseinsschichten hervorzuholen. Doch zum großen Glück für die breite Allgemeinheit der Menschen sind diese hierzu nicht in der Lage. Es ist nicht gewagt zu behaupten – ohne befürchten zu müssen, mit den Tatsachen in Widerspruch zu geraten –, dass man vor diesen Enthüllungen zurückschrecken würde wie vor einem Blick in die Hölle. Der Blick in vergangene Leben würde die Schrecken und das Elend, die Not, die Verbrechen und die Verzweiflung wie auch die Qualen des Herzens und Gemüts offenlegen – trotz der Tatsache, dass in vergangenen Leben auch Beispiele von großer Schönheit stattgefunden haben. Taten von Würde und Wagemut, Beispiele von beeindruckender Selbstverleugnung und vielem anderen, was die Leben in der Vergangenheit schön und erhaben gestaltet hat. Niemand, der

wirklich weiß, was es bedeutet, „einen Blick in seine vergangenen
Inkarnationen zu wagen", würde jemals das Verlangen haben, es zu
tun. Vielmehr würde er seinen Geburtsstern segnen, dass er vor der
Geburt *Lethe*[1], den Fluss gesegneten Vergessens, überquert hat und
nicht mehr von den plärrenden Schatten übler Erinnerungen an eine
unedle Vergangenheit heimgesucht wird. Könnten die Schleusen der
Erinnerungskanäle weit aufgetan und zurück durchschritten werden,
bestünde wenig Zweifel darüber, dass die Enthüllungen aus der eigenen Vergangenheit, die der unglückliche Forscher finden würde, ihn
wahrscheinlich in die Irrenanstalt bringen würden. Einer der großen
Lehrer sagte dem Sinn nach: „Es gibt einige, die in ihre Vergangenheit zurückblicken können; ich für meinen Teil lege keinen Wert
darauf."

Die Entwicklung eines Kindes zeigt, wie sich sein Gemüt vom Säug-
lingsalter an durch seine Kindheit, Jugend und sein Erwachsenenalter
entfaltet. Auf jeder Stufe erwirbt es neue Kräfte und Fähigkeiten und
gewinnt neue Erkenntnisse. Auf allen Stufen dieser Entwicklung, des
Sich-Entfaltens und Wachstums erinnert es sich und vergisst dann
ebenso schnell wieder sehr viel von den Dingen, die keinen tiefen
Eindruck auf sein Gemüt hinterlassen haben, obwohl es diese durchlebt und vielleicht ihretwegen gelitten hat oder aber Freude an ihnen hatte. Dennoch ist in der inneren Konstitution des Menschen
alles unauslöschlich aufgezeichnet, ja sogar bis zu den geringfügigs-
ten Einzelheiten, die das Auge einfing, das Ohr hörte, der Tastsinn
wahrnahm, der Körper fühlte und die Nase und die Zunge empfan-
den. Der inneren Konstitution geht von den unauslöschlichen Auf-
zeichnungen nichts verloren. Welch ernstes, nachdenklich stimmen-
des Bild uns diese Tatsache doch bietet!

Ein weiterer äußerst schlagkräftiger Beweis für das Fortbestehen der
Individualität bei vollständigem Verlust der Erinnerung an persönliche Identität auf unbestimmte Zeit besteht in den sehr bemitlei-

---

[1] Lethe: einer der Flüsse in die Unterwelt der griechischen Mythologie (d.
    Hrsg.).

denswerten Fällen psychologischer Amnesie (Gedächtnisverlust). In diesen Fällen erleidet ein hiervon betroffener Mensch plötzlich den vollständigen Verlust des persönlichen Gedächtnisses, seiner wirklichen Identität. Er glaubt zum Beispiel in einer fremden Stadt zu sein, geht durch Straßen, die ihm gänzlich neu sind, und er hat keine Ahnung, wo er ist oder wer er ist. Die Zeitungen berichten von Fällen dieser Art. Nach einer mehr oder weniger langen Zeitspanne, die sich über wenige Stunden, über Tage, Monate oder selbst über Jahre erstrecken mag, kehrt das Gedächtnis des Betreffenden vielleicht ebenso plötzlich, wie es ihn verlassen hatte, zurück. Es kann sein, dass er zwischenzeitlich in äußerst peinliche Situationen geraten ist: Vielleicht ist er nun mit einer anderen Frau verheiratet; hat einen anderen Beruf angenommen und so weiter. Nach der Theorie: „Ich kann mich an meine früheren Leben nicht erinnern", hatte ein solcher Mensch nie sein früheres Leben, war nie sein früheres Selbst, und zwar lediglich aus dem Grunde, weil er infolge seiner seltsamen und bedauernswerten Krankheit alle Einzelheiten seines Lebens vollständig vergessen hatte. Dieses Beispiel ist des Nachdenkens wohl wert, und diejenigen, die nach wie vor der Meinung sind, die Idee des „Sich-nicht-erinnern-Könnens" sei eine vernünftige und beweiskräftige Begründung, die gegen Reinkarnation spricht, mögen ebenfalls hierüber nachdenken.

Der beanstandete Einwand ist aber auch in anderer Hinsicht nicht richtig: Tatsache ist, dass wir uns doch erinnern. Wir erinnern uns nicht an Einzelheiten, sondern eher im Allgemeinen, und zwar trifft das auch, wie gezeigt wurde, in jedem einzelnen Leben, in jeder neuen Inkarnation zu. Wir erinnern uns an Dinge, die in einer Lebenszeit auf unser Bewusstsein am meisten Eindruck gemacht haben; an Dinge, die sich unserem Charakter eingeprägt und ihn geformt haben; an Dinge, die sich in die Tafeln des Gedächtnisses, des Gemüts und der Seele so eingeritzt haben, dass sie uns als unvergängliche und wirksame Bewusstseinsfunktionen verblieben sind. Selbst unsere Wahrheitsliebe ist die Reminiszenz oder Erinnerung an ein in früheren Leben erworbenes Wissen, auch wenn dieses Sich-Erinnern zurzeit unbewusst sein mag.

In seinen jüngeren Jahren schrieb der englische Dichter Tennyson ein Sonett, das aus unbekannten Gründen in den späteren Ausgaben seiner Werke gewöhnlich weggelassen wurde:

> Als ob mit gesenktem Blicke man sinnt und
> grübelt und zurückebbt in ein früheres Leben,
> als ob in wirrem Traume man weit zurückfällt
> in Stadien, die mystisch sich ähneln;
> man spreche nur, man räusp're sich,
> man rücke mit dem Stuhl,
> stets wird das Wunder größer, immer größer,
> sodass man sagt: „All dies war schon zuvor,
> all dies ist schon gewesen, ich weiß nicht wann noch wo."
> So, Freund, als ich zum ersten Mal ins Aug' dir blickte,
> wie fand da gleich dein Denken und das meine
> so wahre Antwort füreinander –
> zwei Spiegeln gleich, einander gegenüber,
> sich gegenseitig reflektierend –,
> sodass mich dünkte, kenn' ich auch nicht Zeit noch Ort,
> ich wär' dir schon so manches Mal begegnet
> und jeder lebte in des andren Herz und Rede.
>
> *Frühe Sonette,* I.

Ja, das ist eines von den Dingen, die wir bewusst mit uns zurückbringen: Liebe und Wiedererkennen spiritueller Sympathien und außerdem, die Wurzel von allem, unseren *Charakter.*

Kapitel 4

Geburt und Wiedergeburt – II

Unter „Charakter" sind nicht nur die zu der Gesamtsumme einer
Seele gehörenden je gedachten Gedanken, die je durchlebten Gefühlsregungen und der Ursprung aller von ihrem Ego begangenen
Handlungen zu verstehen – der Charakter ist weitaus mehr. Es geht
nicht so sehr um den etymologischen oder historischen Gebrauch
des Wortes „Charakter", sondern eher um jene essenzielle Wesensart, für die „Charakter" eine der präzisesten Bezeichnungen ist. Dieses essenzielle Etwas ist die innere Flut eines spirituellen Lebens. Es
ist ein Bewusstseinsstrom, der, wenn als Individuum betrachtet, ein
Zentrum, eine *Kraft* ist, aus der die ursprünglichen Motive emanieren, die zu Handlungen führen. Ebenso emanieren Intelligenz, Bewusstsein, ethische und moralische Impulse, die Bestandteile oder
Aspekte des „Stromes" sind. Folglich ist der „Charakter" einer Wesenheit das *Selbst* dieser Wesenheit, das als dual in der Manifestation
erkennbar ist, jedoch als *einheitlich* in der Essenz: als der *essenzielle
Bewusstseinsstrom* und das zusammengesetzte Gefüge von Gedanken
und Emotionen und den daraus resultierenden Impulsen. Diese Impulse werden als Reaktionen auf den Druck der Kräfte des essenziellen Zentrums auf das umgebende Universum hervorgerufen, in dem
die Wesenheit lebt, sich bewegt und ihr Dasein hat und von dem sie
ein integraler und daher untrennbarer Teil ist.

Wird das Wort Charakter jedoch als Bezeichnung für die individuelle
Färbung angewandt, die während der Manifestation aus dem essenziellen Selbst hervorgerufen wird und die eine Wesenheit „charakteristisch" von einer anderen Wesenheit unterscheidet, ist ersichtlich,

dass der „Charakter" hauptsächlich das Aggregat der karmischen Folgen aus vergangenen Leben ist. Die durch Erfahrung entfalteten Erzeugnisse, die das vernetzte Gewebe der sich manifestierenden Monade formen, sind sein psychologischer Ausdruck. Aus diesem Grunde gleichen sich nicht einmal zwei Bäume der Erde in allen ihren Wäldern und Forsten. Jeder einzelne Baum hat seine individuelle Färbung, die ihn von allen anderen Bäumen, selbst von denen seiner nächsten biologischen Verwandten, unterscheidet. Nicht einmal zwei Blätter eines einzelnen Baumes sind vollkommen gleich, was offensichtlich ist, denn würden sie völlig übereinstimmen, wären sie nicht zwei Blätter, sondern nur eines. Jeder Baum, jede Pflanze, jedes Tier, tatsächlich jedes Atom wie auch jedes Molekül hat seinen eigenen individuellen Charakter, ebenso wie der Mensch seinen ihm eigenen Charakter hat, der ihn von allen anderen Menschen unterscheidet. Der Charakter ist das Karma aus der Vergangenheit des Menschen, sodass ein Mensch tatsächlich sein eigenes Karma ist. Er ist die vereinigte karmische Anhäufung aller seiner Handlungen und deren Folgen aus vergangenen Leben und Existenzen. Das Gleiche gilt für alle anderen Lebewesen im Universum, gleich, auf welcher Stufe ihrer Entwicklung sie stehen, relativ hoch oder niedrig, groß oder klein, entwickelt oder unentwickelt.

I

Der große Grieche Platon hatte vollkommen recht, wenn er alles Wissen, alle Weisheit, alle eingeborenen Fähigkeiten der Erinnerung zuschrieb: dem Wieder-Einsammeln, dem Wieder-Erinnern jener Handlungen, die wir getan, der Gedanken, die wir gedacht, und der ideellen und materiellen Dinge, die wir *in anderen Leben* zu einem Teil von uns selbst gemacht haben und die somit zu Teilen unserer Seele, zu Teilen unseres besonderen Charakters geworden sind. Diese Erinnerungen bringen wir aus früheren Leben als allgemeine

Wesensmerkmale, als unseren Charakter mit, denn der Charakter eines Menschen besteht aus oder genauer gesagt ist die Quelle aller seiner Fähigkeiten, Talente, seines Genies, seiner Begabungen, Neigungen, Sympathien und Antipathien, Instinkte, Anziehungen und Abneigungen.

In diesem Zusammenhang stellt sich die berechtigte Frage, woher alle diese charakteristischen Wesensmerkmale kamen? Sind sie zufällig da, weil wir geboren wurden? Ein derartiges Argument ist lediglich das offene Bekenntnis von Unwissenheit über die tiefgehenden psychologisch-mentalen Vorgänge, die nicht „zufällig" stattfinden können. Wie also entstanden die Neigungen und Attribute unseres Charakters? Sie sind mit Sicherheit nicht „zufällig" da, denn wir leben in einer Welt der Ordnung, in einer Welt strenger kausaler Aktivität, in der die Wirkungen auf früher erzeugte Ursachen folgen. In dieser kausalen Kette folgt die Ewigkeit hindurch Aktivität auf Aktivität in endloser Verkettung von Verursachungen: eine Aktion erzeugt eine Reaktion und diese als Aktion wieder eine Reaktion in endloser Folge. In Bezug auf den Menschen geschieht dies ebenso unentrinnbar wie bei allen anderen Wesenheiten und Vorgängen.

Das Wirken dieser Kette der Verursachung baut den Charakter auf. Dies geschieht durch die *Evolution,* das Entfalten, das Hervorfließen oder die Emanation der inneren Kräfte, der Impulse unserer Geist-Seele, die sich ständig ausdehnt und sich immer neue Gefilde des Lebens erschließt. Die Gesamtheit der Folgen und die Resultate dieser Aktivitäten, Kräfte und impulsgebenden Antriebe formen den Charakter. So ist unser Charakter also etwas Wachsendes. Er manifestiert sich mittels unserer Seele durch entsprechende Neigungen, Tendenzen und Attribute, durch Talente und angeborene Fähigkeiten sowie durch unsere Anlagen.

Erfahrungsgemäß können all die Männer und Frauen in Bezug auf ihren individuellen Charakter, ihre Fähigkeiten, persönlichen Eigenarten, Stärken und Schwächen nicht unterschiedlicher sein. Das sind bekannte Tatsachen; doch wie sind diese Unterschiede entstanden?

Und wie sind ferner die gravierenden Unterschiede in den mannigfaltigen Lebensumständen der Menschen zu verstehen, in die sie hineingeboren werden und denen sie mehr oder weniger unterworfen
sind? Das eine Kind wird „mit dem goldenen Löffel im Munde" geboren, während das andere Kind von Jugend an hart für den bloßen
Lebensunterhalt arbeiten muss, bis der Tod ihm Frieden und Ruhe
schenkt. Hinsichtlich der wahren Qualitäten der Seele mag das letzt-
genannte Kind jedoch bei Weitem der bessere Mensch sein, und dies
ist sehr häufig der Fall.

Jeder Mensch folgt jener besonderen Lebenslinie, jenem besonderen
Evolutionspfad, den die richtunggebenden Einflüsse aller seiner Eigenschaften und Neigungen für ihn notwendig werden lassen. Diese
„Ansammlungen" wurden in früheren Inkarnationen angehäuft und
sind nun um das menschliche Selbst – die Mitte oder der Kern seines
Wesens – als dessen gegenwärtiger Charakter zusammengefügt und
wirksam.

Bei jenen Menschen aber, deren Leben in scheinbar unangemesse-
nem Leid verläuft, wurde die Verursachung des Leidens durch eigene Fehler im Denken, Fühlen und Handeln in vergangenen Leben
hervorgerufen, und es ist daher auf sie selbst zurückzuführen. Der
absichtlich falsche Gebrauch des Willens, das Ignorieren moralischer
Gesetzmäßigkeiten oder die Missachtung anderer Fähigkeiten haben
in früheren Leben sozusagen Spuren der Unvollkommenheit in ihrem Charakter hinterlassen. Bei einer erneuten Reinkarnation treten
diese karmischen Resultate unweigerlich in Form von Unvollkommenheiten oder begrenzten Fähigkeiten hervor, die unfehlbar Zeiten
des Unglücks, der Sorge oder des Schmerzes zur Folge haben.

Die Natur wirkt jedoch grundsätzlich harmonisierend und ausgleichend. Die Gesamttendenz und der Antrieb des Lebens äußern sich
daher im Menschen als ständiger Drang, vollkommener zu werden,
und dieser führt letzten Endes zu – wenn auch relativer – Vollkommenheit. Dieser Drang vollzieht sich durch Evolution im Sinne des
Auswickelns, des Entfaltens oder der emanierenden Manifestation

von Kräften, Fähigkeiten und Attributen, die der sich wiederverkörpernden menschlichen Monade innewohnen, bisher aber noch latent
verblieben. Auf diese Weise haben wir die Möglichkeit, durch und
mittels der Natur zu lernen. Durch wiederholte Inkarnationen, die
in regelmäßiger, fortlaufender Ordnung einander folgen, haben wir
unzählige Chancen, Verfehlungen zu erkennen und uns zu vervoll-
kommnen. Wir können unseren Charakter verfeinern für eine wahrhaft glorreiche Zukunft in kommenden Äonen. Das Leben ist in der
Tat eine kosmische Schule, in der wir beständig lernen.

So sind es auch keineswegs die Ärmsten oder die Leidenden, die
auf Dauer gesehen notwendigerweise die Unglücklichsten sind. Ein
Kind, das vielleicht mit einem Schatz an Fähigkeiten, Talenten oder
Begabungen geboren wird und somit seinen ganz speziellen, aber
noch unentfalteten Charakter mit sich bringt, kann in seiner geistigen Seele etwas besitzen, das einem vom Schicksal verwöhnteren
Kind noch fehlen mag. Das erstere besitzt etwas von unsagbarem
Wert, auf das es trotz der Prüfungen, trotz Schmerz und Leid im Leben zurückgreifen kann, und dieses Etwas ist es selbst! Dieser Mensch
mag unvorstellbare Schätze seiner Seelenessenz für den Gebrauch be-
reitliegen haben, die er fast nach Belieben heranziehen kann. Andererseits braucht für eine schwache Seele ein glückliches Leben –
vom Standpunkt materiellen Wohlstands aus gesehen – durchaus
nicht besonders gut zu sein. Wenn diese schwache Seele vehement
eine Reihe von Gelegenheiten zum Fortschritt missachtet, sind für
sie Versuchungen für den Abstieg oder Rückgang auf ihrem Lebens-
pfad Tür und Tor geöffnet. In der nächsten oder einer zukünftigen
Inkarnation wird die Kette der Verursachung – in der in endloser
Linie als Konsequenz eine Wirkung auf eine Ursache folgt – diese schwache Seele dann zu Inkarnationen führen, zu denen sie ihre
degenerierten Anziehungskräfte hinziehen mögen, ja fast unfehlbar
hinziehen werden. Eine solche Seele, die ihre Chancen außer Acht
gelassen und ihre Gelegenheiten missbraucht hat, muss dann härter
leiden als eine andere Seele, die sich bei einer passenden Drehung

des Lebensrades vielleicht in die glücklichste physische Umwelt hineininkarniert sieht und sich „gesegnet" fühlt in den physisch angenehmsten und verführerischsten materiellen Verhältnissen.

Die Natur macht keine Fehler. Reinkarnation ist die unvermeidliche karmische Folge, die Konsequenz des Ins-Gleichgewicht-Bringens der Kräfte in der Konstitution des Menschen. Dies wirkt exakt gemäß den umfassenderen Gesetzen, die das Steigen und Fallen der Waage kosmischer Gerechtigkeit regeln. Wir säen und ernten schließlich genau das, was wir gesät haben. Der Grund aber, warum sich eine in Bewegung gesetzte Ursache nicht gleich in demselben oder in dem nächsten Leben manifestiert, ist folgender: Es hat sich noch keine Öffnung aufgetan, durch die sich diese kausalen Impulse in charakteristische, folgerichtige Tätigkeit umsetzen konnten. Diese Ursache wird jedoch als karmische Folge unfehlbar zur Manifestation drängen, sobald sich die Tür zur Ausdrucksmöglichkeit für sie öffnet. So kommt es, dass Ursachen vielleicht ein, zwei, drei oder selbst mehrere Leben lang latent im Charakter des Menschen verbleiben, bevor sie ihr geeignetes Manifestationsfeld finden, um sich zum Selbst-Ausdruck zu bringen.

Die heutigen Menschen, insbesondere die des Westens, scheinen anzunehmen, dass nur die Dinge, die mit den physischen Sinnen des Körpers in Verbindung stehen, von wirklichem Wert sind. Tatsächlich aber haben sie den geringsten Wert, und jeder normal denkende Mensch weiß dies in seinem Innern sehr wohl.

Bedeutende Männer und Frauen sind immer jene, die das innere Leben gelebt und von den pierischen Quellen[1] des Geistes getrunken haben. Sie tranken aus dem unerschöpflichen Born der Erfahrungen, die sie in fast ungezählten Leben auf unserem Globus und in anderen Sphären und Welten gewonnen haben. Der Charakter ist in seiner Essenz das menschliche Selbst, er ist die Kleidung, die das Selbst um

---

[1] Heilige Quellen des Olymps (d. Hrsg.).

sich herum webt. Diese Kleidung ist teils aus der Essenz des Selbstes und teils aus den Gewändern der Erfahrungen und des in früheren Leben aufgespeicherten Wissens zusammengesetzt. Der Charakter ist also während der Manifestation des Menschen im Erdenleben zumindest zum Teil das, was aus seinem Selbst hervorevolviert ist, und zum Teil ist er die Schatzkammer seines Wissens und seiner Erfahrungen. Das sich entfaltende Wachstum ist das Hervorfließen der Kräfte und Attribute des Geistes in die aktive Manifestation. Diese festigt sich dauerhaft aufgrund des Aufbauens und der Zusammensetzung der inneren, unsichtbaren Vehikel der menschlichen Konstitution. In ihrer Gesamtheit bilden sie die psychologische und mentale Natur des Menschen, die sich als dessen Charakter durch das physische Gehirn letztlich zum Ausdruck bringt. Das physische Gehirn reagiert automatisch und instinktiv auf die in die Manifestation gelangten Kräfte, auf deren Drang und Antrieb sowie auf die Impulse vonseiten der unsichtbaren seelischen Natur, die von innen hervorfließen, um sich zum Selbst-Ausdruck zu bringen.

II

Der intuitive Leser wird aus dem Vorhergehenden eine erweiterte Vorstellung von den Elementen gewonnen haben, die in der menschlichen Konstitution wirksam sind und die die Wiedergeburt zuwege bringen. Denn ebenfalls wirken darüber hinaus auch die unaufhörlich aktiven, aus vorangegangenen Leben herübergebrachten Ursachen mit, die infolge ihrer niemals sterbenden Impulse und ihres Dranges nach Selbstausdruck neue Wiederverkörperungen zustande bringen. Wichtig ist zudem zu verstehen, *wie* der Mensch geboren und zu wiederholten Malen wiedergeboren wird und *was* genau in manifestiertes physisches Leben auf Erden zurückkehrt. Es ist nicht der „Funke" oder das Zentrum des Göttlichen – das die spirituelle monadische Essenz der menschlichen Konstitution ist –, das ohne

Zwischenvehikel, ohne Hüllen oder Gewänder des Bewusstseins in menschliches Fleisch inkarniert. Das ist nicht möglich, denn eine Unterbrechung des Überganges zwischen dem Spirituellen und dem groben Fleisch und Blut würde eine zu große Kluft bedeuten. Es werden Mittler benötigt; vermittelnde und übertragende Faktoren sind notwendig, um das gewaltige spirituelle Feuer des Geistes „herunterzutransformieren", damit seine emanierten Strahlen das physische Gehirn und den physischen Körper erreichen können. Der göttliche Funke benötigt die Erfahrung im Fleische nicht, denn er schwebt sozusagen hoch über diesen niedrigen Zuständen, durch die er sich in ferner Vergangenheit, in lang vergangenen Äonen evolutionärer Kreisläufe in der Materie, selbst entwickelt hat, um das zu werden, was er jetzt als entfaltete Monade ist. Der göttliche Funke bleibt stets in seiner eigenen Sphäre vollkommenen Bewusstseins und Friedens, von unbeschreiblichem Licht und unaussprechlichen Kräften. Dennoch ist er unser innerster Wesenskern, unser Herz, unsere göttliche Wurzel. Das bedeutet, dass die innersten Bereiche eines jeden Menschen und einer jeden Wesenheit von ihrer eigenen individuellen Monade erleuchtet werden: so viele Monaden im Himmel, so viele Menschen auf Erden. Die Monade selbst benötigt keine irdische Erfahrung, denn sie ist in sich selbst allwissend und steht jenseits und unbeeinflusst von allen Entwicklungsstufen grober Materie, die unsere Erde enthält. Die Natur wirkt weder zwecklos noch töricht. Andernfalls wäre es so, als wollte man zur Sonne sagen: „Komm herab auf die Erde und nimm hier deinen Wohnsitz!"

Natürlich ist es auch nicht der physische Körper, der reinkarniert. Denn der Körper ist lediglich das Instrument, der Träger, das Organ, durch das sich die reinkarnierende Wesenheit auf unserem physischen Plan und auf unserer Erde zum Ausdruck bringt. Außerdem hat sich am Ende des letzten Lebens der damalige Körper in seine Bestandteile aufgelöst.

Bezug genommen wird hier auf das sich wiederverkörpernde Ego, denn es ist dieses Ego, das sich mittels seines projizierten Strahles wiederverkörpert und dadurch sein physisches Instrument, den Körper, belebt, erweckt und zusammenhält. Doch in einem anderen Sinn kann zu Recht gesagt werden: Der physische Körper eines Erdenlebens reinkarniert sich nicht *in* dem physischen Körper seines nachfolgenden Lebens, vielmehr baut sich das Ego im nächstfolgenden Leben einen neuen Körper auf. Dieser Vorgang geschieht durch die wandernden und transmigrierenden Lebensatome, die den Körper in einem Erdenleben aufbauen. Beim Tode, während der physischen Auflösung des Körpers, werden die Lebensatome frei und setzen nun ihre Wanderungen durch die Elemente und Reiche der Natur fort. Aufgrund der starken psycho-magnetischen Anziehung, die das „herabsteigende", sich wiederverkörpernde Ego auf die früheren, frei gewordenen Lebensatome ausübt, werden diese wieder zueinander hingezogen, um im nächsten Erdenleben einen neuen Körper aufzubauen. Dieses Thema wird im sechsten Kapitel des vorliegenden Werkes ausführlicher und so vollständig wie möglich behandelt.

Zwischen der göttlich-spirituellen Monade und dem physischen Körper gibt es eine Anzahl Zwischenstufen oder -pläne der menschlichen Konstitution. Jede dieser Zwischenstufen hat ihre eigene besondere Eigenschaft, ihre charakteristischen Fähigkeiten und Kräfte. Jeder Zwischenplan ist das Manifestationsfeld für eines der Bewusstseinszentren oder monadischen „Prinzipien" des Menschen. Diese Kräfte, Energien und Fähigkeiten manifestieren sich als Gedanken, als Intuition und Inspiration, als Gefühle wie Liebe und Hass, durch selbstsüchtige Impulse und Wünsche sowie anderes mehr. Sie unterscheiden sich voneinander in edel oder unedel, je nachdem, wie hoch- oder niedrigstehend sie sind, oder besser gesagt, ob sie aus den spirituellen oder den astral-physischen, niederen Zwischenprinzipien hervorgehen.

Um genau zu sein: es ist ein bestimmter Teil dieser ebenfalls zusammengesetzten Zwischennatur – die psychologische Natur –, der reinkarniert, der sich Leben auf Leben im menschlichen Fleisch wiederverkörpert, denn er ist die Quelle, aus der die „persönliche Wesenheit" in selbstbewusste Funktion tritt. In dem neuen physischen Körper nimmt sie die Fäden ihres Erdenschicksals wieder auf, die von ihr in dem letzten Leben beim Tode ihres Körpers fallen gelassen wurden, oder besser gesagt, die eingezogen wurden. In jeder neuen Inkarnation trifft diese sich entwickelnde psychologische Wesenheit auf Lektionen, aus denen sie lernt und die sie in Zukunft ihrem Typus entsprechend erkenntnisreicher und edler machen werden.

Wie lange dauert es nun, bis die reinkarnierende Wesenheit zu unserer Erde zurückkehrt, um sich hier von Neuem zu inkarnieren? Das hängt von einer Anzahl von Umständen und Faktoren ab, doch keineswegs vom Zufall, denn Zufall gibt es nicht. Eine Reinkarnation ist von gewissen „Gesetzmäßigkeiten" abhängig. Die durchschnittliche Länge eines menschlichen Lebens beträgt etwa 15 Jahre, wenn die Zahl der Menschen, die auf unserer Erde zu irgendeiner Zeit existieren, mit 1,8 bis 2 Milliarden angegeben wird.[1] Diese Zahl beruht auf einer Durchschnittsregel, und es wird nicht behauptet, sie sei genau. Kleinkinder, die zu Hunderttausenden sterben, und Männer und Frauen, die ein hohes Alter erreichen, halten einander hinsichtlich der durchschnittlichen Länge mehr oder weniger die Waage. Werden ferner Unfälle, Krankheiten und andere Begebenheiten in Betracht gezogen, auch die Todesfälle infolge der verschiedensten Ursachen wie Kriege, Epidemien oder Naturkatastrophen, und wird hiervon der Durchschnitt berechnet, der die gesamte Weltbevölkerung einschließt, so ist es wahrscheinlich ziemlich korrekt zu sagen, dass sich in unserem gegenwärtigen Zeitalter die durchschnittliche Länge des menschlichen Lebens auf etwa 15 Jahre beläuft.

Es gibt eine Regel, die sich vollständig auf die Operationen der Natur stützt. Sie besagt, dass der Mensch normalerweise nicht vor Ablauf einer Zeitspanne reinkarniert, die hundertmal so viele Jahre zählt, wie das letzte Erdenleben des betreffenden Menschen währte. Diese Regel ist meist nur unvollständig bekannt; richtig verstanden wird

---

[1] Die Weltbevölkerung erreichte im Jahr 2022 8 Milliarden Menschen. Die Lebenserwartung beträgt im weltweiten Durchschnitt zurzeit 73,4 Jahre. Im 19. Jahrhundert betrug die Lebenserwartung nur ca. 30 Jahre (d. Hrsg.).

sie nur von Wenigen. Wird also die „durchschnittliche" Dauer eines menschlichen Lebens im gegenwärtigen Zeitalter auf fünfzehn Jahre festgesetzt und wird diese mit hundert multipliziert, beträgt die durchschnittliche Zeitspanne zwischen dem Tod und der nächsten Wiedergeburt auf Erden fünfzehnhundert Jahre: fünfzehn multipliziert mit der Konstanten 100.

Wie bereits erwähnt, scheint die Annahme von fünfzehn Jahren ziemlich korrekt zu sein; ein Anspruch auf unbedingte Genauigkeit wird jedoch nicht erhoben. Die Bemessung ist äußerst schwierig, da sich die Dauer im Verlauf der Zeitalter ständig verändert. Es gibt Zeiten in der Menschheitsgeschichte, in denen sich die Länge des durchschnittlichen Menschenlebens auf zwanzig, dreißig oder gar vierzig Jahre beläuft. Für das 19. Jahrhundert und den Beginn des 20. Jahrhunderts scheint jedoch die Schätzung ziemlich genau zu sein, dass in Anbetracht des äußerst komplizierten und aufreibenden Charakters unserer Zivilisation das Leben – zumindest für den zivilisierten Durchschnittsmenschen – etwa fünfzehn Jahre währt.

Aus diesem Grunde wurde selbst in H. P. Blavatskys Zeit festgestellt, dass, gemäß der angegebenen Regel, der nachtodliche Zeitraum zwischen dem Tod und der darauffolgenden Wiedergeburt ungefähr 1 500 Jahre beträgt, dass die nachtodliche Zeitspanne in bestimmten Fällen jedoch stark abweicht, sogar gewaltig variiert. Selbst heute gibt es Menschen auf Erden, die infolge vergangener karmisch günstiger Leben in ihrer jetzigen Inkarnation mit starken spirituellen Neigungen und Wünschen auftreten, ohne von einer gleichermaßen entwickelten intellektuellen oder mânasischen Kraft geleitet zu sein. Auch mag es vorkommen, dass hochspirituelle Menschen – sofern sie auf normale Weise und gemäß der umrissenen Regel sterben – ein weitaus längeres und intensiveres Devachan haben als der materiell ausgerichtete Durchschnittsmensch, gleich wie lang ihr Leben in solchen Fällen gewesen sein mag. Ihr Devachan währt also wesentlich länger als die fünfzehnhundert Jahre, die gemäß der Theosophie dem Durchschnittsmenschen zugeschrieben werden, die ihm aber nur ziemlich willkürlich zugeschrieben werden konnten.

Tatsache ist jedoch: Die Länge der im Devachan zu verbringenden Zeit wird eher durch die inhärente Stärke der dem Menschen innewohnenden Spiritualität während seines Lebens bestimmt als durch eine rein statistische Durchschnittsregel; daran sollte stets gedacht werden.

Die großen Unterschiede zwischen der relativ kurzen Zeitspanne, die ein Mensch während des Erdenlebens verbringt, und der weitaus längeren Zeitspanne, die er zwischen den Erdenleben in den unsichtbaren Welten verbringt, mögen viele Leser verwundern. Insbesondere wenn bedacht wird, dass die universalen, kosmischen Tag- und Nacht-Perioden beziehungsweise Manvantara und Pralaya mehr oder weniger gleich lang sein sollen. Dennoch ist die Analogie richtig, sofern sie angemessen auf den vorliegenden Fall bezogen wird. Wird von Manvantara und Pralaya gesprochen, so geschieht dies im Hinblick auf sichtbare und physische Dinge; wird jedoch der Mensch als eine Manifestation betrachtet, so erinnert dies an das seltsame Paradoxon, dass der Mensch als evolvierende Seele höher entwickelt oder entfaltet ist als die Erde, auf der er lebt. Aus diesem Grund sehnt sich der Mensch in seiner kleinen Bewusstseinssphäre tatsächlich stärker nach einem bisher noch wenig entwickelten Altruismus, als dies, wie gesagt werden könnte, dem Erdgeist möglich ist. Der Mensch hegt Hoffnungen, die während vieler Jahre seines Erdenlebens genährt und allzu oft auch enttäuscht wurden. Er hat Träume und Intuitionen von spiritueller und intellektueller Erhabenheit, zu deren Erfüllung kein Leben ausreichen würde. Mit diesen Sehnsüchten erfüllt er sein Wesen. Dem Gesetz – der Gewohnheit der Natur – zufolge benötigt er daher eine längere Zeit der Ruhe und Erholung, eine Zeit ungestörter und ungehinderter spirituell-mentaler Aktivität, die seiner Sehnsucht Gelegenheit zum Aufblühen gibt. Wie mâyâvisch oder illusorisch dieses Blühen an sich auch sein mag, es ist für das Ego, in dessen Bewusstsein diese Träume stattfinden, sehr real und wird intensiv von ihm „gefühlt".

Das Devachan ist also in Wirklichkeit eine Periode des Erblühens bisher gehemmter spirituell-mentaler Energien, die ihre Wirkung auf das Charaktergefüge der träumenden Wesenheit ausüben, die sie erlebt und tatsächlich auf diese Weise „assimiliert" und „verdaut". So wird aufgrund dieser spirituell-mentalen Erweiterung des Bewusstseins der Charakter im Devachan stärker geformt und verändert als selbst im Erdenleben, das eine „Welt der Verursachung" ist, während das Devachan eine „Welt der Wirkungen" darstellt.

Das Manvantara und das Pralaya zum Beispiel eines Sonnensystems, also der kosmische Tag und die kosmische Nacht, sind von gleicher Länge, wobei hier absichtlich auf physische Dinge Bezug genommen wird, in denen ein Gleichgewicht herrscht. Diese Feststellung besagt jedoch nicht, dass das kosmische Universum oder das Sonnensystem keine spirituellen oder unsichtbaren Bereiche besitzt, denn das Gegenteil ist der Fall. Worauf hier angespielt wird, ist der Unterschied zwischen dem kosmischen Tag und der kosmischen Nacht einerseits und den jeweiligen Lebensperioden der zusammengesetzten menschlichen Konstitution andererseits, deren spirituelle und mânasische Natur sehr viel höher evolviert und entfaltet ist als der physische Körper des Menschen.

Wäre unser menschlicher „Tag", das heißt unser Erdenleben, so sehr mit spirituellem Sehnen, mit höheren mentalen Bestrebungen und dem Verlangen nach Schönheit und Frieden, nach Liebe, Wissen und Weisheit erfüllt, wäre keine Lebensspanne für die Erfüllung all dieser Wünsche auf Erden lang genug. Weil es sich hierbei aber um intensive spirituelle und höhermânasische Kräfte handelt, die ihren entsprechenden Ausdruck in Funktion und Aktion suchen – was auf Erden normalerweise vereitelt wird –, so bieten sich Gelegenheiten hierzu in der Ruhezeit nach dem Tode im Devachan. Denn das Devachan ist die *illusorische* Erfüllung aller erhabenen, schönen und edlen Wünsche, die in dem nun beendeten Erdenleben nicht verwirklicht werden konnten, dennoch werden die devachanischen Träume als sehr real erlebt. Die Erfüllung des auf Erden gehegten Strebens und Sehnens benötigt selbst im Traumbewusstsein eine lange Zeit. Doch ist es wichtig zu beachten, dass es gerade unser Wünschen und Wollen ist – diese ursprünglich in unserem Erdenleben geborenen, daher also

mit unserem Erdenleben psycho-magnetisch verbundenen Aspirationen und Sehnsüchte –, das uns anzieht. Auf diese Weise wird das
inkarnierende Ego erneut wieder auf die Erde zurückkehren, wenn
seine devachanische Traumperiode beendet ist. Mit anderen Worten:
es sind die ursprünglich aus den Erfahrungen unseres Erdenlebens
geborenen Wünsche und Aspirationen, die uns zurück zur Erde ziehen.

Unsere Bestrebungen und Sehnsüchte können also weder in einem
einzigen Leben erfüllt werden noch in einer Reihe von Erdenleben.
Das ist nicht möglich. Die Kontinuität des Bewusstseins kann niemals unterbrochen werden, da der Mensch essenziell ein Bewusstseinsstrom ist. *Objektives* Bewusstsein wird uns nur in periodisch
aufeinander folgenden Zeiträumen zuteil, dann, wenn wir zur Erde zurückkehren und erneut einen menschlichen Körper annehmen.
So wird ersichtlich, dass unsere Aspirationen, dieses Sehnen, Verlangen und Hoffen, in welchem Maße es auch im Devachan in Erfüllung oder teilweise in Erfüllung gegangen sein mag, mit jeder neuen
Inkarnation mit uns auf die Erde zurückkehrt, und zwar sozusagen
mit etwas mehr Aussicht auf Erfüllung und eine etwas bessere Erkenntnis der Zusammenhänge. Ein Blick in die Zukunft wird nun
erkennen lassen, dass die Wiederverkörperungen des Egos so lange
fortwähren, wie unsere Planetenkette im gegenwärtigen Manvantara
bestehen bleibt. Die Vorstellung, dass wir Hunderte und Aberhun-
derte von Malen zur Erde zurückkehren, wird nun leichter fallen.
Bei jeder Rückkehr werden wir aber, sofern es unser Karma zulässt,
geeigneter, stärker und mehr bereit sein, unser spirituelles und intellektuelles Sehnen zu wesentlicheren Teilen des Gewebes unseres
Daseins zu machen. So werden mit der Zeit unsere Bestrebungen unseren Charakter formen, der auf diese Weise im Verlauf von Äonen
stetig verbessert und veredelt wird.

Was uns Menschen so lieb geworden ist, so schön und erstrebenswert
erscheint, ist im Vergleich zu den erhabenen Idealen und Aspirationen der Götter sehr unvollkommen. Mit der Zeit entwachsen wir

in Wahrheit sogar dem ehedem Höchsten. Herz und Sinn werden durch Dinge erfüllt, die in jeder Hinsicht weitaus schöner, edler und erhabener sind. Die Wünsche eines Kindes auf dem Schoße der Mutter erscheinen uns als kindlich, doch für das Kind selbst sind sie sehr real! Erwachsene unterschätzen zuweilen die Empfindsamkeit kleiner Kinder und deren eigene Sehnsüchte, dass sie Liebe und Hoffnungen hegen, die umso stärker sind, weil sie häufig unausgesprochen bleiben. Sie wissen nicht, wie sie diese gegenüber den oft tauben Ohren und verständnislosen Gemütern von Vater und Mutter zum Ausdruck bringen sollen. Für die Eltern sind die Empfindungen ihres Kindes, dessen Hoffnungen, Sehnsüchte oder Träume oft unbedeutend und nicht nachvollziehbar. Alles hat seinen relativen Wert.

So ist es mit uns Menschen. Die Dinge, die uns wert und teuer sind und die uns am Herzen liegen, erscheinen in den Augen jener Wesenheiten, die in der Evolution weit fortgeschrittener sind als wir, als unwesentlich. Es ist gut, diese Tatsache zu erkennen, denn sie enthält einen großen Trost. Die Dinge, die wir nicht besitzen, nach denen wir uns aber sehnen und die uns daher unglücklich machen, sind im Grunde genommen von relativ geringer Bedeutung. Diese Erkenntnis kann unsere Lebensanschauung ändern, indem wir eine neue Perspektive für eigentliche Werte gewinnen. In diesem Gedanken liegt spirituelle Schönheit, die wahren Trost enthält. Die Menschen würden sich gegenseitig mehr achten. Sie hätten ein erweitertes Verständnis gegenüber ihren Mitmenschen sowie Mitgefühl für jene, die leiden, weil ihnen aus einem verständnisvolleren Herzen Erkenntnis zuteil wurde.

Tatsächlich kann gesagt werden, dass die höchsten und erhabensten Träume nicht immer in Erfüllung gehen, weil sie sich in dem Prozess der Verwirklichung ständig erweitern und so zu noch Erhabenerem und Höherem evolvieren. Das heranwachsende Kind illustriert diese Tatsache. Als Jugendlicher begehrt es die Dinge seiner Kindheit nicht mehr, und wenn es zum Erwachsenen herangereift ist, hat es die Vorlieben seiner Jugend abgelegt.

III

Die vorangehenden Abschnitte behandelten mehr oder weniger die
höhere Natur des Menschen – deren spirituelle und intellektuelle
Aspekte – sowie die Natur der devachanischen Periode. Relativ wenig hingegen wurde über das nachtodliche Schicksal jener Menschen
gesagt, die vom Typ her grob materialistisch sind: in ihrem Denken, ihren Gefühlen und ihrer Emotionalität. Je höher ein Mensch
auf der evolutionären Skala steht, desto länger ist in der Regel das
Devachan, hingegen ist es umso kürzer, je grobmaterieller der betreffende Mensch war. Aus diesem Grund reinkarnieren grob gear-
tete Menschen – relativ gesprochen – sehr schnell, während spirituell gesinnte Menschen wesentlich länger in den unsichtbaren Welten verweilen. Warum? Weil ihre Seelen dort beheimatet sind und
ihr erweitertes spirituelles Erwachtsein sie ihre Verbundenheit mit
jenen Welten stärker empfinden lässt. Die grobmaterielle Sphäre, in
der sich unser Erdenleben abspielt, ist in gewisser Weise ein fremdes
Land für ihre Seelen. Sie besitzt wenig Anziehungskraft für den spirituell gesinnten Menschen, doch umso mehr für den grobstofflich
gearteten Menschen. Denn gleichermaßen, wie ein Mensch in einer
Inkarnation auf Erden sein Leben lebt, wird auch nach dem Tode die
devachanische Periode durch das Karma des soeben durchlebten Erdenlebens, verbunden mit dem verbliebenen unausgeglichenen Karma früherer Leben, begrenzt oder verlängert. Die Zeitspanne eines
Lebens wird daher mehr oder weniger vollständig von dem Karma
des Menschen geleitet und beherrscht, sodass sie innerhalb bestimmter Grenzen variiert und festgesetzt ist. Hatte die Sehnsucht eines
Menschen mit einem hohen spirituellen Charakter während dieses
Erdenlebens nur geringe Möglichkeiten zu ihrer Erfüllung, besteht
die hohe Wahrscheinlichkeit, dass das devachanische Zwischenspiel

vor der nächsten Wiedergeburt auf Erden lange währen wird. Hat
jedoch im Gegensatz dazu ein Mensch während der letzten Inkarnation ein grobmaterielles oder übles Leben gelebt, ein in die materielle Sphäre verwickeltes Leben, wird die Anziehung dieser materiellen Sphäre auf die exkarnierte devachanische Wesenheit sehr stark
sein. Der Hunger nach immer mehr Sinneseindrücken, nach denen
er ein solches Verlangen hatte, wurde zu einer regelrechten Krankheit der Seele. Sobald also die wenigen spirituellen Aspirationen und
unerfüllten Hoffnungen zufriedengestellt sind, das heißt, wenn ihre
schwache Energie im Devachan verbraucht ist, wird die starke Anziehung zur Erde die Oberhand gewinnen und die devachanische Periode nur sehr kurz sein.

Ein Mensch wie Platon verbringt möglicherweise Tausende von Jahren im Devachan, sofern nicht andere Bedingungen eintreten und
das Problem verkomplizieren. Umgekehrt werden Menschen, die in
der Welt Unheil stiften und ihren Mitmenschen viel Leid bescheren –
falls es sich nicht um absolut seelenlose Wesenheiten handelt –, ein
Devachan von außerordentlich kurzer Dauer haben.

Fälle von „absolut seelenlosen" Wesenheiten sind außerordentlich selten. Doch sie kommen vor. Es handelt sich um die als „verlorene Seelen" bekannten und besprochenen Fälle. Der Leser sollte aber nicht in
den Fehler verfallen – der übrigens ganz natürlich wäre – und annehmen, dass jeder Mensch, der ein grobstoffliches Leben oder sogar das
degenerierte Leben eines Verbrechers führt, eine „verlorene Seele" sei.
Denn solange auch nur eine einzige spirituelle Aspiration in der Konstitution solcher Menschen vorhanden ist – wie schwach ihr Strahl und wie
matt ihr Licht auch sein mag –, haben sie noch eine Chance auf innere Erlösung. Sie haben noch die Chance, ihren abwärtsgerichteten Lauf
durch die Ausübung ihres Willens und ihrer Wahl zu hemmen, und sie
haben die Möglichkeit, wieder dem Licht entgegen aufwärtszuklimmen.
„Verlorene Seelen" besitzen oft eine durchaus nicht geringe angeborene Intelligenz, Scharfsinn und eine hohe Verstandeskraft. Ihre mentale
Energie ist sozusagen die fast automatische Auswirkung der ursprünglichen spirituell-intellektuellen Impulse, die während früherer Zeiten in

der Konstitution der entsprechenden Person aktiv waren, als diese noch
„normal" oder „durchschnittlich" war. Dies kann mit einer in Bewegung
gesetzten Maschine verglichen werden, die gute Arbeit leistet und noch
für eine Weile in Bewegung bleibt, nachdem die ursprüngliche, antreibende Kraft abgeschaltet worden ist. Die „Maschine läuft" in diesem Fall
einfach „ab".

Tatsache ist, dass der Durchschnittsmensch weder sehr spirituell
noch sehr materialistisch ist. Er ist durchschnittlich, und die Folge hiervon ist, dass die meisten Menschen, die große Mehrheit der
Menschen, eine Periode devachanischer Existenz durchmachen, die
als von mittlerer Länge bezeichnet werden könnte. Ein durchschnittlich guter Mensch, der ein hohes Alter erreicht hat – zum Beispiel
fünfundachtzig Jahre –, der durchschnittlich schöne Inspirationen,
edle und lautere Gedanken und ungestillte spirituelle Wünsche hatte, wird gemäß der gegebenen Regel Tausende von Jahren in den unsichtbaren Lebensbereichen verbleiben: fünfundachtzig mal einhun-
dert, also achttausendfünfhundert Jahre. Stirbt ein Mensch im Alter
von vierzig Jahren und ist er von dem gleichen allgemeinen Typ wie
der gerade erwähnte, verbringt er vielleicht viertausend Jahre in den
unsichtbaren Welten, bevor er zur Erde zurückkehrt.

Auf den vorhergehenden Seiten wurde aber bereits nachdrücklich betont, dass diese Regel nicht zu starr und eng ausgelegt werden sollte. Die einzelnen Umstände der Menschen unterscheiden sich sehr
stark voneinander, wenn sie als Individuen betrachtet werden. Dabei
kann ihr Karma kompliziert und verworren sein. Während also in
Bezug auf den statistischen Durchschnitt die Regel stimmt, weichen
die Einzelfälle sehr stark von ihr ab.

Neben den vorgenannten Typen gibt es sehr hochstehende Menschen
und darüber hinaus Menschen, die einen noch höheren spirituellen
und evolutionären Rang einnehmen: die wahrhaft Großen sowie die
Buddhas und Christuswesen. Die Letzteren sind so hoch evolviert,
spirituell so sehr entfaltet, dass sie die nachtodliche Ruhe und den

Frieden, die erholsame Periode, in der die Lektionen und Erfahrungen des letztvergangenen Lebens assimiliert werden, nicht benötigen. Aus diesem Grunde ist das nachtodliche Schicksal dieser Klassen anders als das des Großteils der Menschen. In der Regel kehren sie schnell zur Erde zurück, und zwar nur aufgrund ihres eigenen Willens und weil es ihr Wunsch ist. Sie sind von dem inneren Motiv beseelt, die Evolution ihrer Mitmenschen, die weniger weit als sie entwickelt sind, voranzutreiben. Wenn der devachanische Zustand genau analysiert und dadurch eine klare Vorstellung von seiner eigentlichen Bedeutung erlangt wird, wird erkennbar, dass er für diese Zeit ein Zustand spiritueller Isolation ist. Denn wie schön und spirituell dieser Zustand auch sein mag und wie viel wahre Ruhe und Gelegenheit zur Erholung er auch bieten mag, handelt es sich, zumindest im Wesentlichen, um einen eigennützigen Zustand. Für die große Mehrheit der Menschen ist das Devachan jedoch auf der augenblicklichen Stufe der durchschnittlichen menschlichen Entwicklung ein notwendiges spirituelles Zwischenspiel. Diese Periode der Erholung und des ungestörten Friedens ist deshalb notwendig, weil durch Assimilation und „Verdauung" der Erfahrungen des soeben abgeschlossenen Lebens ein Wiederaufbau der inneren substanziellen Konstitution stattfindet. Dies alles in Betracht gezogen, ist die devachanische Periode dennoch im Wesentlichen ein eigennütziger Zustand, der die sogenannten „Devachanîs" von dem sie umgebenden Leben und der individuellen Existenz anderer Wesenheiten gänzlich isoliert. Während der Tausenden im Devachan verbrachten Jahre sind sie in rosige Träume von unaussprechlichem Glück und Frieden versunken. Die zurückgelassene Welt mag ins Verderben gehen, ohne dass sie davon Kenntnis haben oder sich Sorgen machen. Würden sie den Zustand der Welt erkennen und sich um sie kümmern wollen, wäre unsagbares Leid und Elend in diesem Zustand die Folge, was *de facto* völlig unmöglich ist, denn dann wäre es kein Devachan mehr.

Die glorreichen Buddhas des Mitleids nehmen einen derart eigennützigen Zustand des Gemütes und des Geistes nicht an. Ihr ganzes

Wirken ist sowohl innerhalb der Gesamtheit einer Hierarchie als
auch als Einzelwesen dieser Hierarchie dem reinen und völlig selbstlosen Dienst zum Wohl und Fortschritt aller anderen Wesenheiten
geweiht ohne Rücksicht auf deren Art, Evolutionsgrad, spirituellen
oder moralischen Stand. Wie dieser Vergleich deutlich zeigt, ist es
die Liebe, die *unpersönliche* Liebe, die alle Wesenheiten in der Natur, die großen wie die kleinen, umfasst und die von den herrlichen
Träumen des Devachan befreit. Es ist dieser Geist, der Geist unpersönlicher Liebe, der Liebe für alle Wesenheiten beinhaltet. Sie enthält den unpersönlichen Drang, allen Wesenheiten ohne Ausnahme
im Einklang mit kosmischem Gesetz, der kosmischen Harmonie, zu
helfen. Hierin liegt der eigentliche Kern des Geistes, der die Buddhas
des Mitleids beseelt.

In ferner, ferner Zukunft, während im periodischen Kreislauf die
Zeitalter ihre Geheimnisse durch Evolution und auf andere Weise
hervorbringen, wird die Menschheit die spirituellen Attribute, Kräfte und Fähigkeiten, die jetzt noch latent in den meisten Menschen
liegen, entfaltet und eine hohe Spiritualität erreicht haben. Mit anderen Worten: in jenen fernen zukünftigen Zeiten werden die Menschen einen Zustand erreicht haben, in dem ihnen die Buddhas des
Mitleids als Vorbild dienen. Notwendigerweise werden die einzelnen
Menschen unterschiedliche Grade innerhalb verschiedener Rangstu-
fen einnehmen. Dieser großen Vervollkommnung innerhalb der Evolution wandert die Menschheit unentwegt entgegen, obwohl ihr dies
in dem gegenwärtigen materialistischen Zeitalter völlig unbewusst
ist. Nicht unbewusst aber ist es den Mahâtmans und deren Chelas.
In dieser Universalen Bruderschaft lebt und wirkt derselbe Geist, der
die Hierarchie des Mitleids leitet und regiert. Die Lehre und das Leben ihrer Mitglieder dienen als Vorbild, denn die Universale Bruderschaft ist auf unserer Erde der Repräsentant dieser Hierarchie. Daher ist die Ausbildung der Chelas der Mahâtmans grundlegend aufgebaut. Ihr Ziel ist es, die spirituellen und intellektuellen Fähigkeiten sowie die Intuitionen der Chelas anzuspornen, soweit dies unter

Berücksichtigung karmischer Gesetzmäßigkeit möglich ist. Die Chelas erhalten durch die Schulung die Möglichkeit, den evolutionären Lauf schneller zurückzulegen. So können sie das große Ziel eher erreichen oder zumindest schneller zu seinen ersten Stufen gelangen, als es der Mehrheit der Menschen möglich ist. Diese sind spirituell, moralisch oder intellektuell noch nicht genügend erwacht, um Interesse an dem zu haben, was für die Chelas die Vollendung ihrer erhabensten Träume und höchsten Hoffnungen bedeutet.

Ein Anliegen dieser Schulung besteht in dem Bemühen, zumindest eine Verkürzung der devachanischen Periode herbeizuführen. Der Chela kann durch Schulung selbstbewusster tätig werden und durch eigene Bestrebungen mehr Zeit für wohltätiges Handeln gewinnen. Seine erhabenen Träume und Hoffnungen könnten jedoch nicht umgesetzt werden, wenn sich sein sich wiederverkörperndes Ego in die unaussprechlich glücklichen Träume des Devachan begeben und darin versinken würde.

Aus diesem Grunde tut der Chela unter der Leitung, Belehrung und Hilfe seines Lehrers für eine gewisse Anzahl von Leben alles, was ihm möglich ist, um die Periode devachanischer Ruhe zu verkürzen. Dabei verfolgt er die einzigen Methoden, die eine positive und zielgerichtete Wirkung zur Folge haben können, nachdem der Tod sein Anrecht auf seinen abgetragenen Körper erhoben hat. Diese Methoden umfassen unter anderem: intensive spirituelle und mentale Konzentration auf die Erweckung und Ausübung *unpersönlicher* Liebe für alle Lebewesen. Hierin ist der ebenso intensive Wunsch eingeschlossen, ausnahmslos allen Wesenheiten dabei zu helfen, sich spirituell und intellektuell zu entfalten. Durch diese Bestrebungen und Anstrengungen wird der *locus* des Bewusstseins des Chelas von der normalen oder niederen Stellung, die er in der menschlichen Konstitution einnimmt, aufwärts in einen höheren und daher unpersönlicheren Teil seines inneren Wesens verlagert. Wenn die Faktoren verstanden werden, die das Devachan zu dem machen, was es ist, dann wird Folgendes sofort ersichtlich und erkennbar: Der Chela berührt

durch die Verlagerung seines Bewusstseins auf höhere Ebenen die
Wurzel der das Devachan hervorbringenden Ursachen, wodurch das
Bedürfnis nach dem Devachan allmählich immer schwächer wird.
Der Gedanke ist folgender: Ein Chela verlagert seine selbstbewuss-
ten aktiven Fähigkeiten in einen Teil seiner selbst, der die devachani-
sche Periode der Ruhe und Erholung nicht mehr benötigt und kein
Verlangen mehr nach ihr hat.

Der Strebende sollte sich also vor allem auf das Wissen der Alten
Weisheit und auf dessen Verbreitung in der Welt konzentrieren. Die
Gründe hierfür sind offenkundig, wenn die unpersönliche Natur der
Grundprinzipien und ihr mächtiger, zu Unpersönlichkeit führender
Einfluss auf die Schüler und Anhänger beachtet wird. Ihre Bestrebungen setzen die höheren Energien jener Wünsche, deren Aktivität
über den Tod und die Auflösung des physischen Körpers hinausgehen, in spirituelle Bewegung. Da diese Energien in den spirituellen Reichen verwurzelt sind, wirken sie – auch wenn sich ihr Betä-
tigungsfeld auf der Erde befindet – ständig darauf hin, selbst während des Erdenlebens, eine Lokalität des selbstbewussten Zentrums
in den spirituellen Reichen zu realisieren. Auf diese Weise heben sie
den Praktizierenden dieses einzig wahren spirituellen Yogas weit über
das Verlangen und die Notwendigkeit des devachanischen nachtodlichen Zwischenspiels empor.

Mit anderen Worten: Wer *um seiner selbst willen* nach Frieden verlangt; sich *um seiner selbst willen* nach spiritueller Zufriedenheit
sehnt; *um seiner selbst willen* danach strebt, Wissen zu erlangen ohne den alles beherrschenden Wunsch, Anderen zu helfen; wer in
seiner eigenen religiösen oder philosophischen, seiner eigenen wissenschaftlichen, kulturellen oder anderen ähnlichen Welt lebt, wird
offensichtlich das längste Devachan haben. Es wird seiner Charakteristik nach das ausgeprägteste und infolgedessen das intensivste
sein. Warum? Weil sich die hauptsächlichen höhergeistigen und intellektuellen Energien auf die eigenen Wünsche konzentrieren. Der
Wunsch nach Frieden und Glück *um seiner selbst willen* entspricht

der psychologischen Charakteristik, die ihrer Art nach typisch devachanisch ist.

Die vorangehenden Worte sollten nicht dahingehend missverstanden werden, als bedeuteten sie, dass es an sich falsch wäre, sich spirituellem Wissen zu widmen oder sich mit Religion, Musik, Philosophie, Dichtung oder Wissenschaft zu beschäftigen, denn das entspräche nicht ihrer Intention. Der Gedanke ist vielmehr folgender: Es ist die Konzentration des Selbstes – und zwar die des menschlichen Selbstes – auf entsprechende Interessen um der *eigenen* individuellen Zufriedenheit willen. Diese Konzentration des menschlichen Selbstes auf unser Wünschen und Wollen bringt das unaussprechlich herrliche devachanische Aufblühen unseres irdischen Sehnens hervor, für das ein einzelnes Erdenleben keinesfalls lang genug ist, um eine angemessene Vollendung oder Erfüllung zu erreichen. Gerade diese vereitelte Erfüllung, dieses Sehnen nach Schönheit, nach hohem Denken und spiritueller Erkenntnis *für das Individuum selbst* verursacht das Devachan nach dem Tode.

Wird der Schüler oder Chela unter richtiger Anleitung geschult, dem Edelsten und Besten, dem Erhabensten im menschlichen Leben auf eine Weise zu folgen, die letzten Endes universal unpersönlich ist und die sich nicht mehr auf das individuelle Selbst konzentriert, steigt er aufgrund seines zunehmenden Wissens über die Region hinaus, auf und in der das Devachan in seinen Myriaden von Bewusstseinszuständen stattfindet. So beginnt der Schüler mit dem Verkürzen seiner devachanischen Perioden und schreitet schließlich über das Bedürfnis hinaus, ein Devachan zu erleben. Wird diese letzte Stufe erreicht, ist er ein Meister des Lebens, ein „graduierter" Chela und nahezu ein Mahâtman.

Das Geheimnis dieses Prozesses liegt also in dem täglichen Bemühen, unpersönliche Liebe für die gesamte Menschheit, für alles, was ist, zu vertiefen. Dies führt zunächst langsam, dann aber immer schneller dazu, das persönliche Selbst und die Liebe zum eigenen Selbst zu vergessen, wie schön diese Liebe in ihren höheren Aspekten auch zu

sein scheint, ja vielleicht auch ist. Diese Ausübung des einzig wahren
und wirklich spirituellen Yogas gibt dem intensiven Wunsch, Anderen zu helfen, auch eine klare Richtung, um dies auf wohlüberlegte
und praktische Weise zu tun. Mit anderen Worten und noch einmal wiederholt: das Geheimnis liegt darin, immer unpersönlicher zu
werden, und zwar auch jenen Menschen und den Dingen gegenüber,
die man am meisten liebt, da intensive persönliche Hoffnungen und
Zuneigungen von erhabener, schöner Art die Veranlassung für eine
lange devachanische Ruhe geben. Um den Zeitraum des Devachans
zu verkürzen, muss sich der Schüler also von der persönlichen Bin-
dung an diese selbsterzeugten Sehnsüchte und Verlangen abwenden
und sich weigern, ihnen weiterhin zu folgen. Er muss von dem unpersönlichen Wunsch und dem Verlangen erfüllt sein, allen anderen
Wesenheiten ohne Unterschied das Beste von dem zu geben, von
dem er erfüllt ist. Er muss den Wunsch und das Verlangen haben,
Anderen zu helfen, sich so zu entwickeln, dass sie gleichsam davon
erfüllt sind, es ihm gleichzutun. Er muss den Wunsch und das Verlangen haben, der Welt in ihrem Leid und Schmerz zu helfen, vor
allem anderen aber den Wunsch und das Verlangen, Millionen und
Abermillionen strebender Menschen Licht und Frieden zu bringen.
Die hieraus resultierende Folge für die Menschen, die in Unkenntnis
des wahren Weges stumm leiden – wie es bei den meisten der Fall
ist –, ist Fortschritt und Besserung.

All dieses selbstlose Sehnen ist seiner Charakteristik nach unpersönlich. Der Strom der spirituellen und intellektuellen Kräfte des Schülers ist also auf die Mitmenschen gerichtet, anstatt dass sie auf ihn
selbst zurückfallen. So bildet dieses Sehnen die ungeheuer starken
spirituellen Energien, die die devachanische Ruhe nach dem Tode
unfehlbar verkürzen und den Schüler mit möglichst geringem Zeit-
verlust wieder zur Erde bringen.

Damit kein Missverständnis aufkommt, ist es angebracht, nachdrücklich
darauf hinzuweisen, dass die Wandlung während der Schulung für ein
unpersönliches und selbstloses Leben keineswegs das Aufgeben oder

Zurückweisen bereits auf sich genommener Verpflichtungen bedeutet. Das Gegenteil ist der Fall. Kein wahrer Schüler wird kleinmütig und gedankenlos Verpflichtungen ablehnen, die er zuvor auf sich genommen hatte und die noch nicht erfüllt sind. Die Zurückweisung bereits auf sich genommener Pflichten wäre eine Handlung, die der Richtung entgegenläuft, die der Schüler zu verfolgen bestrebt ist. Er würde seine Wünsche und seine Aufmerksamkeit in einer für ihn neuen Art der Konzentration auf sich selbst lenken, auf das, was er selbst bekommen und gern haben möchte. Eine Handlungsweise wie in diesem Fall ist aber sehr selbstsüchtig. Sie widerspricht dem unpersönlichen und selbstlosen Leben eines Schülers, der seinen persönlichen Wünschen keine Beachtung mehr schenkt, nun aber vermutlich deren Opponent geworden ist.

Ein konkretes Beispiel hierzu: Ein Mensch, der sich weigert, seine ehrbaren Verpflichtungen zu erfüllen, sodass für Andere dadurch Verlust, Schaden oder Enttäuschung verursacht werden, oder der die von ihm abhängigen Menschen im Stich lässt, setzt seinen Fuß nicht auf den Pfad der Chelaschaft. Er gibt vielmehr kund, dass er den Hauptgrundsätzen der Schülerschaft untreu ist – wie sehr er sich im Übrigen auch nach unpersönlichem und selbstlosem Leben oder nach Chelaschaft sehnen mag.

Die hier gegebene Mahnung scheint bei oberflächlicher Betrachtung vielleicht weit hergeholt und unnötig zu sein. In aller Wahrheit ist sie jedoch weder weit hergeholt noch unnötig.

IV

In Bezug auf die Lebenszeit eines Menschen mag sich nun die Frage stellen, was geschieht, wenn kleine Kinder sterben, ihre Inkarnation also nur kurz, bei Säuglingen sogar außerordentlich kurz war. Welcher Art ist dann das Devachan, falls es in diesen Fällen überhaupt eines gibt? Die Antwort lautet: Ein Kind, das stirbt, reinkarniert außerordentlich schnell. Es fand während seiner kurzen beziehungsweise sehr kurzen Lebensspanne weder Zeit noch Gelegenheit, ein Gewebe von persönlichem Bewusstsein aufzubauen. Es konnte keine Struktur aufbauen, die zum großen Teil aus unerfüllten Bestrebungen besteht, aus unverwirklichten Idealen, vereitelten oder enttäuschten Hoffnungen und vielen vergeblichen mentalen und emotionalen Anstrengungen, die von seiner höheren Natur ausgehen.

Es scheint recht traurig und nach Ansicht vieler unnütz zu sein, dass ein Mensch ins Erdenleben geboren wird, nur um es nach einer kurzen Zeitspanne der Existenz in dieser Sphäre wieder zu verlassen. Der unnachahmliche Isaac Watts, ein englischer Geistlicher, schrieb einst:

> Wenn ich so früh erschöpft bin,
> für was wurde ich begonnen?

Zweifellos haben Millionen Menschen, die vor oder nach der Zeit des Verfassers dieses seltsamen kleinen Zweizeilers gelebt haben, ebenfalls über dieses Problem nachgedacht, das sowohl philosophischer als auch religiöser Natur ist: Warum sollte ein Kind nur aus dem Grunde geboren werden, um nach wenigen schwachen Atemzügen wieder zu sterben? In der Natur vollzieht sich alles nach den unfehlbar gerechten, sich zum Guten hin auswirkenden Gesetzmäßigkeiten der Natur, nach Gesetzen der Harmonie, die im Wesentlichen der Wiederherstellung der Ordnung dienen. Das frühe Sterben ist jedoch in allen Fällen die Folge karmischer Ursachen, die in früheren Leben erzeugt wurden. Die Seele hat sich selbst gewisse Schranken errichtet, sie hat versäumt, gewisse Fertigkeiten zu erwerben und gewisse Ziele zu erreichen. So kann es vorkommen, dass infolge der komplizierten und oft widersprüchlichen Faktoren, die im Charakter des Einzelnen am Werk sind, in Fällen dieser Art der Versuch zu inkarnieren unternommen wird, obwohl es nicht der richtige Zeitpunkt ist, um ein Erdenleben erfolgreich fortzusetzen. In dem reinkarnierenden Ego ist der Drang zur Verkörperung jedoch so stark, dass es sich zu einer ungünstigen Zeit zur Fortsetzung des Erdenlebens mit dem ungeborenen Körper eines Kindes verbindet, sodass diese Inkarnation nicht erfolgreich sein kann. Es kann aber auch möglich sein, dass ein reinkarnierendes Ego die Wiederverkörperung mit einer Last karmischer Verwicklungen und eines komplizierten Charakters unternimmt, die unfehlbar den Tod zur Folge haben.

In sehr vielen Fällen sterben junge Menschen, ohne ein reiferes Alter zu erreichen, weil Karma dazwischentritt. Doch alle Fälle des frühzeitigen oder vorzeitigen Todes gehen auf vorangegangene karmische Ursachen zurück, die sich im Erdenleben auswirken, sobald sich die erste Gelegenheit zur Auswirkung karmischer Ursachen ergibt. Es muss noch hinzugefügt werden, dass frühzeitiges oder vorzeitiges Hinscheiden in keinem der Fälle willkürlich durch irgendeinen außerkosmischen Einfluss bewirkt wird oder auch auf außerkosmische Kräfte zurückzuführen ist. Dem Pilger aber, dem reinkarnierenden Ego, dient letzten Endes alles zum Besten. In letzter Analyse lässt sich schließlich alles auf die nie irrenden, unendlich harmonisch wirkenden Naturgesetzmäßigkeiten zurückführen, die die Wiederherstellung des Gleichgewichtes zum Guten bewirken, und zwar sowohl in der Natur selbst als auch im einzelnen Individuum.

Aus den vorangehenden Abschnitten ist ersichtlich, dass es in den Fällen des Todes von Säuglingen oder sehr kleinen Kindern kein Devachan geben kann. In dem frühzeitig beendeten Leben konnte kein spirituelles, intellektuelles und psycho-mentales Sehnen und

Verlangen zu einem Schatz unerschöpflicher Impulse intellektueller oder anderer Art angesammelt werden. Die strikte, logische Konsequenz, die hieraus resultiert, ist die, dass Säuglinge und sehr junge Kinder – weil es für sie kein devachanisches Zwischenspiel gibt – fast sofort wieder inkarnieren. Das geschieht allerdings nicht in derselben Stunde oder am selben Tag und auch nicht unbedingt im selben Jahr, aber doch sehr bald. Der Zeitpunkt hängt in jedem Einzelfall von den angesammelten karmischen Ursachen ab, die die Inkarnation oder Verkörperung ursprünglich vereitelt haben. Sie werden nach dem Tode des kleinen Kindes umgestaltet, damit eine neue Einkörperung zustande kommen kann.

Abgesehen also von Säuglingen und Kleinstkindern folgt jedem vorzeitigen Tod ein devachanisches Zwischenspiel, das von unterschiedlicher Länge ist. Es entspricht exakt den Ursachen, die in dem abgeschlossenen Leben des betreffenden Menschen entstanden sind oder aktiviert wurden. Daher ist es nicht möglich, auch nur mit einiger Genauigkeit zu sagen, eine wie lange Zeit im Devachan den einzelnen Fällen vorzeitigen Sterbens folgen wird. Jeder Mensch schafft sich seine eigenen Bedingungen für das anschließende Devachan, für dessen Dauer und seine Art. Es kann jedoch gesagt werden, dass die Norm oder Regel bei vorzeitigem Tod in der Kindheit oder Jugend ein entsprechend kurzes Devachan erfordert. Bei vorzeitigem Tod während der Blütezeit eines Menschen ist das Devachan entsprechend länger. Dies wird jedoch noch komplizierter in Bezug auf Menschen von sehr spiritueller und höhermânasischer Art. Sie haben *de facto* ein wesentlich längeres Devachan als Menschen von grobmateriellem Charakter. So kann das frühzeitige Sterben jener Menschen, die in ihrer Blütezeit sterben, ein wesentlich längeres Devachan zur Folge haben als das relativ kurze Devachan eines Menschen mit einem groben Charakter, der aber ein reifes Alter erreicht hat.

Es gibt auch noch andere Besonderheiten wie zum Beispiel bestimmte Formen angeborener geistiger Behinderung. Für die Betroffenen gibt es aus den dargelegten Gründen praktisch kein Devachan. Auch

für Menschen, die Suizid begehen, ihr Leben beenden, bevor es seinen normalen karmischen Ablauf vollendet hat, wird das fortwährende Ansammeln devachanischer Ursachen vereitelt. Auch für die
Opfer gewaltsamer Todesarten, zum Beispiel Kriegs- und Unfallopfer, gelten dieselben Regeln, die hier skizziert wurden. Zu bedenken
ist ferner, dass der Eintritt in das Devachan erst dann vollzogen werden kann, wenn die richtige Zeit für sein „Kommen" da ist, das bedeutet, wenn das reinkarnierende Ego nacheinander die niedrigsten
und niederen Prinzipien völlig abgeworfen hat, die ihm noch anhaften. Zuerst werden der physische Körper mit seiner groben tierischen
Vitalität und das zu ihm gehörende Liṅga-śarîra abgeworfen, diesen
folgen dann die niedrigsten kâma-mânasischen Niederschläge. Auch
muss hinzugefügt werden, dass bei plötzlichen Todesfällen oder bei
gewaltsamem Tod ausnahmslos sofort und augenblicklich Bewusstlosigkeit eintritt. Die Bewusstlosigkeit dauert genauso lange, wie die
normale Lebenszeit des physischen Körpers gewährt hätte, wäre nicht
der Tod durch Unfall oder Gewalt eingetreten.

Beim Suizid liegt der Fall jedoch etwas anders. Es ist daher angebracht, hier mit Nachdruck zumindest auf gewisse, oft furchtbare
Folgen hinzuweisen, die aus einem Freitod resultieren. In heutiger
Zeit besteht eine zunehmende Neigung oder der mentale Hang, Suizid vom ethischen Standpunkt aus zu rechtfertigen. Einige Unglücksmenschen sehen ihn sogar als empfehlenswert an. Gedanken dieser
Art entspringen der mentalen kimmerischen Finsternis, die über der
westlichen Psychologie und deren Vorstellung von dem lebenden und
dem toten Menschen liegt.

Von dieser Psychologie und der sie begleitenden Weltanschauung
kann man sich nur mit gemischten Gefühlen abwenden. Dabei vereint sich Mitleid für den Einzelnen mit Abscheu und Widerwillen gegen diese Psychologie des Suizids. Die Situation der Betroffenen entsteht aus tiefer Unwissenheit, denn diese unglücklichen Menschen
wissen wirklich nicht, was sie tun. Dass sie es nicht wissen, ist ihre
einzige Entschuldigung, und die Natur wird unfehlbar und behutsam

den Tatbestand ausbalancieren und der Unwissenheit Rechnung tragen. Durch das automatische Wirken der Natur wird der Selbstmörder auf der Waage ihrer nie irrenden Gerechtigkeit gewogen, und ein entsprechender Ausgleich ist die unfehlbare Folge davon. Die Natur misst dem einzelnen Menschen, der Suizid begangen hat, notwendigerweise und unfehlbar exakt die vergeltenden Folgen zu, die er verdient hat, und zwar gute oder schlechte, wie der Fall auch liegen mag.

Die Gesetzmäßigkeiten der Natur wirken sehr genau. Sie werden weder von Begünstigung und Parteilichkeit noch von Ärger und Ungerechtigkeit beherrscht, wie unergründlich und schwer nachvollziehbar sie auch sein mögen. Selbstmord ist in keinem Fall zu entschuldigen, denn er bedeutet einen Eingriff in den Rahmen und das Gefüge des karmischen Schicksals, das sich der Betroffene früher selbst aufgebaut hat. Innerhalb dieses Rahmens von Umständen sind die Naturgesetze mit unfehlbarer Genauigkeit und strengster Gerechtigkeit wirksam. Sie holen das Beste aus dem und für den Menschen heraus, ganz gleich, ob die Folgen ihrer Natur nach vergeltend oder entschädigend sind. Diese Gesetze können nicht beiseite geschoben werden. Wir sind weder weise noch gut genug, um dies auch nur ansatzweise tun zu können, denn die Gesetzmäßigkeiten der Natur sind in Wirklichkeit die Auswirkungen von Tätigkeiten hoher spiritueller Intelligenzen im kosmischen Universum. Ihr Wirken auf höheren, spirituellen Plänen schlägt sich sozusagen automatisch auf niederen Plänen als die Gesetzmäßigkeiten der Natur nieder. Dies geschieht überall im Universum, in dem wir leben, uns bewegen und unser vollständiges Dasein haben.

Die vollkommen freie Betätigung des menschlichen Willens und die Ausübung der freien Wahl werden jedoch in keiner Weise behindert, beschränkt oder gelähmt. Während die Naturgesetze im Universum wirksam sind und sich in der umgebenden Struktur und seinen Kräften und Attributen zeigen, beeinflussen diese nicht die Entscheidung des freien Willens und der freien Wahl des Menschen, vielmehr wirken sie dazu streng folgerichtig und in einem gewissen Maß sogar untergeordnet. Der Grund und die Ursache hierfür sind folgende: Der *essenzielle* Wille und die *essenzielle* Intelligenz des Menschen gehen nicht aus dem uns umgebenden Universum und dessen zusammenwirkenden Tätigkeiten hervor, sie stammen vielmehr aus der spirituellen Essenz des Universums selbst. Handelt ein Mensch, indem er seinen freien Willen oder die Kraft freier Wahl anwendet – wie wenig er diese erhabenen Attribute auch entwickelt haben mag –, handelt er aus der essenziell-göttlichen Quelle in ihm. Er erhebt sich dann in einem Sinne durch jede Handlung des freien Willens und der freien Wahl, auch wenn sie intellektuell fehlgeleitet ist, über die niedere Struktur des Universums. Denn Wollen und Wählen dieser Art sind der grundlegenden Essenz des Kosmos verwandt.

Willens- oder Wahlfreiheit werden folglich nicht durch das uns umgebende Universum „begrenzt" oder eingeschränkt. Sie stehen vielmehr genau im Verhältnis zu dem Entwicklungsstand, den ein Mensch selbst erlangt hat, sei dieser bedeutend oder unbedeutend, höher oder weniger hoch entwickelt. Die gleiche Regel gilt für alle Wesenheiten im Universum, denn sie alle sind im Kern des Kernes ihres Wesens in gleicher Weise mit der Essenz des Universums verbunden. Von einem Standpunkt aus kann gesagt werden: Die Mücke, die an einem Sommerabend scheinbar ziellos umherschwirrt, besitzt im Verhältnis zu ihrer niedrigen Entwicklungsstufe auf der Lebensleiter ihr kleines Maß an freiem Willen oder freier Wahl. In Bezug auf Qualität und Art ist ihr Wille ebenso ungefesselt wie der freie Wille und die freie Wahl eines der Götter des Sonnensystems. Der Unterschied zwischen beiden hinsichtlich ihrer Willensfreiheit besteht einzig und allein in einer relativ unevolvierten gegenüber einer relativ hoch evolvierten, das heißt entfalteten oder entwickelten, inneren oder eigenen Willenskraft.

Diese subtile Frage kann auch folgendermaßen beantwortet werden: Ebenso wie eine Gottheit hat auch eine Mücke ihren geringen freien

Willen, ihre geringe freie Wahl. In beiden Fällen erfreuen sie sich
ihrer Freiheit, doch die Handlungskraft differiert beträchtlich. Der
Wille ist in gleicher Weise frei, wie gering oder umfassend das „Maß"
an Willenskraft auch sein mag. Weil die Gottheit aber höher evolviert
ist, sie ihre inneren Fähigkeiten und Kräfte weiter entfaltet hat, handelt sie auch mit einem weit größeren Ausmaß, mit einer größeren
„Kraft" des Willens.

Mit einem konkreten Bild kann noch folgender Hinweis gegeben werden: Gleiche Färbungen, Schattierungen oder Nuancen einer Farbe –
wie zum Beispiel Rot – sind identisch. Es ist dabei ganz unwesentlich,
ob mit der entsprechenden Farbe ein Punkt oder der gesamte Himmel
gemalt wird. Die Identität bleibt bestehen! In dem einen Fall wurde lediglich eine geringe Menge, in dem anderen Fall eine große Menge der
roten Farbe verwendet. Ebenso verhält es sich in Bezug auf die Willens-
oder Wahlfreiheit, über die viel argumentiert wird. Die *essenzielle* Qualität der Freiheit ist in der Mücke die gleiche wie in der Gottheit. Weil
die Mücke aber relativ unentwickelt ist, hat sie im Gegensatz zu der in
weit höherem Maße entwickelten Gottheit nur einen geringen Teil ihrer
essenziellen Göttlichkeit in sich entfaltet.

In Bezug auf Selbsttötung ist es richtig zu sagen, dass jeder Betroffene zeitweilig psychisch krank ist; er befindet sich in einem abnormen
Zustand, der durch sehr starke Gemütserregungen und mentale Verwirrung hervorgerufen wurde. Ein weiteres Beispiel mag die Thema-
tik des Bewusstseins erläutern: Wenn ein geistig Behinderter seinen
Finger ins Feuer steckt, wird das Feuer nicht aufgrund des Unwissens
des Unglücklichen verändert. Das dem Feuer innewohnende charakteristische Merkmal, das Brennen, bleibt unverändert. Die Naturgesetze werden nicht ausgeschaltet, weil jemand geistig krank ist und
dementsprechend handelt. Selbst geistig Behinderte können durchaus lernen; sie sind, und zwar auf sehr unterschiedliche Weise, bewusst und nicht unbewusst. Bis zu einem gewissen Grad ist es ihnen
möglich zu lernen. Nur in speziellen Fällen sind geistig Behinderte
nicht imstande, die einfachsten körperlichen Tätigkeiten auszufüh-
ren und zu lernen.

Es ist also falsch zu sagen, Selbsttötung sei eine verantwortungslose Handlung. Jeder, der seinem Leben selbst ein Ende setzt, ist mehr oder weniger für seine Tat verantwortlich. Er ist mental mehr oder weniger aktiv bewusst, wie verwirrt seine Mentalität zeitweise auch sein mag. Wer sich erschießt, vergiftet oder auf andere Weise Selbsttötung begeht, vollbringt eine Tat, für die er karmisch bis in die letzte Konsequenz zur Rechenschaft gezogen wird. Er ist *selbst verantwortlich* für seine Tat. Die Naturgesetze werden mit striktester Unparteilichkeit gegenüber seiner Handlung auf ihn zurückwirken, denn die Natur kennt weder Begünstigung noch Furcht. Die Naturgesetze können nicht außer Kraft gesetzt werden, nur weil uns ihre Funktionsweise irgendwann nicht gefällt. In Wirklichkeit mögen wir sie manchmal einfach deshalb nicht, weil wir sie und ihre unerbittlich gerechten und unbeugsam automatisch vollzogenen Tätigkeiten – „automatisch", wie sie uns halbblinden Menschen normalerweise erscheinen – nicht verstehen.

Jeder Mensch wird mit einem gewissen Vorrat an Vitalität geboren, die einen Teil seiner Konstitution ausmacht. Tatsächlich kann ein Mensch daher nicht eher sterben, das heißt nicht wirklich „tot" sein, bis sein Vorrat an Lebenskraft bis zum letzten Tropfen, bis zur letzten Schwingung, bis zum letzten Rest der Energie erschöpft ist. Ein Beispiel mag dies verdeutlichen: Ein Motor wird so lange weiterlaufen, bis der Vorrat oder die Reserve an Kraft vollständig aufgebraucht ist. Wer sich also seines physischen Körpers mit Gewalt entledigt, indem er ihn tötet, bleibt dennoch in und auf inneren Plänen ebenso intensiv wie zuvor bestehen. Er befindet sich nun jedoch in einem Zustand, der um vieles schlimmer ist, als es sein Zustand während seiner Verkörperung auf Erden war. Das ist deshalb so, weil auf den inneren Plänen noch alles von dem Menschen vorhanden ist, mit Ausnahme des physischen Körpers, der jetzt „tot" ist. Durch die Tat des Selbstmordes hat er sich in einen Bewusstseinszustand gebracht, in dem er den Akt des Selbstmordes unter zunehmendem mentalen Entsetzen so lange ständig wiederholt, bis die Zeit naht, da sein

Vorrat an Vitalität aufgebraucht ist. Dann kommt für ihn gesegnetes Vergessen, bis die Reinkarnation des mit Sünde befleckten Egos von Neuem auf Erden stattfindet.

In Bezug auf den Selbstmörder kann kurz Folgendes hinzugefügt werden: Der Akt des Selbstmordes bedeutet den zeitweiligen Verlust des spirituellen und intellektuellen Haltes, den er erleidet. Auf die begangene Handlung setzt – je nach individuellem Fall – sofortige Bewusstlosigkeit für eine kürzere oder längere Zeit ein. Dieser folgt ein langsames oder auch schnelleres Erwachen in der Astralwelt, dem Kâma-loka. Das Bewusstsein des Egos ist mit dem Schrecken und dem Entsetzen über die begangene Tat gestempelt, sodass es in seiner Tätigkeit oder Funktion den Akt des Selbstmordes wieder und immer wieder von Neuem wiederholt. Das Bewusstsein wurde durch die Tat so beeindruckt, dass es nun gezwungenermaßen höchst aktiv ist. Diese sich wiederholende Tätigkeit wird mit stetig abnehmender Intensität bis zu dem Zeitpunkt fortgesetzt, an dem der normale Tod des Menschen eingetreten wäre, das heißt also, bis sein Vorrat an Vitalität erschöpft ist. Im Anschluss hieran versinkt er wieder in Bewusstlosigkeit. Das höhere Ego aber, das bis dahin auf den niederen Plänen unbewusst gewesen ist, befreit sich von den niederen Teilen seiner Konstitution und gleitet allmählich in den glückhaften devachanischen Zustand hinüber. In vollkommenem Frieden und von unaussprechlichem Glück erfüllt verbleibt es darin und braucht seinen Vorrat an angehäuftem höheren Sehnen und Verlangen auf, bis die Zeit für die nächste karmisch bedingte Wiederverkörperung auf Erden gekommen ist.

Die Fortsetzung der sich immer und immer wiederholenden Tat des Selbstmordes – die die letzte selbstbewusste Tat auf Erden war, der letzte Akt des Bewusstseins – ist die Folge der Selbsttötung des physischen Körpers, die für die innere Konstitution des Betroffenen einen erheblichen Schock bewirkt hat, da sein höherer Teil von dem niederen Teil sozusagen weggezerrt wurde. Insbesondere der niedere Teil ist jedoch in diese unaufhörliche Wiederholung mit dem damit verbundenen Entsetzen über die Tat des Selbstmordes verwickelt.

Es ist nur natürlich, dass als Folge des Todes des physischen Körpers augenblicklich vorübergehend vollständige Bewusstlosigkeit auf
allen Plänen eintritt. Dies geschieht analog dem Einschlafen, das vorübergehende, doch sofortige Bewusstlosigkeit in sich schließt, bevor
die Periode des Träumens beginnt, die unruhig und schrecklich oder
friedlich und glücklich sein kann. Ebenso wie der Träumer den regel-
losen Einfällen des Bewusstseins in der Traumwelt unterworfen ist,
die allein das physische Gehirn des Träumers beeinflussen, folgt nach
dem Tode und seiner vorübergehenden sofortigen Bewusstlosigkeit
eine Aufenthaltsperiode im Kâma-loka, während der der niedere Teil
des Bewusstseins seine Träume hat: unruhige im Fall von schlechten
Menschen und fast nicht vorhandene oder unmerkliche im Fall des
höherstehenden Menschen mit hochentwickelter Spiritualität. War
der Selbstmörder ansonsten ein Durchschnittsmensch mit ethisch geprägten Neigungen, gleitet er nach der zeitweiligen Bewusstlosigkeit
während des Todes und nach den üblen Träumen im Kâma-loka – die
individuell erheblich variieren – schließlich in den Zustand des Devachan, in dem er so viel Frieden und Erholung genießt, wie er sich in
dem vergangenen Leben auf Erden verdient hat. War der Selbstmörder jedoch ein sehr schlechter, stark materialistisch geprägter Mensch,
der wenig Gutes aufzuweisen hatte, dann ist das Devachan entsprechend kurz; doch diese Fälle sind selten.

Zu diesem schwerwiegenden Thema kann für die leidtragenden An-
gehörigen noch etwas gesagt werden, das sie trösten mag, ja trösten
wird: War derjenige, der Selbstmord begangen hat, schon älter, sodass das Ende seines physischen Lebens bald auf natürliche Weise
eingetreten wäre, und war er überdies ein durchaus gutherziger und
friedvoller Mensch, dann ist die Periode vor dem Devachan, das heißt
sein Zustand im Kâma-loka, nur kurz, das Devachan selbst wird entsprechend schön und sehr friedvoll wie auch von wesentlich längerer
Dauer sein.

Wird Selbstmord von jungen Leuten begangen, kann das Devachan –
wie aus den vorhergehenden Abschnitten ersichtlich ist – der Verfah-

rensweise der Natur entsprechend nicht eher beginnen, als bis die
ziemlich lange Zeit nach dem Abwerfen des physischen Körpers ver-
strichen ist, also die Zeit, die natürlicherweise auf Erden durchlebt
worden wäre, wenn die Tat der Selbsttötung nicht erfolgt wäre.

Das Motiv für die schreckliche Tat der Selbsttötung spielt eine sehr
bedeutende Rolle, weil es ausschlaggebend für die Beschaffenheit und
Art des Aufenhalts im Kâma-loka ist. Wurde der Akt der Selbsttötung
aus Mangel an Kenntnis der Naturgesetze und aufgrund verwickelter
emotionaler Neigungen und fehlgeleiteten Denkens vorgenommen,
ist die Tat der Selbsttötung offensichtlich sehr viel weniger von dem
schweren moralischen Stigma behaftet, das vorhanden ist, wenn den
Betreffenden lediglich Schwäche und Angst vor Eigenverantwortung
zur Tat getrieben haben.

In all diesen Fällen sind die Selbsttötung und daher auch die sich
daraus ergebenden Folgen ausnahmslos eine Sache des Bewusstseins
und seines Wirkens. War das Bewusstsein zu Lebzeiten im Großen
und Ganzen untadelig, werden die nachtodlichen Konsequenzen des
Selbstmordes entsprechend weniger schrecklich sein. War es aber von
niederen Gedanken verdorben, von übler Leidenschaft, moralisch
verantwortungslos oder mit ähnlichen negativen Einflüssen behaftet,
sind die Resultate und nachtodlichen Folgen dementsprechend grau-
envoll und mit Finsternis belastet. Denn das muss noch einmal betont werden: Es ist allein das Bewusstsein, das tätig ist und leidet, da
es sich für die Selbsttötung entschied. Daher ist es das Bewusstsein,
das konsequent die Resultate aus vergangenen Handlungen trägt und
somit die Beschaffenheit und Art der Zustände bestimmt, die im
Kâma-loka folgen.

Geht man Unfällen oder plötzlichen gewaltsamen Todesfällen auf
den Grund, die zum Beispiel in Kriegen erfolgen, verdeutlichen sich
die beschriebenen Zusammenhänge. Der Tod guter Menschen bei einem Autounfall oder durch die Tat eines Gewaltverbrechers bringen

den Menschen, die auf diese Weise ihr Leben verloren, keine schlechten Folgen. Ihr Devachan wird schließlich entsprechende Entschädigungen für sie bereithalten. Dennoch kann das Devachan nicht eher stattfinden, bevor die natürliche Lebenszeit des vorzeitig Verstorbenen abgelaufen ist, die durch den Vorrat an Vitalität verursacht wird, der der Konstitution des Verstorbenen innewohnt. Das ist Naturgesetz. Dieser Vorrat an physisch-astraler Vitalität muss in allen Fällen erschöpft oder aufgebraucht sein, bevor das sich wiederverkörpernde Ego die niederen Teile seiner Konstitution abwerfen und sich von ihnen frei machen kann.

V

Im Folgenden wird nun wieder das allgemeine Thema des vorliegenden Kapitels aufgenommen. In Verbindung mit der Wiederverkörperung wird oft die Frage gestellt: Reinkarnieren auch die Tiere? Die Antwort lautet: Ja. Tiere reinkarnieren oder wiederverkörpern sich genau wie alle anderen „beseelten" Wesenheiten, die Menschen einbegriffen. Denn ein Tier hat, oder besser gesagt, ist ein Strahl einer sich wiederverkörpernden Monade, ebenso wie jede andere individualisierte und sich wiederverkörpernde Wesenheit, zum Beispiel der Mensch. Es bestehen jedoch gewisse wichtige Unterschiede zwischen der menschlichen Reinkarnation und der der Tiere. Der Mensch ist ein mehr oder weniger stark individualisiertes und erwachtes Ego, was das Tier nicht ist. Bei Tieren steht die erwachende Egoität, oder anders ausgedrückt, die Aktivität des mânasischen Bewusstseins, erst in seinen elementaren Anfängen. Die Folge hiervon ist, dass die Menschen, oder besser ausgedrückt, menschliche Egos, als mehr oder weniger individualisierte Egos reinkarnieren, jedes mit einem individuellen Charakter, daher mit einem individuellen Ego-Karma. Das menschliche Ego besitzt infolgedessen Willenskraft oder freie Wahl, intellektuelles Unterscheidungsvermögen,

Urteilsfähigkeit und moralischen Instinkt, der seine endgültigen Entscheidungen für Gut oder Böse leitet. Alle diese Fähigkeiten existieren zwar auch in den Tieren, sind aber lediglich latent vorhanden,
sie existieren in den Tieren nur erst im Umriss als schwache Andeutungen.

Steigt man auf der Lebensleiter noch weiter hinab zu dem tieferste-
henden Pflanzenreich, so ist ersichtlich, dass sich auch die Vegeta-
tion wiederverkörpert, und ebenso wiederverkörpern sich die Atome in ihrer besonderen Sphäre. Doch in keinem Naturreich unterhalb des menschlichen sind die individuellen Wiederverkörperungen
Reinkarnationen von mehr oder weniger entwickelten Ego-Seelen,
wie dies bei den individualisierten Menschen der Fall ist.

Das Tier reinkarniert als dicht umhüllter und nur schwach leuchtender monadischer Strahl, dem die bestimmten Attribute und Fähigkeiten eines weiter entwickelten Individuums und eines mehr oder
weniger moralischen Charakters fehlen, weil die Evolution diese Attribute und Fähigkeiten noch nicht zum Selbstausdruck gebracht hat.
In Analogie hierzu hat ein Säugling noch nicht das hervorgebracht,
was später zu den relativ voll zum Ausdruck gebrachten Fähigkeiten
des Erwachsenen herangereift ist. Man stelle sich für einen Augenblick den Unterschied zwischen einem voll entwickelten Menschen
und einem Säugling vor. Zwischen diesen beiden bestehen gravie-
rende Unterschiede, die allein schon dem noch nicht abgeschlossenen Wachstum zuzuschreiben sind. Der individuelle oder erwachsene Mensch besitzt die angeborene Fähigkeit und Kraft, sich seinen
Weg im Leben auszuwählen. Er ist in der Lage, bestimmte intellektuelle und moralische Entscheidungen zu treffen, mit anderen Worten, den Pfad zur Rechten oder zur Linken zu wählen. Er wählt sich
seine Laufbahn, baut sich eine Familie auf, nimmt beruflich eine ge-
hobene Position ein oder zieht es vor, als Vagabund durchs Leben
zu gehen. Der Säugling tut nichts dergleichen, obgleich er alle noch
unentwickelten Möglichkeiten des Erwachsenen in sich trägt, der er
eines Tages sein wird. Dennoch sind sowohl der Säugling als auch

der Erwachsene Reinkarnationen von egoischen Zentren, den sich wiederverkörpernden Egos. In einem gewissen Sinn kann mit Recht gesagt werden, dass das Tier ein unentwickeltes Ego, ein Baby-Ego ist, so wie der Säugling ein unentwickelter, ein Baby-Mensch ist. Die Pflanze ist noch weniger entwickelt als das Tier, das Mineral-Atom noch weniger als die Pflanze. Der Mensch ist das höchstentwickelte oder -evolvierte Wesen der sieben Naturreiche. Der Mensch steht an dem einen Ende der Lebensleiter und das erste Elementalreich an dem anderen Ende der evolutionären Reihe, das heißt an dem Anfang der siebenfältigen Lebensleiter.

VI

Die Ursachen, die ihrerseits wieder fruchtbar werden, das heißt Wirkungen zur Folge haben und wiederholte Verkörperungen hervorrufen, wurden so offen besprochen, wie dies mit Rücksicht auf den sehr fachspezifischen und oft sehr tiefgehenden Charakter des vorliegenden Studiums möglich ist. Ebenfalls wurden die unvermeidbaren und sehr unterschiedlichen Verhältnisse der nachtodlichen Existenz einschließlich der Natur des Devachan und seiner jeweiligen Dauer betrachtet. In anderen Bänden dieses Werkes[1] wurde – besonders in denen, die von evolvierenden und revolvierenden Seelen, von Himmeln und Höllen sowie von den Schicksalsgeweben handeln – den mannigfaltigen nahe verwandten Zweigen oder Aspekten des allgemeinen Themas ausführlicher nachgegangen. Bevor dieses Studium aber abgeschlossen wird, erscheint es ratsam, die Aufmerksamkeit noch auf eine äußerst wichtige Tatsache zu lenken, die geradezu als die Grundlage betrachtet werden kann, auf der dieser Zweig der Theosophie beruht: Der Mensch ist nicht nur ein Brennpunkt, ein Kraftzentrum

---

[1] Gottfried von Purucker: *Der Mensch in der Unendlichkeit.* Hannover, 2022. *Mit der Wissenschaft hinter die Schleier der Natur.* Hannover, 2020 (d. Hrsg.).

spirituellen, intellektuellen und psycho-vitalen Charakters, vielmehr ist er auch ein Brennpunkt, von dem viele Formen der vitalen, astralen und physischen Eigenschaften der menschlichen Konstitution ausströmen, um sich zu manifestieren. So gestaltet der Mensch sein eigenes Schicksal; er verfängt sich in den Schlingen des Gewebes seines Daseins, seines Selbst-Ausdrucks. Auf diese Weise erzeugt er für sich selbst nicht nur die äonenlange Wanderung, die ihn durch die Sphären führt. Er erzeugt für sich auch die Körper und Wohnsitze, in die er eintritt und in denen er in den mannigfaltigen Welten oder Sphären wohnt.

Ein wichtiger Punkt sollte zudem beachtet werden: *Der Mensch empfängt genau und exakt das, wonach er selbst verlangt.* Er kann sich mit der Zeit zum Spirituell-Göttlichen erheben, das er im langen Evolutionsverlauf schließlich auch tatsächlich eines Tages erreichen wird. Doch während er auf diese großartige Vollendung menschlicher Evolution hinarbeitet, kann er sich ebenso gut auch in die verschiedenen Tiefen ehrloser Existenz hineinbegeben. Das ist der Kerngedanke hinter dem alten Ausspruch: „Wie man im Herzen denkt, so ist man." Dieser Ausspruch ist derart tiefgehend und bedeutungsschwer, dass sein eigentlicher Sinn verloren gegangen zu sein scheint. Es ist die *Richtung*, die wir unseren Gedanken und Wünschen geben, die unabänderlich und in jedem Fall nicht nur unser Schicksal bestimmt, sondern auch den Pfad, dem wir folgen. Sie bestimmt die Fallstricke, auf die wir stoßen, oder das Glück, das nicht von ungefähr zu uns kommt, sondern das wir uns auf unserer Wanderung die Zeitalter hindurch selbst bereiten.

Dieser Kerngedanke wurde kaum jemals besser wiedergegeben als von einem frühen Hindu-Schriftsteller, der vermutlich noch vor der Zeit des großen Pânini gelebt hat. Dieser Gelehrte der alten Geschichte ist unter dem Namen Yâska bekannt. In seinem *Nirukta* (X, 17, 6) spricht Yâska diesen Gedanken klar und kurz folgendermaßen aus:

यद्यद् रूपम् कामयते देवता तत्तद्देवता भवति ।

Yadyad rûpaṃ kâmayate devatâ,
tattad devatâ bhavati.

Übersetzt lauten seine Worte: „Nach welchem Körper (oder nach welcher Form) sich ein göttliches Wesen sehnt, eben dieser Körper (oder diese Form) wird das göttliche Wesen." Der Leser wird gebeten zu beachten, welcher Nachdruck auf dem Sanskrit-Verb *bhavati*, das heißt „wird", liegt. Hier ist der Kerngedanke der Lehre exakt und treffend wiedergegeben.

Das sich wiederverkörpernde Ego vollzieht seine Wanderungen durch die Welten und Sphären, steht jedoch nicht, wie im Westen fälschlich behauptet wird, außerhalb des Universums. Denn das ist ihm einfach nicht möglich. Das Ego tritt daher auch nicht lediglich in Körper nach Körper ein, sondern es *wird* vielmehr aufgrund seines vergangenen Karmas, das die Gesamtsumme seiner selbst ist, zu der Wesenheit, nach der es Verlangen gehabt und nach der es sich gesehnt hat. Hierdurch wird das Ego veranlasst, Körper anzunehmen, deren Charakteristika und Qualitäten exakt seinem inneren Drang entsprechen. Es wird geradezu in diese Körper hineingezogen und vereinigt sich so eng mit ihnen, dass es tatsächlich zu ihnen wird. Das Ego hat sich danach gesehnt, weil es das Verlangen gehabt hat, jene Körper anzunehmen. Hierdurch liefert es ein Beispiel für die unbedingte Gerechtigkeit Karmans.

In dieser tiefen Naturwahrheit liegt auch der Grund, warum die latenten karmischen Samen von Impulsen, Eigenschaften und Gefühlen, die aus vergangenen Manvataras herübergekommen sind, die wandernde Monade antreiben, ihre äonenlange Reise zu den Welten der Form und Materie zu unternehmen, um sich Zeitalter um Zeitalter mit ihnen zu identifizieren. Schließlich wird die Monade durch ihr eigenes inneres Sehnen und Verlangen nach höheren Dingen angetrieben und angespornt, in die spirituelleren Welten und Sphären des Geistes zurückzukehren. Hierin ist also der Schlüssel zum Verständnis dessen zu finden, warum die spirituelle Monade in die „Materie hinabfällt" und später wieder daraus emporsteigt, um mit der Zeit eine voll evolvierte und völlig selbstbewusste Gottheit zu werden.

Der gleiche subtile und tiefgründige Zusammenhang lässt auch erkennen, warum das *sich wiederverkörpernde Ego* einerseits zu den Himmeln und andererseits zu den Höllen hingezogen wird.[1] Abschließend kann noch hinzugefügt werden, dass dieselbe Regel, dieselbe Gesetzmäßigkeit der Natur auf alle nur denkbaren Wesenheiten Anwendung findet. Auch wenn diese Naturtatsache hier nur kurz skizziert werden konnte, wird der Leser die Ursache für die wunderbare Mannigfaltigkeit und die differenzierte Aktivität erkennen, die die manifestierten Welten zu so überwältigend geheimnisvollen, oft eigenartig schönen und manchmal aber auch furchterregenden Lebenssphären oder -welten macht.

In der Wiederverkörperung liegt die einzigartige Chance für alle Menschen, der weitere, ja unzählige Chancen für Fortschritt und Weiterentwicklung folgen werden. Da diese wiederholten Gelegenheiten in zyklischer Folge in Leben um Leben des reinkarnierenden Egos fortlaufend wiederkehren, bieten sie diesem immer wieder Gelegenheit, durch sich wiederholende Erfahrungen zu lernen und zu evolvieren. Durch diese stets wiederkehrenden Gelegenheiten und durch das unaufhörliche Entfalten der Kräfte und Fähigkeiten der *spirituellen Monade* im Innern sind die Großen das *geworden,* was sie waren und was sie *sind.* Denn diese Universale Bruderschaft existiert auch heute noch auf Erden. Sie wirkt unter den Menschen zu deren Wohl und evolutionärer Entfaltung, obwohl sie in der Stille tätig ist und der Öffentlichkeit unbekannt bleibt.

---

[1] Siehe auch: Gottfried von Purucker: *Mit der Wissenschaft hinter die Schleier der Natur.* Hannover, 2020, Kapitel 5 und 6 (d. Hrsg.).

Ebenso wie wir auf Erden nach einem langen, erholsamen Nacht-
schlaf des Morgens erwachen, erwacht auch das sich wiederverkörpernde Ego mit seiner menschlichen Seele, die bereits erwähnte
„Zwischenwesenheit". Sie kehrt wieder in die Sphären selbstgebore-
nen Bewusstseins zurück, in denen sie einstmals die Samen früherer
Betätigung in die Gefilde irdischen Lebens gesät hat. Das Ego wird
mit seiner menschlichen Seele durch persönliche psycho-magnetische
Anziehungen angezogen. Es könnte auch gesagt werden: psycho-
mentale Anziehungen ziehen sie hierher wie der Magnet das Eisen
an sich zieht oder umgekehrt. Selbst dann, wenn sich das höhere
geistige Selbst der Konstitution zeitweilig jenseits des Sirius, des Po-
larsternes oder jenseits der äußersten Grenzen des bekannten Weltraums aufhält, kann die menschliche Ego-Seele nicht die Tätigkeit
der universalen Kräfte einschränken. Sie werden die Ego-Seele immer und immer wieder zu dem Ort früherer Anziehung zurückrufen,
der sich dort befindet, wo der Mensch einst Wirbelwinde oder schö-
nes Wetter gesät hat. Die Samen werden, wenn das reinkarnierende
Ego auf die Erde zurückkehrt, entweder in diesem, in einem folgenden oder in mehreren späteren Leben erblühen, wenn die Schranken
dem Drang innerer karmischer Impulse nach äußerer Manifestation
nachgeben. Die Samen tragen ihre Früchte in dem sich wiederverkörpernden Ego, ihrem Urheber, ihrem „Schöpfer".

Die menschliche Ego-Seele, das heißt das sich wiederverkörpernde
Ego, kann der Anziehungskraft ihres früheren Tuns nicht entfliehen.
Das Ego hat durch seine eigenen Gedanken, Handlungen und leb-
haften Emotionen das Schicksalsgewebe um sich gewoben, das ihm
nun anhaftet, ein Gewebe, das es früher einmal selbst gewebt hat.
Dieses Gewebe ist fest zusammengefügt durch Gedanken und Neigungen, durch zielgerichtete Motivationen, durch Gefühle und un-
erfüllte Wünsche, deren innewohnende antreibende Kraft nach Ausdruck sucht. Alle diese Attribute bringt das Ego auch ins physische
Leben zurück. Wenn diese Bindeglieder dann fest mit dem wach-
senden menschlichen Embryo verknüpft sind, beginnt der Embryo

sogleich seine Entwicklung in die allgemeine Richtung einzuschlagen, in die ihn alle diese Kräfte drängen. Im Laufe der Zeit erblühen dann die bislang latenten „Samen" zu neuen Gedanken, Impulsen, Handlungen, Gefühlen und Wünschen, zu guten oder schlechten. Auf diese Weise formen sie den Charakter des Menschen und ändern ihn, sodass er nicht mehr wie der vorher gewesene ist. Jede Wiedergeburt bringt der inkarnierenden Ego-Seele eine neue Chance, etwas anderes, etwas Neues zu lernen. Das allgemeine Resultat hiervon ist allmählicher Fortschritt und Wachstum zu edlerer intellektueller und spiritueller Manifestation der menschlichen Monade in unserem Wesenskern, die letzten Endes unser wirkliches, ewiges SELBST ist.

Aus dieser Sicht betrachtet ist unser Leben wahrhaftig „jener stille, schmale Pfad", den die Hindu-Upanishaden beschreiben. *Wer diesem Pfad folgt, den führt er zum wahren Herzen des Universums;* und auf dieser wundersamen Reise findet das große Suchen aller menschlichen Seelen seine Erfüllung.

Kapitel 5

Leben in Theorie und Praxis – I

Das 19. Jahrhundert hat seinem Kind, dem 20. Jahrhundert, ein Vermächtnis hinterlassen, an dem die Welt noch heute krankt. Doch überall waren Anzeichen vorhanden, die die Befreiung aus seiner unseligen Herrschaft auf geistigem, intellektuellem und moralischem Gebiet ankündigten und die einen Aufstieg in eine freiere, edlere Atmosphäre deutlich erkennen ließen. Es war ein hartes, bitteres Jahrhundert, das 19. der sogenannten christlichen Ära, ein Jahrhundert, in dem jeder edle Instinkt der menschlichen Seele schweren Tribut an die mehr oder weniger elementare niedere Natur des Menschen zahlen musste.

In der uns bekannten Geschichte gibt es wohl keine einzige Zeitspanne von 100 Jahren, die durch die Berichte moralischer Verfehlungen so schwer gezeichnet ist. Das 19. Jahrhundert ist von dem fast ungehinderten Vorwärtsdrängen reiner Selbstsucht und des Machtstrebens – ohne Rücksicht auf Gemeinwohl und Nutzen für die Menschheit – in allen menschlichen Angelegenheiten sehr geschwärzt. Es war ein selbstzufriedenes, selbstgefälliges und äußerst egoistisches Zeitalter. Die Menschen bildeten sich ein, sie hätten den Gipfel allen nur möglichen Wissens in Bezug auf Religion, Philosophie und Wissenschaft erreicht – oder doch fast erreicht. Moral und geistige Aktivität wurden größtenteils einem Kampf untergeordnet, bei dem es um rein materiellen Wohlstand und Kommerz ging, der mit nationalem und politischem Eigennutz verbunden war. Die Folge hiervon war das grauenvolle, lasterhafte Ringen der Menschen gegeneinander, von Nation gegen Nation, das 1914 in der fast weltweiten psychischen Feuersbrunst seinen Höhepunkt erreichte.

Die intensive Konzentration der Menschen – besonders in den westlichen Ländern – auf persönlichen Vorteil und Gewinn, ungeachtet des Gemeinwohls, war nur eine logische Folge der äußerst unmoralischen Maßstäbe, die in allen Zweigen der Gesellschaft die Oberhoheit gewonnen hatten.

Einige der bedeutendsten wissenschaftlichen und philosophischen Denker, die ebenso sehr Kinder des 20. Jahrhunderts waren, wie ihre Vorgänger Kinder des 19., zögerten nicht, ihre Meinung hinsichtlich der Fehler wie auch der sogenannten Tugenden der letzten Jahre offen auszusprechen, besonders aber über die des 19. Jahrhunderts, das sich so gern das „Jahrhundert des Fortschritts" nannte.

Das folgende Zitat aus A. N. Whiteheads Buch *Science and the Modern World,* S. 256 f., ist kennzeichnend sowohl für diesen Wandel in der menschlichen Psychologie als auch für die vorwärtsgewandte Perspektive. Er schreibt:

> Kampf ums Dasein, Wettbewerb, Klassenkampf, Wirtschaftskrieg zwischen den Nationen und militärische Kriegsführung, das waren die Schlagworte des 19. Jahrhunderts. Der Kampf ums Dasein wurde zum Evangelium des Hasses umgedeutet. Die vollständige Schlussfolgerung, die aus einer Philosophie der Evolution gezogen werden kann, ist glücklicherweise ausgewogener. Erfolgreiche Organismen modifizieren ihre Umgebung. Diejenigen Organismen sind erfolgreich, die ihre Umgebung so verändern, dass sie sich gegenseitig unterstützen. Dieses Gesetz findet in der Natur in weitestem Maße seine Bestätigung [...] Ein Wald ist der Triumph einer Organisation von untereinander abhängigen Arten. [...] Der bereitwillige Einsatz von Gewalt hat etwas an sich, das ihren Zweck vereitelt. Ihr hauptsächlicher Fehler ist, dass sie Kooperation verhindert. Jeder Organismus benötigt eine Umgebung von Freunden, die ihn zum Teil vor gewaltsamen Veränderungen schützen, zum Teil mit dem versorgen, woran es ihm mangelt. Das Evangelium der Gewalt ist unvereinbar mit sozialem Leben. Unter *Gewalt* verstehe ich *Antagonismus* im allgemeinsten Sinne.

Auch sonst war das 19. Jahrhundert sehr sonderbar. Es war voller markanter Gegensätze und Widersprüche, die sich rücksichtslos ihren Weg durch das menschliche Leben bahnten. Dennoch schafften sie es, untereinander eine Art friedlichen Einklangs zu bewahren was uns heute nicht möglich erscheint. Hierin liegt eines der geheimnisvollen Rätsel menschlicher Psychologie. Vielleicht haben zu keiner Zeit in der Menschheitsgeschichte je derartige intellektuelle und moralische Widersprüche nebeneinander existiert und sich allgemeiner Anerkennung erfreut, als wären sie vollkommen natürlich und ergänzten einander. Die Folge hiervon wurde schon damals von einigen außergewöhnlichen und brillanten Denkern vorausgesehen: der Einsturz des Hauses, das auf dem Sand unfundierter Theorien gebaut war – besonders der des wissenschaftlich errichteten Hauses –, ließ neben Staubwolken unsagbaren Kummer und Bedauern zurück.

Zurückblickend auf die psychologischen Faktoren des 19. Jahrhunderts, die eine große Rolle spielten, verwundert es, dass im menschlichen Bewusstsein so unvereinbare Elemente jahrzehntelang nebeneinander existieren konnten. Warum wurde ihre gänzliche Unvereinbarkeit nicht früher entdeckt und aufgedeckt, und warum wurden ihre Hohlheit und Verkehrtheit nicht bereits früher bloßgestellt?

Es war ein Zeitalter, in dem der Durchschnittsmensch noch nicht gelernt hatte, seine Unterscheidungskraft zum Ausdruck zu bringen. Einerseits pflegte er gewisse missverstandene religiöse Überzeugungen und akzeptierte sie. Andererseits war er von wissenschaftlichen Theorien und Hypothesen überzeugt, die ebenso unbewiesen waren wie die religiösen Ansichten, beide standen sich jedoch völlig unvereinbar und daher unversöhnlich gegenüber. Der möglicherweise gravierendste Fehler des 19. Jahrhunderts war wohl die Überbewertung unrealer materieller Werte. Dennoch existierte die intuitive Vorstellung, dass die Kräfte des Geistes denen der Materie ausgesprochen zuwiderlaufen, letzten Endes jedoch diejenigen sind, die im menschlichen Leben bleibenden Wert besitzen. Diese Erkenntnis blieb jedoch meist unausgesprochen.

Diese psychologisch unüberbrückbaren Widersprüche waren der schlimmste Makel. Aufgrund des unbewussten Strebens der Menschen nach innerem mentalen Frieden beschwor er eine Gemütsverfassung herauf, die zu den verschiedenen abstoßenden Formen der Scheinheiligkeit und Heuchelei kristallierte. Die menschliche Natur war gespalten. Sie war gegen sich selbst gerichtet durch die nur schwach bemerkten inneren Widersprüche, denen offen entgegenzutreten sich die meisten Menschen weigerten. Ob dies aus moralischer Feigheit geschah oder aus Angst, auf Ablehnung zu stoßen, bleibt noch ein interessantes Problem, das es zu lösen gilt.

Zu anderen hauptsächlichen Übeln des 19. Jahrhunderts gehörte die Anbetung von Gewalt und Macht, wie sehr sie auch hinter wortreichem, scheinheiligem Dünkel und Moralpredigten über unfehlbare ethische Tugenden verborgen wurde. Ebenso wurden auch gedankenlos die edlen, erhabenen Lehren des großen Avatâras Jesus wiederholt: die Notwendigkeit der praktischen Ausübung der Nächstenliebe und gutherziger Gerechtigkeit besonders den Schwächeren gegenüber! Zwar hatten alle die unpersönliche, brüderliche Liebe auf den Lippen, doch die Praxis lief diesen edlen Lehren sowohl in internationalen Angelegenheiten als auch in nationalen, sozialen und politischen Beziehungen entgegen. Es war ein Jahrhundert, in dem die Anbetung der Gewalt – unter welcher Verkleidung sie sich auch verbarg – überall zu erkennen war. Ständig wurde jedoch versichert: „Recht ist Macht", doch in der Praxis galt fast immer: „Macht ist Recht". Damals wie heute gilt jedoch, dass die einzige rettende Tugend in den Beziehungen sowohl zwischen Mensch und Mensch als auch zwischen Nation und Nation der unbeugsame Wille ist, allen gegenüber Gerechtigkeit zu üben, und zwar ohne Rücksicht auf eigene Interessen. Diese ohne Beachtung zeitweiliger Verluste verfolgte Politik, die Ausübung unpersönlicher Liebe, ist das Einzige, was auf Erden Frieden bringen kann. Sie kann allen Menschen und jeder Kultur, die dieses Namens wert ist, stabile Grundlagen sichern. Der Grund hierfür ist offensichtlich: Unpersönliche Liebe hat nicht

das Geringste mit rührseliger Sentimentalität zu tun. Sie wirkt verei-
nigend, weil sie anziehend ist, und nicht entzweiend, weil sie nicht
wie Selbstsucht und Hass trennt. Philosophisch gesehen ist dies der
einzige Kurs, der eingeschlagen werden kann – er basiert auf den un-
umstößlichen, unentrinnbaren Gesetzmäßigkeiten kosmischer Harmonie.

Den unsterblichen Göttern sei Dank, dass sich die in den Anregungen
des obigen Textes enthaltenen Gedanken verbreiten. Sie finden in Herz
und Verstand nachdenklicher, intuitiver Menschen Aufnahme. Seit dem
Ende des Ersten Weltkriegs sind viele Bücher zu verschiedensten Themen geschrieben worden, die alle demselben Grundgedanken folgen.
Als treffendes Beispiel mag der folgende Auszug aus *The Power of Non-
violence* (1934), S. 229 f., von Richard B. Gregg dienen:

> Lieben heißt, die Einheit allen Lebens und aller Dinge zu spüren
> und sie so stark zu spüren und zu erkennen, dass alle Menschen
> in unserer Umgebung sie – wenn vielleicht auch nur schwach –
> allmählich ebenfalls spüren und dadurch ein stärkeres Bewusst-
> sein der Einheit und Sicherheit bekommen. [. . .] Zu leben, als
> seien wir ewig, heißt, in der Liebe zu leben. Liebe schenkt uns
> Furchtlosigkeit, Offenheit, Freiheit und Wahrheit.

Der Geist des 19. Jahrhunderts war angriffslustig, egoistisch und selbst-
zufrieden in seinem Gefühl hoher Überlegenheit. Er war zudem durch
und durch psychologisiert von der völlig falschen Vorstellung, dass alles
Weitere, was der Fülle des Wissens noch hinzugefügt würde, nur eine
bloße Vermehrung dessen sei, was wissenschaftlich schon bekannt ist –
der reinste Unsinn.

Eine spätere Generation von Wissenschaftlern, die heute so glänzend
die Vorhut wissenschaftlicher Forschungsarbeit führt, ist zur Nemesis der
Wissenschaft des 19. Jahrhunderts geworden. Sie leitete eine Revolution
oder einen vollständigen Umsturz dessen ein, was im letzten Jahrhundert
als für alle Zeit fest und sicher bewiesen galt.

Für den Durchschnittsmenschen des 19. Jahrhunderts war es sehr
wahrscheinlich, dass Leben und Tod sehr unterschiedliche, gegen-
sätzliche Vorgänge sind anstatt zwei Aspekte ein und derselben Sache – doch das sind sie tatsächlich: ein Übergang der evolvierenden
und revolvierenden, wandernden menschlichen Monade in die Erdsphäre hinein und wieder aus ihr heraus. Anders ausgedrückt: der
Tod ist nur eine der Funktionen des Lebens. Der eigentliche Gegensatz zum Tod ist nicht „Leben", sondern Geburt. Die Geburt bezeichnet den Eintritt in die Sphäre der Erdanziehungen, der Tod den
Austritt aus ihr.

Im 19. Jahrhundert war für alle Zweige der Gesellschaft eine intensive Konzentration des Denkens, der Imagination und Aktivität fast
ausschließlich auf die Angelegenheiten des materiellen, physischen
Lebens charakteristisch. Jene Fähigkeiten der menschlichen Seele,
die zu der höheren Konstitution des Menschen gehören, wurden fast
vollständig vernachlässigt. Dies war im Grunde genommen für jene
Geisteshaltung verantwortlich.

In heutiger Zeit haben sich die Ansichten der Menschen enorm gewandelt, und zwar weit mehr, als sich der Durchschnittsmensch des
20. Jahrhunderts vorstellen kann. Das Abwerfen alter wissenschaftlicher Hemmungen und vorgefasster Meinungen hatte ihre höchste
Blütezeit in den letzten Jahren des 19. Jahrhunderts erreicht. Sie er-
öffnete den Forschern der modernen Wissenschaft derart neue, bis
dahin unbetretene Gefilde des Denkens und Forschens, dass eine Psychologie die Oberhand gewann, die völlig neu war im Vergleich zu
der, die vor 40, 30, ja selbst noch vor wenigen Jahren prägend war.[1]

Einige der berühmtesten Wissenschaftler bringen heute hinsichtlich
der Natur der Materie sowie der elementaren Kräfte und Substanzen
des Universums Gedanken zum Ausdruck, die eine zunehmende Anerkennung fundamentaler Grundsätze durch die Naturwissenschaft

---

[1] Dieser Bezug wurde von Gottfried von Purucker im Jahr 1935 veröffent-
licht (d. Hrsg.).

bedeuten, wie sie in der Theosophie verankert sind. Die hauptsächliche Sichtweise, die von vielen sehr fortschrittlichen Wissenschaftlern angenommen wird, ist die, dass die Essenz des Seins Geist-Stoff ist oder kosmisches Bewusstsein, wie zu Recht gesagt werden kann. Das ist tatsächlich ein enormer Fortschritt gegenüber dem alles leugnenden, alles verneinenden Materialismus, der am Ende des 19. Jahrhunderts fast allgemein akzeptiert wurde. Von einem „kosmischen Mathematiker" oder einem „kosmischen Künstler" zu reden ist zwar eine äußerst unvollkommene Ausdrucksweise, aber sie ist eine Annäherung an die weit tiefere Bedeutung und ein großer Schritt vorwärts in Richtung Theosophie. Es kann sehr gut angenommen werden, dass im Laufe einiger Jahre die Vorstellungen dieser wirklich großen Wissenschaftler, Mathematiker und anderer, noch enger an die Grenzgebiete des Denkens göttlicher Weisheit herankommen werden.

> Jeans erkennt den Zusammenbruch der mechanistischen Hypothese, macht aber keinen ernsthaften Versuch, sie zu ersetzen. Er meint, dass es „der Finger Gottes" gewesen sein könne, der die Dinge in Bewegung gebracht hat. Aber ich glaube nicht, dass Gott ein Glücksspiel betreibt. Weiter sagt Jeans, dass Materie aus einer unbekannten Dimension des Raumes in die Spiralnebel einzuströmen scheine. Doch das ist reiner Obskurantismus.
>
> aus *God*, S. 107, mit freundlicher Erlaubnis des Verfassers, J. E. Boodin, wiedergegeben

Warum? Im Gegenteil, in Fragen wie diesen ist eine Vermutung, besonders wenn sie auf mathematischen Ansichten basiert, ebenso gut wie jede andere gut begründete Vermutung. Jeans' „singuläre Punkte", auf die hier Bezug genommen wird – in anderer Hinsicht die „Layazentren" der Theosophie – sind weitaus philosophischer und vernünftiger im Hinblick auf Entdeckungen über die Eigenschaften der aus Elektronen bestehenden Materie als philosophische Vermutungen von nicht greifbarem Charakter, selbst wenn sie auf intuitive Aussagen des großen Platon zurückgehen.

> Und weiter fällt er [Jeans] in eine romantische Philosophie zurück, die den Kosmos zu einem unwirklichen Schauspiel mit

dem Menschengeist als Zauberer macht. Es ist offensichtlich,
dass eine mechanistische Hypothese, die sich auf anorganische
Materie stützt, keine ausreichende Erklärung für das Universum
sein kann. Das Ganze hängt schwindelerregend hoch in der Luft
ohne vernünftiges Fundament. Es ist richtig, dass die für die
kosmische Evolution vorgesehene Zeitspanne ungeheuer groß
ist im Vergleich zu unserem menschlichen Leben. Doch dies
sollte uns nicht über die Sinnlosigkeit des Ganzen hinwegtäu-
schen. Wenn wir die mechanistische Hypothese als Philosophie
akzeptieren, führt sie uns in den intellektuellen Bankrott. Sie erfordert ein Wunder, um die Welt in Bewegung zu setzen, und
bietet kein Versprechen für die Zukunft außer universalem Tod.

ebenda, S. 107 f.

In diesem Auszug aus dem überaus lesenswerten und interessanten Werk
des inzwischen zu Recht bekannten Professors der Philosophie an der ka-
lifornischen Universität zu Los Angeles berührt Boodin direkt den wun-
den Punkt – die Achillesferse –, der allen mechanistischen Theorien über
das Universum unvermeidlich anhaftet. Tatsache ist, dass die mechanistische Hypothese ein „Wunder" erfordert, das noch wunderbarer ist als die
Wunder irgendeiner Religion. Denn wie kann tote, gefühl- und seelenlose Materie, die sinnlosen, dem Zufall überlassenen Handlungen folgt,
Harmonie und Gesetz hervorbringen? Wie können Regelmäßigkeit und
Folgerichtigkeit, Bewusstsein und Intelligenz, Denkvermögen, Liebe und
Moralgefühl aus toter Materie hervorkommen – und wie können diese
Attribute gemäß den Hypothesen und Theorien überall gefunden wer-
den? Das strapaziert die Leichtgläubigkeit mehr als die Annahme, ein
„Gott" oder „Götter" hätten das Universum aus dem „Nichts" oder aus
sich selbst heraus geschaffen.

In der Theosophie wird nirgends die Möglichkeit von „Wundern" gelten
gelassen, sofern sie eine Handlung oder ein Vorkommnis bedeuten, das
der universalen Natur zuwiderläuft. Aus diesem Grund weist der Theosoph in voller Übereinstimmung mit Boodin die materialistische und mechanistische Hypothese zurück, und er weist ebenfalls die „Wunder"-
oder Kreationismus-Theorie der Monotheisten zurück. Professor Boodin
hat so weit zweifellos Recht. Ein so brillanter Denker könnte ebenso ein
Theosoph sein.

I

Das 19. Jahrhundert, auf das in unseligem Andenken geschaut wird, ist jedoch nicht das einzige Zeitalter, in dem die Ansichten über die Vorgänge von Leben und Tod sehr verworren und merkwürdig konfus waren. Auch ist es nicht die einzige Zeitperiode, in der der Einfluss der materialistischen Psychologie die Menschen entgegen ihren besten Intuitionen verunsicherte. Sie führte zu der Annahme, das Leben sei prinzipiell eine Sache, eine empfindungsfähige Existenz, und der Tod nur sein Abschluss und das Finale oder die Vernichtung der fühlenden Wesenheit, die einmal war. Zeitalter hindurch haben ähnliche Vorstellungen in der Welt existiert, die allgemein darauf hinausliefen, dass Leben und Tod sich grundsätzlich voneinander unterscheiden und im Wesentlichen Gegensätze seien: dass „Leben" von Gefühl und Bewusstsein geprägt sei und „Tod" das Entgegengesetzte sei, das beides beendet. Es ist jedoch wahrscheinlich, dass diese Vorstellung in keiner Zeit so allgemein dem menschlichen Bewusstsein mit Nachdruck eingeprägt worden ist wie im 19. Jahrhundert.

Europäische Wissenschaftler und Denker, selbst Theologen und wahrscheinlich alle Philosophen, haben das „Leben" als einen Prozess betrachtet, als das Aufbauen eines Körpers und die Existenz und Tätigkeit der Lebensfunktionen, die dieser Körper manifestiert: beim Menschen durch das Protoplasma der rund 26 Billionen Zellen, aus denen der durchschnittliche menschliche Körper bestehen soll. Den „Tod" aber betrachteten sie als das Zerbrechen, das Auseinanderfallen, als den Prozess der Auflösung und des Zerfalls jener Garbe oder jenes Bündels von Kräften, die während des Lebens – das heißt des physischen Erdenlebens jeder beseelten Wesenheit – ein „Lebewesen" bilden.

Das Vorherige ist wohl richtig. Zu beachten ist jedoch, dass „Leben" und „Tod" lediglich für zwei Prozesse stehen und diese repräsentieren. Wir werden geboren, unternehmen den ersten Schritt in die manifestierte physische Existenz, wir wachsen zur Reife heran – zur vollen Blüte unserer Kräfte – und beginnen dann mit dem Abbau unserer Kräfte, der aufs Engste mit dem Verfall verbunden ist. Dieser endet in Altersschwäche und dem sogenannten Tod, der Auflösung, dem Zerfall des lebenden physischen Körpers. Diese beiden, Leben und Tod, sind offensichtlich Prozesse. Sie sind nicht grundlegende oder unveränderliche Zustände, Bedingungen oder „Dinge an sich". Auch unterscheiden sich „Leben" und „Tod" keineswegs grundlegend voneinander. Derlei völlig unwirkliche Vorstellungen können nicht hingenommen werden.

Leben und Tod sind eindeutig Prozesse, die von dem monadischen Zentrum – das diese beiden Ereignisse durchläuft und erlebt – bei seinem Durchgang durch die physische Sphäre verursacht werden. Strenggenommen sind sie zwei Phasen *eines* Ereignisses. Sie entstehen durch die Veränderungen und die verschiedenen Prozesse der Entfaltung von Wesensmerkmalen, Fähigkeiten und Körpern, die der Monade beim Durchgang durch die physische Sphäre widerfahren. Aus den tiefgehenden Lehren der Theosophie wird ersichtlich, dass der Tod buchstäblich nur ein Übergang in eine andere Lebensphase ist, wobei durch den Übergang auch das Ende der bisherigen Phase herbeigeführt wird. Mit anderen Worten: Der Tod sollte korrekterweise als die Geburt der evolvierenden, revolvierenden und wandernden Wesenheit in andere Welten betrachtet werden. Wird jedoch genauer allein von dem Tod des *physischen Körpers* gesprochen, ist dieser als Übergang in eine andere Lebensphase zu betrachten. Dabei wird das vergangene Leben tatsächlich lediglich unter anderen

Bedingungen und in „neuen" Bewusstseinszuständen fortgesetzt. Besonders über diese Punkte wurde in früheren Kapiteln dieses Werkes bereits sehr viel gesagt.

Leben und Tod sind also zwei Prozesse oder „Ereignisse", besser gesagt, zwei Erfahrungsphasen der einen inneren, leitenden und evolvierenden monadischen Kraft-Substanz, der wandernden Monade. Was nun den größeren Maßstab, das manifestierte Universum betrifft, so sind Leben und Tod zwei Aspekte oder Erscheinungen derselben Tätigkeit der universalen kosmischen Kraft, die in allen Zeitperioden evolutionärer Manifestation diese duale Form annimmt. Doch hinter diesen beiden Prozessen – denn bloße Prozesse sind nicht Dinge *an sich* – steht die Lebenskraft. Es ist der intelligente Drang, die bewusste treibende Kraft oder Energie, die Wesenheiten veranlasst, einem Pfad evolutionärer Entwicklung zu folgen, der bereits latent dem Keim, dem Samen innewohnt – sei dieser nun kosmisch oder einzeln und individuell. Dieser entfaltet durch evolutionäres Wachstum die inhärenten Faktoren der Individualität, die zu Beginn im Kern, im Herzen des Keimes oder Samens der künftigen Wesenheit schlafend liegen.

Was ist nun diese treibende Kraft, dieser intelligente, vitale Drang hinter und in dem Keim? Allgemein gesprochen ist jeder „Keim", jeder „Same" eines der unendlich vielen monadisierten Atome des kosmischen Lebens. Die Worte „kosmisches Leben" sind jedoch nur ein verallgemeinernder Ausdruck. Bei der Betrachtung einer individuellen Wesenheit, zum Beispiel eines Menschen, eines Tieres, einer Pflanze oder eines mineralischen Atoms, ist es nötig, ins Einzelne zu gehen. Dann wird deutlich, dass die treibende Kraft, der innere Drang das Nach-außen-Wirken, der Ausdruck der Lebensenergie ist, die der Monade entspringt und als Strom aus ihr hervorfließt; denn die Monade ist das spirituelle Zentrum, der Kern einer jeden Wesenheit. Dieses spirituelle Zentrum, dieser Kern, ist selbst eine Wesenheit. Es ist eine spirituelle Wesenheit, der seit endloser Zeit die

Charakteristika der Individualität der künftigen Wesenheit innewohnen. Von ihr strömen diese Charakteristika in die evolutionäre Entwicklung, in das Sich-Gestalten der künftigen Wesenheit ein. Hierin liegen, kurz gefasst, die Bedeutung und der allgemeine Sinn der Lehre von „Swabhâva", die in früheren Kapiteln bereits erklärt wurde.

Warum ist eine Eichel immer der Elter einer Eiche? Warum bringt die natürliche Fortpflanzung eines Apfelkerns unabänderlich einen Apfelbaum hervor? Diese Fragen sind nicht unwichtig, auch sind sie nicht lediglich banale Wiederholungen einer allseits bekannten Tatsache. Es sind sehr berechtigte Fragen, die sich direkt an den nachdenklichen Leser richten. Vielleicht sollte mit Nachdruck darauf hingewiesen werden, dass eine so allgemein bekannte Binsenweisheit, die in den beiden Fragen enthalten ist, bis heute – außer versuchsweise in einem Schwall von Worten – noch von keiner westlichen Wissenschaft wirklich erklärt wurde.[1] Die Antwort ist von unermesslich tiefer philosophischer, religiöser sowie wissenschaftlicher Bedeutung: die Lehre von Swabhâva, von der charakteristischen geistig-vitalen Monade. Sie beantwortet diese Fragen und besagt, dass die Eichel, der Apfelkern oder irgendein anderer individueller Same stets seine eigene Art hervorbringt. Dieser Vorgang vollzieht sich unweigerlich aufgrund der innewohnenden charakteristischen Individualität des monadischen Strahles – der monadischen Charakteristik im Herzen des Keimes der Eiche und des Kernes des Apfelbaumes. Was aber wäre, wenn die Samen willkürlich wachsen würden – wenn es keine Kette individualisierter Verursachung gäbe, die unfehlbar Wirkungen und Folgen hervorbringt, die im Einklang mit der „Individualität" stehen und auf vorausgegangene Ursachen zurückgehen – wenn es im Universum keine Gesetzmäßigkeit individueller Fortpflanzung gäbe? Warum sollte dann nicht ein Apfelkern eine Bananenpflanze, ein Pfirsichkern einen Erdbeersprössling hervorbringen, oder warum

---

[1] Es ist vollkommen richtig zu sagen, es liege in der Matrix der Desoxyribonukleinsäure. Doch was oder wer legte diese Matrix nieder (d. Hrsg.)?

könnten wir dann nicht in dem duftenden Schoß einer Rosenknospe winzige menschliche Kinder entdecken?

Wichtig ist also festzuhalten: In jedem Samen, in jedem Keim gibt es einen inhärenten vitalen Drang, der die Reproduktion seiner eigenen Art bewirkt. Mit den Worten der Theosophie: Der innewohnende vitale, charakteristische Drang, der seine spezifische Art zur Manifestation bringt, ist nichts anderes als das Swabhâva einer entsprechenden Monade. In einem „schöpferischen", gestaltenden Fluss emaniert sie einen Strom oder Ströme vitaler Energie aus sich heraus, sendet sie aus sich heraus. Diese swabhâvische Energie wirkt in dem und als der Kern, als das Herz des Keimes, des Samens. Sie gestaltet und formt den Samen in seinen verschiedenen embryonalen und anderen Wachstumsstadien, um für sich das geeignete Vehikel zu reproduzieren, in das sie sich einschließen kann – das heißt in die entsprechende Emanation, in den vitalen Fluss, der der innewohnenden spirituellen Monade entströmt.

Auf diesem Umstand beruht einer der verborgenen Prozesse der Wiederverkörperung und der Reinkarnation. Ebenfalls erklären sich hierdurch auch die Kontinuität im Typus und die verschiedenen Arten, Gattungen, Familien oder Klassen, die die einzelnen Naturreiche zusammensetzen. Hiermit ist ferner der Ursprung der Variation der Arten eng verknüpft, der für Biologen nach wie vor ein großes Problem ist. Diese Ursprünge und spätere Variationen in Raum und Zeit erklären sich mittels der Emanationen, die aus den innewohnenden spirituellen Monaden der verschiedenen Naturreiche in die physische Welt fließen, und jeder dieser Ströme ist durch seine inhärente charakteristische Art, sein Swabhâva, gekennzeichnet. Hierin liegt offensichtlich die Ursache für das Fortbestehen der Arten die Zeitalter hindurch, während denen sie naturgemäß den Modifikationen unterliegen, die durch die evolutionäre Entfaltung hervorgebracht werden. Diese Entfaltung ist – das sollte bedacht werden – ein streng emanationales Entfalten, das Entfalten innerer, bisher schlummernder charakteristischer Merkmale. Genau diese emanationale Entfaltung bringt die sogenannten Ursprünge und Variationen der Lebewesen zustande.

Jede Monade ist ferner ein schöpferisches oder genauer ein emanationales Zentrum, ein während eines Manvantaras ständig aktiver Brennpunkt. Zumindest am Anfang des Manvantaras, das heißt der Zeitperiode kosmischer Manifestation, ergießt die Monade aus ihrem Herzen einen unaufhörlichen Strom, der die im Keim vorhandenen charakteristischen Merkmale enthält. Eine jede dieser keimenden Eigenschaften ist der Ausgangspunkt oder der Ursprung einer neuen Variation, die, wenn sie überlebt und über feindliche Faktoren in der Umwelt die Oberhand gewinnt, sich als eine neue Varietät oder Art oder auch als eine umfassendere Gruppe etabliert.

In diesem Zusammenhang ist jedoch sehr wichtig, Folgendes zu beachten: Da sich das Globenmanvantara auf unserer Erde gegenwärtig auf dem aufsteigenden Bogen befindet, das heißt bereits den tiefsten Punkt des Abstiegs überschritten hat und den Aufstieg beginnt, wird von nun an die verwirrende Vielzahl neuer Arten, die den gesamten Verlauf auf dem absteigenden Bogen charakterisiert hatte, beständig geringer werden. Denn auf dem *aufsteigenden* Bogen dient die gesamte Aktivität der Lebenswogen der Integration und bringt im Laufe der dahinrollenden Zeitalter eine stetig abnehmende Zahl von Arten und Familien mit sich. Auf dem *absteigenden* Bogen hingegen bestand die gesamte Anstrengung der Natur in Differenzierung oder zerstreuender Aktivität, das heißt in dem Hervorbringen enorm vieler spezifischer Variationen des fundamentalen allgemeinen Typs, der, da er monadisch ist, unaufhörlich fortwährt.

Wie bereits gesagt wurde, ist es die monadische Individualität, die individualisierte Charakteristik, die inhärent im Keim oder Samen der künftigen Wesenheit vorhanden ist und diesen belebt. Die monadische Individualität liefert nicht nur den Antrieb oder den Drang, der schließlich das hervorbringt, was im Keim oder in dem Samen selbst enthalten ist, sondern sie leitet und führt auch die Natur und Charakteristik der Wesenheit, die später sein wird oder werden soll. Dieser vitale, intelligente Drang, dieser Antrieb ist das Aggregat von Kräften mehrerer verschiedener Arten, die in dem monadischen Strahl, der aus der Monade selbst hervorkommt, latent vorhanden oder schlafend sind. Das Aggregat von Kräften wird in der Fachterminologie der Theosophie „Jîva" genannt. Die charakteristische Individualität, die der vitalen Energie des monadischen Strahles inhärent ist, prägt unaufhörlich die Wirkungsweise und die Tätigkeit dieses monadischen Strahles in all seinen Funktionen. Sie bringt daher mittels evolutionärer Entfaltung in Zeit und Raum das zum Ausdruck, was bereits involviert oder eingefaltet in der Monade existierte. Evolution ist ein Prozess des Selbst-Ausdrucks einer wandernden Wesenheit in den Welten und Sphären der Materie: ein Prozess, der sowohl in dem, was wir „Tod" nennen, als auch in dem, was wir „Leben" nennen, stattfindet. Jede einzelne Monade bringt durch ihre projizierte Kraft oder den monadischen Strahl eine besondere Lebens-Charakteristik, eine charakteristische Individualität hervor, wickelt sie aus oder entfaltet sie aufgrund von oder durch Emanation. Gleichzeitig mit ihrem Erscheinen prägt diese charakteristische Individualität der evolierenden Substanz oder dem evolierenden Körper – den sie gerade bewohnt – ihre Natur auf. Dadurch erzeugt sie die ungeheuer große Mannigfaltigkeit an Familien, Gattungen, Arten und an Variationen in den uns umgebenden Menschen-, Tier- und Pflanzenreichen. Die Erläuterung in Bezug auf die Tätigkeit der vielen monadischen Strahlen gilt ebenso für die Ursache des Erscheinens jener flüchtigen, die moderne Wissenschaft gegenwärtig so verwirrenden physischen Verkörperungen im Mineralreich, die heute als die etwa 92 chemischen „Elemente" bekannt sind.[1]

---

[1] Heute sind 118 Elemente bekannt, von denen die ersten 94 auf der Erde natürlich vorkommen. 80 Elemente besitzen ein stabiles Nuklid. Das bedeutet, dass bei ihnen radioaktiver Zerfall extrem gering oder nicht nachweisbar ist (d. Hrsg.).

II

Angesichts der Wichtigkeit der mit dem Ausdruck „monadischer Strahl" verbundenen Gedanken erscheint es ratsam zu erklären, was eigentlich mit „monadischer Strahl" gemeint ist, und ferner eine Skizze davon zu entwerfen, wie dieser innerhalb der Konstitution einer menschlichen oder einer anderen Wesenheit wirkt oder tätig ist. Obwohl von diesem „Strahl" als von einem Individuum gesprochen wird, ist er jedoch tatsächlich eine Hülle oder ein Bündel spiritueller Kräfte, die zu einer Einheit verbunden sind. Um aber Verwirrungen zu vermeiden, ist es ebenso gut, von einem Strahl als von einer Einheit oder einem Individuum zu sprechen, und in einem erweiterten Sinne ist er tatsächlich eine Individualität.

Die menschliche Konstitution ist eine Zusammensetzung, ein Kompositum. Sie kann dem geistigen Auge bildhaft als ein Bewusstseinsstrom veranschaulicht werden, der dem todlosen Zentrum, der spirituellen Monade, entströmt, die zugleich die unsterbliche Wurzel des Menschen und sein essenzielles Selbst ist. Die Monade, die somit das Höchste, das Innerste, die Wurzel, der Kern oder das Herz jeder manifestierten Wesenheit ist, ist die fundamentale Individualität, die Quelle des gesamten Bewusstseins und der in ihr enthaltenen Selbstheit. Denn Bewusstsein und Selbstheit emanieren aus ihr in einem Fluss oder Strom, der durch die verschiedenen Stufen oder Grade der Konstitution der Wesenheit hindurchläuft. Es ist leicht zu ersehen, dass dieser Fluss oder Strom der monadische Strahl ist.

Das vertraute Symbol einer „Lichtsäule", das von mehreren Schulen des Altertums verwendet wurde, veranschaulicht die menschliche Konstitution als einheitliches Ganzes. Diese „Lichtsäule", die aus dem Herzen der Monade emaniert oder „abwärts", „nach außen" in die Manifestation strömt, ist in ihren höheren Teilen von himmlischem Glanz, von überirdischer Schönheit. Während sie aber „abwärts" oder „nach außen", das heißt tiefer in die Materie einströmt, wird ihr Glanz, ihre Helligkeit fortschreitend schwächer, bis sie an ihrem Ende, wenn sie die physische Sphäre erreicht hat, unsichtbar in einer Umgebung wirkt beziehungsweise tätig ist, die „schwarz wie die Nacht" ist – das heißt in der vital-astral-physischen Triade der menschlichen Konstitution, die in ihrem unteren Aspekt der physische Körper ist. Überall innerhalb des gesamten Bereiches dieser „Lichtsäule" fließt der Strom der essenziellen Selbstheit oder des monadischen Bewusstseins, und dieser Strom ist der monadische Strahl, der von der „Lichtsäule" eingehüllt und umgeben ist – der inneren, unsichtbaren zusammengesetzten Konstitution des Menschen.

Während sich nun der monadische Strahl abwärts ergießt und in der „Lichtsäule" und durch diese wirkt, baut er sich in der „Säule" an geeigneten Stellen Knoten oder Brennpunkte aktiven Bewusstseins, und diese Knoten oder Brennpunkte sind ihrerseits geringere Monaden. Wird die zusammengesetzte Konstitution des Menschen also als ein einheitliches Ganzes betrachtet, dann ist jeder einzelne dieser Bewusstseinsknoten oder -brennpunkte als eine der Ego-Seelen der menschlichen Konstitution anzusehen. In absteigender Reihenfolge sind es die folgenden:

- die göttliche Seele
- die spirituelle Seele
- die mânasische oder menschliche Seele
- die kâma-mânasische oder tierische Seele
- die vital-astrale Seele

Jede dieser „Seelen" kann auch eine *geringere* Monade genannt werden. Durch sie alle fließt, wirkt und arbeitet jedoch der essenzielle monadische Strahl; er ist identisch mit dem „Sûtrâtman" der Hindu-Philosophie. Das Wort „Sûtrâtman" ist ein Sanskritausdruck, der

„Faden-Selbst" bedeutet; es hat, wie aus dem Vorangehenden gefol-
gert werden kann, seinen Sitz, seine Knoten- oder Brennpunkte in
der aggregierten Gesamtheit der verschiedenen feinstofflichen Hüllen oder Körper der oben erwähnten „Seelen".

Der gesamte Evolutionsverlauf besteht während des kosmischen
Manvantaras in einem ununterbrochenen, fortschreitenden Aufstieg – einem Emporheben – des Grades des Selbstbewusstseins vom
Niederen aufwärts und nach innen zum Höheren. Als Folge hiervon wird im Verlauf der Zeitalter in der besagten „Lichtsäule" oder
in der zusammengesetzten Konstitution einer Wesenheit eine fortschreitend umfassendere Manifestation der innewohnenden Kräfte,
Attribute und Fähigkeiten zuwege gebracht.

Wenn sich also für eine Wesenheit – in diesem Zusammenhang ein
Mensch – der Tod einstellt, so handelt es sich dabei um einen Prozess
fortschreitender Involution oder Einfaltung. Dieser Prozess ist dem-
zufolge die genaue Umkehrung des Prozesses der Evolution, der Entfaltung oder des Ausrollens, der zuvor während des Aufbaus der zusammengesetzten Konstitution oder der „Lichtsäule" stattgefunden
hat. Zuerst wird der physische Körper zusammen mit der ihn begleitenden groben astralen Vitalität abgeworfen, was natürlich auch den
Modellkörper, das Liṅga-śarîra, mit einschließt. Nach Verlauf einer
gewissen Zeit, die in jedem Fall von den karmischen Attributen und
Qualitäten des Menschen in seinem beendeten Erdenleben abhängig
ist, erhebt sich das Bewusstsein aus den Astralwelten in das nächsthö-
here monadische Zentrum, den nächsthöheren Bewusstseinsknoten
oder -brennpunkt. Dieser wird schließlich seinerseits in den Schoß
des monadischen Zentrums, das höher ist als das erstere, eingezogen, das heißt in den Schoß der spirituellen Monade. Hier geht die
menschliche Monade, das menschliche Ego, in den devachanischen
Zustand, die devachanischen Verhältnisse ein und erlebt seine wun-
derschönen, beglückenden devachanischen Träume. Hier macht es
eine Zeit erholsamer Ruhe und mentaler Assimilation durch und ver-
arbeitet die im letztvergangenen Erdenleben gelernten Lektionen.

Kommt dann der Zeitpunkt, an dem der devachanische Zustand endet und die menschliche Monade aus ihren beglückenden Träumen und ihrer erholsamen Ruhe erwacht – weil die karmische Saat der aus dem letzten Erdenleben mit herübergebrachten Attribute und Eigenschaften, die bisher latent im menschlichen Ego gelegen hatten, aufgeht –, fühlt sie wieder die Anziehung erdwärts und folgt ihr sozusagen automatisch zur Erdsphäre. Dabei „steigt" sie durch die Zwischenreiche „hinab", die sie auf ihrer Reise aufwärts in den devachanischen Zustand durchschritten hatte. So begibt sie sich von der spirituellen Monade aus „abwärts" in materiellere Reiche, während sie sich auf jeder Stufe geeignete Hüllen oder feinstoffliche Körper baut, in denen sie leben und sich auf diesen niederen Plänen manifestieren kann. Auf diese Weise bildet sie die Knoten- oder Brennpunkte, die sie vorher in sich eingefaltet hatte, aufs Neue, bis sie schließlich die Erdsphäre erreicht, in der sie von dem geeigneten menschlichen Schoß angezogen wird, zu dem ihre karmischen Affinitäten sie hinziehen. Dann wird sie zur rechten Zeit als menschliches Kind geboren.

Hier nun stoßen wir auf etwas sehr Wichtiges, auf das die besondere Aufmerksamkeit des Lesers gelenkt wird. Von dem „Menschen" des vorhergegangenen Erdenlebens kann als von dem „alten Menschen" gesprochen werden, während der jetzt zur Geburt kommende Mensch – der aller Wahrscheinlichkeit nach zur Reife heranwachsen wird – als der „neue Mensch" bezeichnet werden kann. Dieser „neue Mensch" ist das *Karma* des „alten Menschen", weil er, karmisch gesprochen, die Gesamtheit des „alten Menschen" ist, der im vorangegangenen Leben lebte. Zusätzlich – und gerade das ist ein sehr wichtiger Punkt – kommen zu der vergangenen karmischen Summe des „alten Menschen", der sich jetzt als der „neue Mensch" wieder manifestiert, all die angesammelten Erfahrungen hinzu, das assimilierte Wissen und der neue Zustrom oder die Zunahme an höherem intellektuell-spirituellem Bewusstsein, die der „neue Mensch" aus dem devachanischen Zustand mit zurückgebracht hat.

Während es also richtig ist zu sagen, der „neue Mensch" im neuen Erdenleben sei das Karma oder die exakte karmisch aggregierte Folge, das karmische Ergebnis des „alten Menschen", so ist dennoch der „neue Mensch" aufgrund dieser neuen Zunahme an intellektuellem und spirituellem Bewusstsein „anders" als der „alte Mensch". Mit anderen Worten: Er ist nicht *identisch* mit dem „alten Menschen", auch wenn er „derselbe" ist wie der „alte Mensch". Aufgrund der neu erworbenen Bewusstseinszunahme ist er „anders", und doch ist er „derselbe" wie der „alte Mensch", weil er die exakte karmische Frucht des „alten Menschen" ist. Insbesondere hier kann der Leser erkennen, dass viele Erfahrungen im neuen Erdenleben, die der „neue Mensch" als exakte *karmische* Frucht der Gedanken, Handlungen und Gefühle des „alten Menschen" durchzumachen hat, nicht von dem „neuen Menschen" „verdient" sind. Aufgrund des Zuwachses an intellektuellem und spirituellem Bewusstsein ist der „neue Mensch" nicht identisch mit der Wesenheit, die sie einst war. Nicht der „neue Mensch" machte die Fehler des „alten Menschen", beging dessen Sünden und machte sich der Torheiten in dessen letztvergangenem Erdenleben schuldig. Nichtsdestoweniger muss der „neue Mensch" deren karmischen Folgen begegnen. Die Natur lässt sie in ihrer nie irrenden Gerechtigkeit durch ausgleichende Prozesse geschehen, ihnen sieht sich der „neue Mensch" somit gegenübergestellt. Hier also macht der „neue Mensch" allenfalls „unverdientes Leiden" oder entsprechend „unverdiente Freuden" durch.[1]

Aus dem Vorhergehenden ist offensichtlich, dass die Theosophie nicht die Existenz des Menschen als eines unveränderlichen, gleichbleibenden Egos lehrt, das von Leben zu Leben fortschreitet, nur um Erfahrungen zu sammeln, ohne aber eine Änderung oder Wandlung seiner selbst durchzumachen. Ganz im Gegenteil: Das Ego ist eindeutig ein evolvierender, sich entfaltender Bewusstseinsknoten oder

---

[1] Das Thema des „unverdienten Leidens" wird sehr ausführlich in dem Buch *Mit der Wissenschaft hinter die Schleier der Natur*, Kap. 3, behandelt (d. Hrsg.).

-brennpunkt in der bereits erwähnten „Lichtsäule" oder menschlichen Konstitution. Daher befindet sich das menschliche Ego in dem nie endenden Prozess fortgesetzter, unaufhörlicher Wandlung, oder was auf dasselbe hinausläuft: es erlebt beständiges Wachstum, eine ständige Ausweitung seines Bewusstseins. Demnach ist das Ego – und hier wird insbesondere von dem menschlichen Ego gesprochen – keine unveränderliche Wesenheit, die von Geburt zu Geburt flattert. Aus diesem Grunde sollte das Reinkarnieren des sich wiederverkörpernden oder menschlichen Egos niemals so betrachtet werden, als wäre es der Durchgang einer unveränderlichen spirituellen Marionette von Erdenleben zu Erdenleben.

Mit anderen Worten: Jede Reinkarnation des sich wiederverkörpernden Egos ist nicht die exakte *Fortsetzung* eines unveränderlichen Egos, das aus dem oder den früheren Erdenleben stammt. Das Ego ist vielmehr in jeder Wiederverkörperung oder Reinkarnation eine *Reproduktion,* eine neue Hervorbringung, die aus jenem Bewusstseinsknoten oder -brennpunkt hervorgeht, der als die evolvierende, sich entfaltende und somit sich beständig verändernde, das heißt wachsende geringere Monade beschrieben wurde.

Aus diesem Grunde betonte Gautama, der Buddha, mit Nachdruck, dass es im Menschen kein fortdauerndes, das heißt ewig unveränderliches „Ego" – oder Seele – gibt. Die tiefe Bedeutung dieser wahren Feststellung ist dem Verständnis der Kommentatoren seit den Tagen des Buddhas entgangen – mit Sicherheit ging es den europäischen Kommentatoren so und ebenso gewiss fast allen seinen ansonsten ergebenen asiatischen Anhängern.

Das Thema ist sehr subtil und daher nicht nur etwas schwierig zu erklären, sondern auch schwer zu verstehen. Es gibt jedoch eine Analogie, die, wenn gründlich durchdacht, Klarheit bringen kann: Wir wachsen von Geburt an, durchleben die Kindheit und werden erwachsen; gehen durch das Stadium des Alterns und des Verfalls bis hin zu den Pforten des Todes. Im Alter von fünfzig Jahren sind wir

keine Zehnjährigen mehr. Zwischen dem zehnten und dem fünfzigs-
ten Lebensjahr haben tiefgreifende Bewusstseinsveränderungen stattgefunden – und doch sind wir mit Fünfzig die Frucht, die direkte
karmische Folge oder das Resultat, mit anderen Worten, das Karma
des einst zehnjährigen Kindes.

Es kann sogar nicht einmal gesagt werden, dass das Ego des Zehnjährigen dasselbe sei wie das Ego des Fünfzigjährigen, denn gerade
während der 40 Jahre dazwischen hat das *Bewusstsein* aufgrund des
Erweiterns der Bewusstseinsattribute und -fähigkeiten tiefe und weitreichende Modifikationen durchgemacht. Kinder und Erwachsene
sind zwar „gleich", doch nicht identisch: „gleich", weil sie derselbe
Bewusstseinsstrom sind, doch nicht identisch, weil sich ihr Bewusstsein so sehr ausgeweitet hat oder evolviert ist, sich so sehr entfaltet
hat, dass es geradezu absurd wäre, derart von dem Bewusstsein eines zehnjährigen Kindes zu sprechen, als sei es das Bewusstsein eines
Fünfzigjährigen. Es ist gerade das Ego – oder die „Seele" –, das, während es im Fünfzigjährigen seine Blütezeit hat, nicht als identisch mit
dem Ego bezeichnet werden kann, das in dem zehnjährigen Kind er-
blühte.

Allgemein gesprochen verhält es sich ebenso mit der Reinkarnation.
Der „alte Mensch" ist „derselbe" wie der „neue Mensch", doch ist er
nicht identisch mit ihm. Denn der „neue Mensch" im neuen Erdenleben besitzt all den weiteren Zuwachs, den er in der devachanischen
Zwischenzeit erworben hat. Es ist dieser Zuwachs – zusammen mit
dem gesamten Karma des „alten Menschen" –, der zu dem „neuen
Menschen" geworden ist.

Diese subtilen Vorgänge können nur als gesamtes Bild erfasst werden.
Es liegt etwas wunderbar und außerordentlich Tröstliches in dem Gedanken, dass das Alte nicht unverändert in dem Neuen fortbesteht –
mit all den Schwächen, Sünden und Torheiten, den Unaufrichtig-
keiten und Unvollkommenheiten des Alten. Die Aussagen über die

Wiedergeburt beinhalten unermessliche Hoffnung und erhabene Inspiration. Denn sie zeigen, dass jede neue Wiedergeburt ins Erdenleben – in den normalen Fällen menschlicher Wiederverkörperung – immer einen Schritt vorwärts bedeutet. Jeder Schritt bedeutet das Abtragen und somit das Vergessen vergangener Irrtümer und Sünden und bringt immer wieder eine „neue Chance" für die Zukunft mit sich.

Das bedeutet nun nicht, dass das „Alte" vernichtet oder ausgelöscht ist, denn das ist nicht möglich. Das „Alte" bleibt so lange als karmische Frucht oder Erbschaft bestehen, bis es ausgeglichen ist oder sich erschöpft hat. Doch zu dem „Alten" kommt der ständige Zustrom neuer spiritueller und intellektueller Erträge hinzu, wodurch der Charakter grundlegend gewandelt und verändert wird. So verschwindet im Verlauf der Zeit allmählich das „Alte", weil es sich selbst erschöpft, und das Neue wird stetig besser.

Die Annahme, ein Mensch, der in einem Leben ein Verbrecher war, würde für alle künftigen Leben ein Verbrecher bleiben müssen, wäre einfach schrecklich. Diese Annahme beruht auf der völlig falschen Theorie, dass das Zentrum des Selbstbewusstseins, das des menschlichen Egos, permanent und ewig sei und sich nicht wandle.

Dies also ist das korrekte Bild, das in den unmittelbar vorangegangenen Abschnitten aufgezeigt wurde: die philosophischen und ethischen Grundlagen, die letzten Endes mit zu den verborgensten Vorgängen in der Natur gehören und entsprechend mittels der Theosophie gelehrt werden: die wiederholten Wiederverkörperungen, die durch ständiges Wachstum zuwege gebracht werden; das heißt durch Veränderung, Evolution oder Entfaltung innerer Fähigkeiten und Kräfte, die ihren Sitz in dem sich wiederverkörpernden Ego haben.

III

Leben ist also, wie aus den vorangegangenen Ausführungen zu erse-
hen ist, nicht lediglich ein kontinuierlicher Prozess des Aufbaus, der
Konstruktion eines physischen Körpers, dem nach einer bestimmten
Zeit plötzlich das Ende und die Auflösung folgen. Leben beinhaltet
vielmehr auch den Eintritt in einen anderen Bewusstseinszustand als
Konsequenz der Auflösung des physischen Körpers, der sich grundlegend von „Leben" unterscheidet: den Eintritt in den sogenannten
„Tod". Der Tod ist der logische Gegenpol der Geburt. Mit strengerer
Genauigkeit ist der „Tod" nicht einmal der Gegenpol, sondern eine
andere Art von „Geburt": der Übergang des monadischen Strahles
aus der Phase des Erdenlebens in die nachfolgende Phase des sogenannten „Astrallebens".

Alle Prozesse der Natur, ihre verschiedenen Verfahrensschritte, die
einander als ununterbrochene Kette der Verursachung in regelmäßiger Reihe folgen, sind systematisch, kontinuierlich und ebenfalls
zusammengesetzt. Es könnte keinen Prozess des Aufbaus geben ohne
eine entsprechende Tätigkeit des Abbaus, des sogenannten Todes – in
jedem Augenblick und immer gleichzeitig. Der „Tod" ist im eigentlichen Sinn nur ein Wechsel: der Abschluss eines „Ereignisses" in der
Kette der Verursachung, der das nächstfolgende, karmisch folgerichtige oder resultierende „Ereignis" anbahnt. „Geburt" ins Erdenleben
ist das exakte Analogon zum „Tod" des physischen Körpers, denn die
Geburt des physischen Körpers ist das „Ereignis", das die wandernde Monade in jene Phase oder in den Teil ihrer Reise einführt, der
Erdenleben genannt wird. Es kann keine Geburt geben, die nicht
gleichzeitig ein „Tod" ist, das heißt die Beendigung des unmittelbar

vorausgegangenen Ereignisses, sodass die Geburt der Monade ins Erdenleben ihr „Tod" in der unmittelbar vorhergegangenen Phase des Astrallebens ist.

Der Keim des Samens kann nicht wachsen, wenn seine physische Hülle, seine Schleier, die äußere Schale, nicht stirbt, sodass der Keim sprießen kann. Die Zelle stirbt, um zwei neuen Zellen Platz zu machen, die aus der Substanz der Mutterzelle bestehen. Die majestätische Eiche, die den Stürmen der Jahrhunderte trotzen muss, wäre nicht aus der Eichel hervorgekommen, wenn diese ihr nicht ihr Leben gegeben hätte. Auch der physische Körper mag als treffendes Beispiel dienen: Bei jedem Schritt begegnen wir den beiden Prozessen, die sozusagen Hand in Hand gehen: „Leben" und „Tod" sind Zwillingsschwestern oder Zwillingsbrüder. In ihren Tätigkeiten sind sie vollkommen untrennbar und wirken in strengster Zusammenarbeit, um einen daraus folgenden vitalen Organismus hervorzubringen. Wenn im Körper eine Zelle völlig erschöpft ist, verschwindet sie in ihrer Nachkommenschaft und wird durch eine neue, möglicherweise bessere Zelle aus ihrer eigenen Substanz ersetzt. Die Funktionen des Lebens sind denen des Todes tatsächlich gleich. Jeder Augenblick des Wachstums bringt uns der Auflösung um einen Augenblick näher, und jeder Schritt des Wachstums, des „Lebens" wird durch den „Tod" des unmittelbar vorhergehenden Gliedes der Lebenskette herbeigeführt. Nur wenn das Kind „stirbt", kann es zum Jugendlichen heranwachsen; nur wenn der Jugendliche „stirbt", kann er zum Erwachsenen werden; und wenn der Erwachsene den körperlichen Tod stirbt, wird er, vielleicht, zu seiner inneren Göttlichkeit, vielleicht aber auch nicht! Denn nur durch das Abwerfen seiner niederen Vehikel – einschließlich des Körpers – kann er die tieferen Geheimnisse des Lebens kennenlernen. Es kann keinen Tod geben, wo nicht Leben vorhanden ist. Im streng wörtlichen Sinn sind Leben und Tod keine Gegensätze, sie sind eins, sie sind *identisch*. Sterblichkeit ist die Frucht des Lebens, genauso wie das Leben das Kind des Todes ist und genauso wie Tod und Veränderung eine neue Lebensphase einleiten.

Der christliche Apostel Paulus schrieb hierzu in dem – wie vermutet
wird – von ihm stammenden *1. Brief an die Korinther,* Kapitel 15, Vers
31, 35 – 37, 40 und 44, Folgendes:

> Bei unserm Ruhm, den ich habe in Christo Jesu, unserm Herrn,
> ich sterbe täglich.

> Möchte aber jemand sagen: Wie werden die Toten auferstehen,
> und mit welcherlei Leibe werden sie kommen?

> Du Narr, was du säest, wird nicht lebendig, es sterbe denn.

> Und was du säest, ist ja nicht der Leib, der werden soll, sondern
> ein bloßes Korn, etwa Weizen oder der andern eines.

> Und es sind himmlische Körper und irdische Körper, aber eine
> andere Herrlichkeit haben die himmlischen und eine andere
> die irdischen.

> Es wird gesäet ein natürlicher Leib, und wird auferstehen ein
> geistlicher Leib. Ist ein natürlicher Leib, so ist auch ein geistli-
> cher Leib.

Paulus hatte augenscheinlich in seinem tiefgründigen mystischen Gemüt
die gleichen Gedanken, zumindest in den allgemeinen Grundzügen, die
in den Gedankengängen des obigen Textes enthalten sind.

Herbert Spencer, ein scharfsinniger Denker seiner Zeit, äußerte einen
tiefen philosophischen Irrtum, als er sagte, dass „Leben die ununterbrochene Anpassung innerer Verhältnisse an äußere Verhältnisse" sei
(*First Principles,* Teil I, „The Unknowable", Kap. IV). Dies ist eine jener eingängigen und oberflächlich überzeugenden Äußerungen, die
oft aufgrund ihrer scheinbaren Vernünftigkeit faszinieren und durch
ihre Kürze anziehend wirken. Spencer hatte in mancher Hinsicht zu
Recht ein hohes Ansehen. Klangvolle Sätze dieser Art werden gern als
tiefe Aussagen angenommen, sofern sie dem Gehirn eines Menschen
von hohem Ruf entstammen. Doch bei dem Versuch, diesen Satz zu
analysieren, ergibt sich Folgendes: Unfraglich gibt es eine Anpassung
zwischen Kraft oder Energie und der Umwelt, in der sie wirksam

ist; in Bezug auf den Menschen zwischen der Seele und ihrer Umwelt. Ist aber eine „Anpassung" dieser Art das *Leben selbst?* Sicher
nicht, es sei denn, das Leben wird in der Weise aufgefasst, wie es in
den vorhergehenden Abschnitten dargelegt wurde: als ein „Prozess".
Ganz offensichtlich handelt es sich jedoch um einen Prozess, den die
Wesenheit selbst in Gang setzt und durchmacht. Sie ist es auch, die
der Ursprung und die Ursache für die Prozesse der Anpassung an die
Umwelt ist, in der sie sich befindet – wie sehr sie hiervon auch betrof-
fen sein mag. Der Ausspruch Spencers ist daher beschreibend, aber
nicht erklärend: Er enthält eine kurze, unvollkommene Beschreibung
eines Prozesses, bei der die Hauptelemente oder -faktoren der Glei-
chung weggelassen wurden. Spencer sagt in keiner Weise etwas über
den ursächlich oder ursprünglich Handelnden aus.

Andererseits enthält *The Encyclopædia Britannica* einen Artikel über
„Leben", der von Dr. Peter Chalmers Mitchell – eine bekannte Au-
torität auf seinem Gebiet – geschrieben ist, er sagt:

> Solange kein umfangreicheres Wissen über das Protoplasma
> und besonders über die Proteine vorliegt, ist in der Wissen-
> schaft kein Raum für die Vermutung, dass es einen mysteri-
> ösen Faktor gibt, der lebende Materie von anderer Materie
> und Leben von anderen Wirksamkeiten trennt. Wir müs-
> sen erst die Mauern erklimmen, die Fenster öffnen und das
> Schloss erforschen, bevor wir ausrufen, es sei so wunderbar,
> dass es Geister enthalten müsse.
>
> Bd. XVI, S. 601 (Ausgabe von 1911)

Dieser Auszug aus Mitchells Artikel enthält nicht wenig, womit der
Verfasser dieses Werkes von Herzen übereinstimmt. Er hat immer
den Eindruck gehabt, dass bereits seit Newtons Zeit der Hauptfeh-
ler der europäischen Wissenschaft in der Annahme lag, „Leben" sei

etwas „Absolutes", ein „Ding an sich". Daher sei Leben im Wesentlichen und grundsätzlich nicht nur anders als Materie, sondern unterscheide sich auch grundsätzlich von ihr. Diese Annahme steht lo-
gischem Denken vollkommen entgegen und wird von der Theosophie zurückgewiesen. Gemäß der Theosophie ist das, was die moderne Wissenschaft gewöhnlich als „Materie" bezeichnet – ob im Allgemeinen oder im Besonderen betrachtet – die Manifestation oder
Blüte des kosmischen Jîva. Genauer gesagt: Jîvas sind die Manifestationen der unermesslich großen Anzahl bewusster Monaden, die in
den verschiedensten Graden oder Stufen evolutionärer Entwicklung
existieren. Die Monaden erfüllen und beleben nicht nur die materielle Sphäre, sondern sie *sind* tatsächlich die materielle Sphäre in
ihrer verwirrenden Mannigfaltigkeit. Mit anderen Worten: Die gesamte Reihe der hierarchischen materiellen Welten und Sphären, die
physische Sphäre daher mit eingeschlossen, ist ein Gewebe von aufeinander wirkenden und untereinander verwobenen Brennpunkten,
von monadischen Bewusstseinspunkten. Eine jede solche Monade,
ein jeder Jîva ist ein Zentrum oder Brennpunkt dessen, was Wissenschaftler „Geist-Stoff" nennen. Diese Monaden oder Brennpunkte
des Geist-Stoffes existieren und funktionieren in unvorstellbar verschiedenen Graden oder Stadien evolutionärer Entwicklung. Sie sind
und umfassen die Gesamtheit von einfach allem, was ist. So wird
verständlich, dass selbst das chemische Atom mit seinen winzigen
Elektronen-Brennpunkten Ausdruck eines monadischen Zentrums
in der mineralischen Sphäre ist. Demnach ist das „Leben" also nicht
etwas von der Materie Abgesondertes und Verschiedenes, das als Au-
ßenstehender auf sie einwirkt. Vielmehr geben die aufeinander wirkenden und untereinander verwobenen Formen diesen Scharen monadischer Zentren der Materie ihren Ausdruck in all ihren Phasen
und Graden und machen sie aus – und jede dieser Monaden ist eine
Quelle der Lebenskraft.

Aus diesem Grunde stimmt der Verfasser dieses Werkes Mitchells
Aussage zu: „In der Wissenschaft ist kein Raum für die Vermutung,

dass es einen mysteriösen Faktor gibt, der lebende Materie von anderer Materie und Leben von anderen Wirksamkeiten trennt."

Zu Recht ist man allgemein der Vorstellung überdrüssig, dass die Materie „tot", gefühllos und im Wesentlichen nicht intelligent sei und dass man erwarten sollte, „Leben" außerhalb ihres eigenen Daseinsbereiches zu finden. Doch dieser Daseinsbereich umfasst zum einen die eigentliche Realität unseres Lebens und zum anderen dessen Auskristallisation in materiellen Formen. Es ist nicht nötig, „Geistern" nachzujagen. Da die Natur und die Lebensessenz der Materie nicht verstanden werden, erscheinen uns ihre Funktionen und charakteristischen Merkmale so fantastisch, dass sie nach der alten, materialistischen Theorie unerklärbar sind, und zwar völlig.

Wollen wir daher die Natur *selbst* gründlich verstehen und nicht nur die Theorien Anderer aufnehmen, ist es sinnvoll, sich von Vorstellungen nicht-materieller „Geister" und „Seelen" zu verabschieden, die sich essenziell und absolut von der Essenz der Materie unterscheiden. Diese sinnlosen Imaginationen durch Tatsachen und Realitäten zu ersetzen, die auf der Natur selbst basieren, ist nutzbringender. Jene äußerst unglückliche Gewohnheit, Worte falsch zu gebrauchen – aufgrund der Unkenntnis der Natur und ebenso aufgrund der Überzeugung von Wissenschaftlern, „Seele" und „Geist" seien durch Studium und Forschung nicht erklärbar –, führte den groben, alles verneinenden Materialismus des jüngsten europäischen Denkens herbei. Die früheren westlichen Wissenschaftler versuchten, „Seele" und „Geist" so zu erforschen, als wären sie etwas von der Materie Abgesondertes, etwas außerhalb von ihr Stehendes und essenziell etwas völlig anderes. Sie erkannten nicht, dass die gesamte Materie von jedweder Art und jedem Typ, ihre gesamten Funktionen und Attribute die Produkte, die Blüten innerer, unsichtbarer Hierarchien hochintelligenter, halbintelligenter und halbbewusster, aber „lebender" Wesenheiten sind. Mit anderen Worten: Die Natur wird in allen ihren Reichen von *innen* nach außen in Bewegung gesetzt und aktiviert. Daher sind alle Körper oder Vehikel die zum Ausdruck gebrachten

Manifestationen dieser inneren, unsichtbaren aktivierenden und antreibenden Wesenheiten: sie sind die Variationen und mannigfaltigen Differenzierungen der materiellen Sphären.

Selbst Herbert Spencer hatte eine gewisse Vorstellung davon, dass die kosmischen Prozesse von intelligenten und vitalen Energien ausgehen, denn er schrieb:

„Unter den Geheimnissen, die immer geheimnisvoller werden, je mehr man über sie nachdenkt, wird immer die *eine* absolute Gewissheit bleiben, dass wir uns stets in der Gegenwart einer unendlichen Energie befinden, von der alles ausgeht" – und zu der, während die Zeitalter dahinrollen, schließlich alles zu seiner Zeit zurückkehrt, in seine pralayische Ruheperiode – um, möchten wir hinzufügen, später wieder daraus hervorzugehen.

Die obigen Bemerkungen bedeuten nicht, dass es die im Volksmund bekannten Seelen, Gespenster und Geister nicht gäbe. Sie existieren, doch nicht in der Art, wie allgemein angenommen wird. In der Theosophie werden die Naturvorgänge in ihrer Universalität erklärt. So auch Beschaffenheit, Aufenthaltsort und Charakter von Seelen, Gespenstern, Geistern und dergleichen, und zwar mit der gleichen Präzision und theosophischen Tiefgründigkeit, die sie auch bei anderen realen Naturvorgängen anwendet.

Kapitel 6

Leben in Theorie und Praxis – II

Während der Renaissance des wissenschaftlichen Denkens – heraus aus der Leichtgläubigkeit und Unreife des Mittelalters – war es nur natürlich und unvermeidlich, dass die Menschen nach einer universalen Norm oder einem allgemeinen Maßstab suchten, mit dem sie die von Zeit zu Zeit auftauchenden Erkenntnisse experimentell und auch auf andere Weise nachprüfen konnten. Bei der Suche nach einem universalen Maßstab wandten sich Forscher und Experten an die einzige Instanz, die die erforderlichen Bedingungen der Universalität und Unpersönlichkeit gewährte und die gleichzeitig auch die physikalische Grundlage bildet, durch und mittels derer alles Physische existiert: an die Natur selbst. Doch was konnten sie erwarten, da sie mit den psychologischen Belastungen und Vorurteilen ihrer Zeit an die Vorgänge der Natur herangingen? Was konnten sie bei einem fast gänzlich unvorbereiteten Studium der Natur zu finden hoffen? Sie waren nicht vorbereitet durch früheres, jahrhundertelanges beobachtendes Studium und die sich daraus ergebenden Erkenntnisse. Eine andere Lebensphilosophie als die der religiösen und scholastischen mittelalterlichen Denkrichtung war den Menschen nicht bekannt. Sie wurden in einem gewissen Sinn irregeführt und falsch belehrt. Auch aufgrund des Einflusses des sozialen Milieus und der starken psychologischen Kraft ihrer Umwelt näherten sie sich unbewusst einem Studium der Natur, das bereits in bestimmten Denkrichtungen festgefahren und kristallisiert war. So war es fast unvermeidlich, dass Tatsachen oder Wahrheiten, Halbwahrheiten und Viertelwahrheiten, die der erwachende Verstand entdeckte und ebenfalls enthüllte, missverstanden und in späteren Jahrhunderten weiter missdeutet

wurden. Der Einfluss dieser Wahrheiten, Halbwahrheiten und Viertelwahrheiten rief verschiedene Systeme philosophischen und wissenschaftlichen Denkens ins Leben. Sie herrschten in den frühen wissenschaftlichen Spekulationen vor und entstanden tatsächlich aus den
unterschiedlichen Ansätzen, die Naturerscheinungen auf eine Weise
zu erklären, die jener Zeit am vernünftigsten erschien.

So trat neben anderen Theorien auch der sogenannte Vitalismus auf,
der aufgrund vieler verschiedener Vorstellungen, die unter diesem
Ausdruck zusammengefasst wurden, nicht leicht zu beschreiben ist.
Der allgemeine Gedanke aber schien der zu sein, dass hinter und jenseits, innerhalb der physikalischen und chemischen Prozesse in Tier-
und Pflanzenkörpern etwas Andersgeartetes existiere, das „Leben" genannt wird. Von diesem „Leben" wurde angenommen, es sei eine aktive Kraft, die getrennt von der Materie existiere und sich gänzlich
von ihr unterscheide. Vom Tod aber wurde angenommen, er bedeute das Zurückziehen des mysteriösen „Lebens" aus der Materie oder
aus den physischen Körpern. Die Schlussfolgerung hieraus ist ziemlich offensichtlich und exakt: Die grundlegende Idee des Vitalismus
war, dass das sogenannte „Leben" völlig immateriell, substanzlos und
in keinem Sinne identisch mit der Materie ist; es sei auch nicht etwas, das die Materie selbst ist. Dennoch wirke das Leben trotz alledem durch die Materie und gebe ihr ihre unterschiedlichen Attribute
und Qualitäten, mit Ausnahme der innewohnenden Attribute und
Qualitäten, die die chemischen Elemente der Materie selbst besitzen
könnten.

Die philosophischen und wissenschaftlichen Fragestellungen, die natürlicherweise aus einer Theorie wie dieser erwuchsen und die von
vielen bedeutenden Köpfen tatsächlich für unlösbar erachtet wurden, erschreckten Denker anderer Geisteshaltung und stießen sie daher ab. Nachdem diese sich vom Vitalismus zurückgezogen hatten,
wurden sie „Mechanisten", wie sie im Gegensatz zu den „Vitalisten"
genannt wurden. Die „Mechanisten" vertraten die Meinung, so etwas wie „Leben" *an sich* existiere nicht, es gebe nichts anderes als

physikalische und chemische Kräfte. Es seien die Wechselwirkungen dieser Kräfte oder Energien, die die Mannigfaltigkeit des Tier- und Pflanzenlebens hervorbringen, wobei die Menschen – zumindest in späteren Zeiten – natürlich zu den Tieren gezählt wurden.

Die Theorie des „Mechanismus" war die führende wissenschaftliche Denkrichtung bis zu einer Zeitperiode, die etwa um 1900 endete. Noch heute glaubt eine nicht unbedeutende Anzahl von Menschen an den „Mechanismus", und sie können daher zu Recht als Materialisten bezeichnet werden. Aber ebenso wie der Vitalismus seine Zeit gehabt hat, weisen alle Anzeichen darauf hin, dass auch der Mechanismus seinen Lauf beendet hat oder seine Zeit vorbei ist.

George C. Scott, Ph. D., außerordentlicher Professor der Biologie am College der Stadt New York, schrieb Folgendes:

Die physikalischen und chemischen Vorstellungen von Protoplasma sind untrennbar mit dem Wirken des Protoplasmas verbunden. Untrennbar verbunden mit dem Zellverband muss es eine integrierende Aktivität der ganzen Masse als einer Einheit geben. Diese Organisation kann nicht aufgegliedert werden; sie kann auch nicht mithilfe eines Mikroskops gesehen werden. Sie ist im eigentlichen Sinne immateriell. Dies hat zur Entwicklung von zwei allgemeinen Ideen- oder Denkrichtungen geführt: des *Vitalismus* und des *Mechanismus*. Der Vitalist sagt, dass das Leben mehr als bloße physikalische und chemische Kräfte sei und dass wir bisher noch nicht zu erklären imstande seien, was Leben ist. Der Mechanist behauptet, die Lebenstätigkeiten seien nicht mehr als Darstellungen bekannter physikalischer und chemischer Gesetze. [...] Der Mechanist der Biologie, der selbstbewusst versichert, dass die Lebensprozesse bloße Zurschaustellungen von Phänomenen seien, die nach bekannten physikalischen und chemischen Gesetzen ablaufen, ist genauso kritikwürdig wie der Vitalist. [...] Wenn die Lebensphänomene wirklich verstanden werden, könnte die sogenannte Lebenskraft oder der „vitale Geist" möglicherweise mit einer Form von Energie identifiziert werden.

The Science of Biology, S. 38 f.

Der letzte Satz dieses Zitats stellt in mancher Hinsicht eine Annäherung an das von der Theosophie Gelehrte dar, vorausgesetzt, ihm wird die ebenfalls gelehrte Grundansicht hinzugefügt, dass alle Formen von Kraft oder „Energie" – ob allgemein oder im Besonderen, kosmisch oder global, ob global oder in sogenannten „beseelten" Wesen manifestiert – im Innern nicht nur „vital" sind, sondern auch Intelligenz besitzen. Denn Intelligenz oder allgemeiner bezeichnet das „Denkvermögen" wohnt der Materie inne und bringt sich in den verwirrend mannigfaltigen Arten zum Ausdruck, in denen die Materie selbst in Erscheinung tritt. Diese Feststellung zeigt deutlich, dass der Vitalismus der spirituellen Lehre in mancher Hinsicht nähersteht als der Mechanismus. Die Theosophie verwirft jedoch die vitalistische Idee, dass sich das „Leben" radikal, das heißt in seiner Essenz, von der zugrunde liegenden Substanz, aus der die Materie gebildet ist und auf der sie basiert, unterscheidet.

Ein Zitat aus der *Encyclopædia Britannica* soll dazu dienen, eine weitere Sichtweise zu dieser interessanten Kontroverse vorzustellen, die nicht ganz so akademisch ist wie vielleicht angenommen wird. Dieses Zitat stammt aus einem Artikel von Dr. Max Verworn, Professor der Physiologie an der Universität Bonn, Deutschland. Dieser bedeutende Autor beschreibt in allgemeiner Art die Entwicklung des Vitalismus in Europa und wie sich die Auffassungen über die Natur von „Seele" und „Geist" im europäischen Denken von den Griechen bis in seine Zeit entwickelt haben. Er fährt fort, die weitere Entwicklung wissenschaftlicher Ideen in dieser Richtung zu schildern:

Allmählich tauchte wieder die Tendenz auf, vitale Phänomene durch mystische Mittel zu erklären, was – um ein Beispiel

anzuführen – im „Animismus" von Stahl[1] seinen Ausdruck
fand. In der zweiten Hälfte des 18. Jahrhunderts begann
der „Vitalismus", der seinen Ursprung in Frankreich nahm,
seinen Siegeslauf durch die gesamte wissenschaftliche Welt.
Wieder wurde die Meinung vertreten, dass die Ursache vitaler Phänomene eine mystische Kraft (force hypermécanique)
sei, jene „vitale Kraft", die ihrer Natur nach weder physika-
lisch noch chemisch sei und von der man annahm, sie wäre
nur in lebenden Organismen aktiv. Der Vitalismus blieb bis
etwa zur Mitte des 19. Jahrhunderts die herrschende Idee
in der Physiologie [...] So wurde in der zweiten Hälfte des
19. Jahrhunderts die Lehre von der vitalen Kraft endgül-
tig überwunden, um den Weg für den Triumph der natürlichen Methode, vitale Phänomene zu erklären, freizumachen
[...] In der Tat hat es den Anschein, als ob heute, nach einem halben Jahrhundert, wieder mystische Tendenzen bei
der Erforschung des Lebens auftauchen. Hier und da hört
man wieder das Schlagwort „Vitalismus".

Bd. 21, S. 554 (Ausgabe 1911)

Der Autor denkt offensichtlich, fünfzig Jahre seien eine sehr lange
Zeit für menschliches Denken und eine Theorie hätte sich, da sie
fünfzig Jahre lang bestand, als eine Naturtatsache erwiesen und würde daher offenbar für immer bestehen bleiben. Dieser Gedanke ist
ebenso verwirrend wie unbegründet. Auf keinem Gebiet menschlichen Denkens folgen Änderungen mit einer derart verwirrenden
Schnelligkeit aufeinander, und zwar Änderungen, die oft auf diame-
trale Gegensätze oder gar Umkehrungen im Denken hinauslaufen,
wie es in wissenschaftlichen Kreisen der Fall ist und immer war. Die
Neigung zur Veränderung ist an sich ausgezeichnet, weil sie das wissenschaftliche Denken sozusagen im Fluss hält und die Kristallisation wissenschaftlicher Ideen zu bloßen wissenschaftlichen Dogmen

---

[1] Georg Ernst Stahl (1659 – 1734) (d. Hrsg.).

verhindert. Nichtsdestoweniger zeigt jede Auswahl wissenschaftlicher Lehrbücher ohne Weiteres, dass wissenschaftliche Ideen stark dazu tendieren, dogmatisch zu werden. Obwohl nun die Erfahrung lehrt, dass eine wissenschaftliche Hypothese oder Theorie ebenso vergänglich und dem Wechsel der Moden unterworfen ist wie die Marotten und Theorien auf jedem anderen Gebiet menschlichen Lebens, scheint dies die Kristallisation von Ideen trotzdem nicht so nachhaltig zu verhindern wie anderswo.

Ferner kann wohl gefragt werden, ob die in den Theorien des westlichen Vitalismus wie auch des westlichen Mechanismus enthaltenen Vorstellungen nicht im Gegensatz zu der gesamten Richtung ultramodernen Denkens und Forschens stehen. Denn eine der neuesten Ansichten und scheinbar allgemein anerkannten Überzeugungen moderner Wissenschaftler ist, dass Kraft oder Energie und Materie fundamental und essenziell *eins* sind und nicht zwei verschiedene Dinge.

I

Selbst führende Wissenschaftler sagen heute, dass es keine Materie *an sich* gebe, das heißt, „Materie" könne nicht an sich oder als Entität existieren, und sie unterscheide sich essenziell nicht von „Energie" oder, wie auch gesagt werden kann, von Kraft oder vielmehr von Kräften. Nach Ansicht moderner Naturwissenschaftler scheint alles essenziell „Energie" zu sein, und die Materie tritt nur als Form oder Aspekt kosmischer Energie in Erscheinung, die zumindest einige der am weitesten vorausschauenden Naturwissenschaftler tatsächlich mit Geist-Stoff gleichsetzen. Mit dieser Vorstellung nähern sie sich den Aussagen der Theosophie: Was Materie genannt wird, ist in Wirklichkeit eine Verhärtung, ein Festwerden oder eine Kristallisation von Kräften: eine riesige, unbegreiflich große Konkretion von Monaden, die spirituelle Zentren, das heißt Individuen von Bewusstsein und somit Lebenszentren, ja reale Lebensquellen sind, denn sie sind individuelle Quellen strömender Kraft oder Kräfte. Wie in dem vorliegenden Werk schon erwähnt wurde, schrieb H. P. Blavatsky bereits 1888, dass Materie verdichtete oder konkretisierte Strahlung ist – was damals als „Licht" bezeichnet wurde. Wer die neuesten wissenschaftlichen Entdeckungen und die bewundernswerten Schlüsse, die daraus gezogen werden, im Auge hat, erkennt sofort, dass Blavatskys Feststellung richtig ist. Diese wurde jedoch zur Zeit ihrer Veröffentlichung allgemein als Erklärung eines verirrten Idealisten betrachtet, die keinerlei Grundlage in der Natur habe, keinen wirklichen Beweis zulasse und die unmöglich wissenschaftlich oder mathematisch belegt werden könne. Heute würde man Blavatskys Aussage wahrscheinlich nicht nur als wissenschaftlich zulässig, sondern sogar als wissenschaftlich üblich betrachten.

Doch was ist Licht? Licht ist eine elektromagnetische Schwingung, und es gibt viele Arten elektromagnetischer Wellen, wie versichert wird. „Welle" scheint das von Wissenschaftlern verwendete populäre Wort zu sein, das die Art der Ausbreitung dieser elektromagnetischen Energien durch den Raum wiedergibt. Wenn ein elektromagnetischer Impuls, eine elektromagnetische Energie, mit außerordentlich hoher Frequenz schwingt, sodass in einer menschlichen Sekunde Milliarden, Billionen oder mehr Schwingungen stattfinden – wobei gleichzeitig die Länge der einzelnen Welle abnimmt –, dann ist offensichtlich, dass ein derartiges Verdichten oder Kondensieren sich bewegender Kraft oder „Energie" auf ein menschliches Sinnesorgan genau und exakt den Sinneseindruck machen muss, der als eine Form der Materie bezeichnet wird. Diese kurz dargestellte wissenschaftliche Illustration vermittelt dem Leser zumindest eine Vorstellung davon, wie eine mit enorm hoher Geschwindigkeit schwingende Kraft den Eindruck eines „Körpers" oder einer materiellen Masse hervorbringen kann. Zweifellos ist es richtig, wie noch hinzugefügt werden kann, dass diese wissenschaftliche Vorstellung von der Natur der Materie, wie sie hier beschrieben wurde, ziemlich genau ist.

Die folgende Tabelle mit den verschiedenen Frequenzen bestimmter Strahlungsarten – die in wissenschaftlichen Lehrbüchern als Annäherungswerte angegeben werden – ist für diejenigen interessant und anregend, die wissenschaftliches Denken gern mit den Aussagen der Theosophie vergleichen:

Niederfrequenz	ca. 3	–	30 Tausend Hz
Radiowellen	ca. 30 Tausend	–	300 Milliarden Hz
Infrarotes Licht	ca. 300 Milliarden	–	384 Billionen Hz
Sichtbares Licht	ca. 384 Billionen	–	789 Billionen Hz
Ultraviolettes Licht	ca. 789 Billionen	–	30 Billiarden Hz
Röntgenstrahlen	ca. 30 Billiarden	–	30 Trillionen Hz
Gammastrahlen	ca. 30 Trillionen	–	10 Trilliarden Hz[1]

Noch höher soll die Frequenz der kosmischen Strahlen nach Kolhörster, Dr. Millikan und Anderen sein.[2] Was bedeutet nun diese ungeheure Schwingungstätigkeit in Wirklichkeit, die mittels dieser Tabelle dargestellt wird? Vom Standpunkt der Theosophie aus betrachtet, bedeutet sie, dass es in Bezug auf die Materie eine absteigende Skala gibt, die vom Ätherischen zu fortgesetzt zunehmender Materialität reicht, was aus der Tabelle der Frequenzen deutlich ersichtlich ist. Dabei stößt man auf eine sehr interessante Tatsache: Je höher die Frequenz und je kürzer die Welle ist, desto dichter und kompakter ist die Materie. Das bedeutet, dass wir von den Niederfrequenzen bis hinunter zu den Gammastrahlen immer tiefer in immer dichtere Materie hinabsteigen oder eintauchen, weil die Schwingung an Frequenz oder Geschwindigkeit zunimmt, die Verdichtung also vollkommener, die Kristallisation sozusagen vollständiger wird. Da nun das gewöhnliche oder sichtbare Licht nur einen Ausschnitt oder

---

[1] 1 Hz = 1 Hertz = 1 Schwingung in einer menschlichen Sekunde. Die Tabelle wurde an aktuelle Werte angepasst (d. Hrsg.).

[2] Heute versteht man unter kosmischer Strahlung keine elektromagnetische Strahlung mehr, sondern einen Strom von Ionen, Protonen und Elektronen, die vor allem den Sternen entstammen (d. Hrsg.).

gut eine Oktave dieser Skala elektromagnetischer Schwingungen bildet, erweist sich somit, dass Licht Materie ist. Denn kann Materie anders genannt werden als eine Verdichtung und Kondensation von Kräften oder „Energien", die mit unvorstellbarer Geschwindigkeit in den Bereichen dieser Skala schwingen? Es könnte noch hinzugefügt werden, dass es keinen einleuchtenden Grund dafür gibt, die Reihe der Strahlungsoktaven zu begrenzen und Niederfrequenz an das eine Ende und Gammastrahlen an das andere Ende der Schwingungsskala zu setzen. Ebenfalls ist zu beachten, dass die Tabelle nur die Strahlungen angibt, die zurzeit bekannt sind und entdeckt wurden, außerdem handelt es sich lediglich um Schätzungen. Zudem wäre es äußerst unwahrscheinlich, ja dem Verstand widersprechend, dass dies die einzigen Schwingungsaktivitäten sein sollten, die der Raum enthält – die einzigen, die es im grenzenlosen Universum geben könnte, und zwar auf inneren wie auf äußeren Plänen. Der menschliche Intellekt wird von einer Vorstellung wie dieser abgestoßen und enttäuscht: Wie könnte eine Reihe aktiver Strahlungen im sogenannten leeren Raum existieren, sozusagen schwebend oder hängend, mit „nichts" an ihren beiden Enden! Diese Unzufriedenheit ist die Stimme der Intuition!

Führende Vertreter der Wissenschaft scheinen „Energie", wie sie sie nennen – in der Theosophie eher mit dem älteren Ausdruck „Kräfte" benannt –, als die einzige existierende Entität oder Aggregation von Energie-Einheiten im Universum zu betrachten, die das, was „Materie" genannt wird, als ihr Kind oder Alter Ego hervorbringen. Da in der Theosophie die universalen und außerordentlich tiefgründigen kosmischen Zusammenhänge bekannt sind, wird die moderne wissenschaftliche Auffassung von der Energie einerseits als unzulänglich und andererseits als nur beschreibend und nicht tatsächlich erklärend zurückgewiesen. Werden daher in der Theosophie das Wort „Energie" oder öfter noch die Worte „Kraft" oder „Kräfte" angewandt, sind sie gleichbedeutend und auswechselbar mit den unterschiedlichen Formen intelligenter Substanz. Wird von „Materie"

gesprochen, dann ist der Ausdruck gleichbedeutend oder auswechselbar mit Kräften (oder Kraft), die als durch besondere „Phasen"
ihrer Aktivität oder auch ihres essenziellen Wesens gehend betrachtet werden. Die Wörter „Kraft" oder „Kräfte" und auch „Materie"
werden deshalb angewandt, weil sie geläufig und mehr oder weniger vertraut und daher für den allgemeinen Sprachgebrauch geeignet
sind. Die beiden Wörter aber, die der sorgfältige theosophische Autor
vorzieht, sofern es ihm auf Präzision des Ausdrucks und auf Genauigkeit in der Definition ankommt, sind „Geist" anstatt „Kraft" oder
„Energie" und „essenzielle Substanz" anstatt „ursprüngliche Materie" – obwohl der letztere Ausdruck gewisse nützliche Eigenschaften
hat, die es oft ratsam erscheinen lassen, ihn anstelle des abstrakteren
Ausdrucks „Substanz" zu verwenden.

Wird jedoch das wissenschaftliche Wort „Energie" mit seinen begleitenden modernen Nebenbedeutungen für die sogenannte zugrunde
liegende Realität angewandt, muss die veraltete Auffassung des früheren Materialismus entschieden zurückgewiesen werden. Die materialistische Sichtweise war, dass in Raum und Zeit ein aufs Gera-
tewohl oder zufällig aufgebautes Universum existiere, das sich ohne
zielgerichtetes, zweckmäßiges und ursächliches Wirken und die sich
daraus ergebenden Tätigkeiten auf- und abrollt. Der veralteten Auffassung nach geschehe dies also ohne von Göttern oder kosmischen
Intelligenzen herrührende Verursachung oder ohne das, was auch die
intelligenten aktiven Kräfte göttlicher Wesenheiten genannt werden
könnte. Eine so durch und durch materialistische Auffassung von der
Natur, der Struktur und den Funktionen des Universums ist in der
Theosophie undenkbar.

Ein weiterer Grund für die Ablehnung dieser gänzlich unfundier-
ten materialistischen, alles negierenden Idee ist die Tatsache, dass sie
sich bei genauer Analyse als das Nonplusultra einer Vorstellung erweist, die durch den bequemen Prozess geboren wurde, Ideen aus
der eigenen unvollkommenen und begrenzten Vorstellungskraft zu

entwickeln. Diese Ideen werden dann an eine vertrauensvolle, arglose und leichtgläubige Welt unwissenschaftlich denkender Menschen als bewiesene Naturwahrheiten weitergegeben – was sie jedoch ganz entschieden nicht sind. Bei jedem Versuch, die Struktur und die Funktionen des Universums in Worte zu kleiden, muss der Realität entsprochen werden, und diese muss allumfassend sein. Sie muss sowohl Energie, Materie, Bewusstsein, Inspiration, Intuition, Liebe und Hass einschließen wie auch alle kosmischen Prozesse, kurz, alles und jedes, was irgendwo manifestiert ist. Heute ist es nicht mehr möglich, die einfallsreichen kosmischen Theorien früherer Wissenschaftspropheten mit toleranter Geduld zu akzeptieren, wie es seit der Wiedergeburt unabhängiger wissenschaftlicher Forschung ab Ende des Mittelalters üblich geworden war.

II

Was aber ist nun Leben *an sich,* wenn mit diesem Ausdruck die Ursache oder der Ursprung der Prozesse, an denen sogenannte vitale Faktoren beteiligt sind, bezeichnet werden soll? Wird „Leben" nicht lediglich als ein vitaler Prozess betrachtet, der ergänzende oder untergeordnete Prozesse des Aufbaus und der Zusammensetzung umfasst – wie auch als sein anderer Aspekt, der „Tod", das heißt der Prozess der Zersetzung und des Auseinanderfallens der Teile –, was ist dann diese essenzielle, fundamentale Realität in und hinter den organischen Strukturen und ihren jeweiligen Phänomenen? Die Antwort lautet: Leben *an sich* ist intelligente substanzielle spirituelle Kraft, die sich in Myriaden Formen als die verschiedenen Arten von „Energie" – um den populären wissenschaftlichen Ausdruck zu benutzen – manifestiert. Als Ganzes gesehen ist es die intelligente, immer aktive und inhärente vitale Kraft oder die Kräfte eines jeden Wesens. Leben

ist ein ätherisches Fluidum, genau gesagt ein vitales Fluidum, und somit ist es auch Substanz, aber ätherische Substanz. Ferner ist „Leben"
inhärent aktiv auf und in allen sichtbaren und unsichtbaren Plänen
oder Welten, die in ihrer Gesamtheit das Universum bilden, ja es in
Wirklichkeit *sind*. Tatsächlich sind Kraft und Substanz fundamentale
essenzielle Aspekte oder Phasen der zugrunde liegenden universalen
Realität, die der kosmische Hintergrund des Seins ist: der ewig fortdauernden kosmischen Leben-Substanz-Intelligenz.

Geburt und Tod sind offensichtlich Anfang und Ende einer vorübergehenden Lebensphase einer Wesenheit, einer menschlichen oder einer anderen. Leben *an sich* hingegen ist als kosmischer kausaler Urheber die intelligente treibende, drängende Kraft-Substanz hinter Geburt und Tod – diese werden von ihr verursacht und sind lediglich
ihre Ausdrucksformen. Zu beachten ist, dass Worte wie „Leben" Abstraktionen sind, da sie keine Wesenheiten an sich sind, sondern für
abstrakte Aggregate „lebender Wesen" stehen. Ein Beispiel mag dies
verdeutlichen: Die Menschheit ist kein Wesen, keine Wesenheit an
sich, sondern sie ist aus Menschen zusammengesetzt. In ähnlicher
Weise kann gesagt werden: So etwas wie „Kraft" *an sich* und „Substanz" *an sich* gibt es nicht. Es gibt aber ungeheure Heerscharen von
Lebewesen, deren Manifestationen oder Ausdrucksformen als Kraft
und Substanz beziehungsweise als Kräfte und Substanzen in Erscheinung treten. Es ist also notwendig, sich vor Augen zu halten, dass der
Gebrauch von Abstraktionen nicht notwendigerweise die tatsächliche Existenz wesenhafter Individuen erklärt. Worte dieser Art werden nur als Abstraktionen mit der Absicht benutzt, jene Heerscharen
von Lebewesen mit einzubeziehen, die als innere Attribute die charakteristischen Merkmale verkörpern, die mental, also abstrakt zusammengefasst werden.

Zu den bekanntesten Naturerscheinungen gehört zum Beispiel das Licht:
Sichtbares Licht ist eine Form von Strahlung. Es emaniert oder strömt aus
einem strahlenden Körper hervor, der somit sein kausales Elter ist und
seine Lebenskraft in Strahlung zum Ausdruck bringt. Ohne den Körper

würde das Licht nicht existieren. Mit anderen Worten: Licht ist das vitale Fluidum einer lebenden Wesenheit, das von ihr ausströmt. Würde die Wesenheit nicht existieren, könnte das vitale Fluidum nicht aus ihr emanieren, und das Licht wäre nicht existent.

Es wäre ein Fehler, anzunehmen, dass das Licht als Strahlung eine Entität sei, die in dem sogenannten „leeren Raum" einfach „zufällig" vorhanden ist und „eben existiert". Früher oder später wird das vitale Fluidum, das wir Licht nennen und das von der Sonne emaniert wurde, – nachdem es fast unzählige Veränderungen oder Modifikationen der Integration und Desintegration durchlaufen hat – zu dem Elter-Körper zurückkehren, der es ursprünglich erzeugt oder ausgesandt hat. Der bekannte Ausspruch des christlichen Mystikers: „Die Seele kehrt zu Gott zurück, der sie gegeben hat", könnte in etwas abgeänderter Form lauten: „Das Leben kehrt zu der Quelle zurück, die es gab."

Als weiteres Beispiel mag die Elektrizität dienen, die lediglich eine Strahlung anderer Art oder einer anderen Oktave auf der Strahlungsskala darstellt. Kann wirklich gesagt werden, Elektrizität sei etwas anderes als Wesenheiten, die von einer elterlichen Quelle emaniert und hervorgebracht wurden? Und wenn diese Elter-Quelle nicht existent wäre, könnte das ausgestrahlte elektrische Fluidum dennoch erscheinen? In der Theosophie ist die Antwort ein entschiedenes „Nein". Elektrizität in dem normalerweise angewandten Sinn ist eine Abstraktion, ein abstrakter Ausdruck, der unter diesem Namen die verschiedenen „elektrisch"-vitalen Strahlungen aus einer oder verschiedenen Quellen zusammenfasst. Elektrizität ist tatsächlich eine der Formen kosmischer Vitalität. Sie besteht somit aus Wesenheiten, denn diese haben ihre Existenz als ein zeitweise andauerndes vitales Fluidum, das wir als eine Art von Strahlung erkennen. Ihren Ursprung haben die Strahlungen jedoch in und aus den inneren vitalen Herzen, dem Quell jener Wesenheiten von kosmischer Größe – mit anderen Worten: aus den verschiedenen Sonnen im Raum.

Auch das Folgende ist wichtig zu beachten: Obwohl diese Sonnen insgesamt die Hauptquelle und der Urquell kosmischer Elektrizität sind, ist nichtsdestoweniger jede Wesenheit aus den unzähligen Hierarchien, die den Raum erfüllen, ja ihn bilden, ebenfalls eine Quelle geringeren Ausmaßes. Denn während der Zeit ihrer manifestierten Existenz sendet jede Wesenheit ihrerseits aus ihrer vitalen Quelle im Innern ihre eigenen

Ströme, ihre Strömungen elektrischer und magnetischer Strahlung aus. Es
sollte aber beachtet werden, dass hinter und in diesen vitalen Aktivitäten die führende und alldurchdringende kosmische Intelligenz steht. Bei
den aus den Sonnen emanierten Wesenheiten, die ihre evolvierenden
Verkörperungen sind, ist die Intelligenz jedoch entsprechend geringer.

Jede Wesenheit, die existiert, hat ihre Geburt und ihren Tod, ihren
Anfang und ihr Ende. Denn jede Wesenheit ist zusammengesetzt,
ein Kompositum. Ihr Vehikel muss – wie alle Zusammensetzungen –
früher oder später, wenn ihre sogenannte „Lebens"-Zeit, ihre vitale
Aktivität auf diesem oder einem anderen Plan abgelaufen ist, zerfallen, es muss sich in seine es zusammensetzenden Elemente auflösen.
Wie hieraus ersichtlich ist, beziehen sich Anfang und Ende nur auf
Körper, das heißt auf physische oder ätherische Vehikel, die den betreffenden ursächlichen monadischen oder spirituellen Strahlen Ausdruck verleihen.

Im Hinblick auf den größeren Maßstab kosmischen Lebens sind diese Anfänge und Enden nichts weiter als illusorische Träume, wenn
wir also nicht den Prozess des Lebens und den des Todes betrachten, die zusammengesetzten Organismen, die Körper und Vehikel,
sondern jenen inneren unaufhörlichen Strom intelligenter vitaler Essenz. Dieser Strom tritt ununterbrochen durch die Tore der Geburt
in eine Phase seiner Evolution, in irdische Existenz, ein. Durch das
andere Tor, das wir Tod nennen, geht der Strom dann in eine andere
Phase des „Lebens" auf einen anderen, folgenden Plan in eine andere, etwas höhere Welt über. Denn diese vitale Essenz, dieser Lebensstrom ist sozusagen eine lebendige, kontinuierliche Kraft kosmischen
Ursprungs. Weil sie von der Essenz des Universums ist, dauert sie
ewig fort, das bedeutet bis zum Ende des Sonnen-Manvantaras. Danach verschwindet sie aus oder von den Plänen niederer Manifestation und wird in die Sonnen-Monade eingezogen, in einen Zustand,
der als Sonnen-Nirvâṇa bezeichnet werden kann. Nach dem Verlauf
langer Zeitalter aber wird sie künftig in den verschiedenen Plänen
und Welten wieder manifestiert erscheinen, wenn jenes Nirvâṇa sein

Ende erreicht hat. Das Bild des hinduistischen Denkens mag dies veranschaulichen: Dann wird Brahman erneut aus seiner eigenen Essenz heraus das neue Sonnenuniversum ausatmen, sozusagen die „Produktion" oder die wiederholte Verkörperung des früheren Sonnenuniversums, das einmal war.

Anfänge und Enden sind somit, da sie nicht absolut sind, tatsächlich illusorische Träume. Können wir je auch nur in Gedanken ein Ende erreichen, hinter dem nichts ist? Niemals! Die Vorstellung von einem Nichts wäre eine grauenvolle Qual für Herz und Gemüt. Die Natur strebt stets dem Unerreichbaren zu, und der Mensch, als Kind der Natur, tut dies ebenso. Die Natur strebt auch einem erhabenen Letzten nach dem anderen zu, und sie erreicht ein erhabenes Letztes nach dem anderen. Wenn sie es erreicht hat, verlässt sie es wieder und geht weiter zu einem noch erhabeneren Letzten. Dieses unaufhörliche Vorwärtsschreiten in immer ausgedehntere Bereiche sich entfaltenden Wachstums, der Evolution, bei dem ein Letztes nach dem anderen zurückgelassen wird, ist das Streben nach dem Ewig-Unerreichbaren. Genauso ergeht es uns Menschen: Wenn wir das, was wir für ein Letztes halten, erreicht haben, sehen wir, dass es nur eine Stufe ist, die vorwärts und aufwärts zu etwas noch Erhabenerem führt.

Viele Menschen spüren, dass es im Leben etwas Verborgenes, Schöneres, nicht Alltägliches gibt. Sie möchten es besitzen und klammern sich *um ihrer selbst willen* daran. Hierdurch aber bereiten sie sich unfehlbar einen mit Sorgen beladenen zukünftigen Lebensweg, da Wachstum nur ungehindert durch alle persönlichen Wünsche vor sich geht. Das Schöne zu suchen und dem Unerreichbaren zuzustreben ist schon richtig, da hierdurch dem inneren göttlichen Hunger freier Lauf gelassen wird. Er befreit aus den Fesseln der Persönlichkeit, die uns an die materiellen Bereiche unseres Lebens ketten. Dennoch liegt das Geheimnis des Erfolges, Unpersönlichkeit zu erlangen, zum einen nicht darin, sich an das Schöne zu klammern, weil die verborgene Tiefe nur sehr schwach erkannt wird, zum anderen aber

ebenso wenig in der bloßen Sehnsucht, das Unerreichbare erfassen
zu wollen. Durch Unwissenheit kann keine wirkliche Erfüllung gefunden werden, denn sie legt ein Netz unheilbringender Illusion um
unseren Geist, das aus den Sehnsüchten nach Besitz und persönlicher
Entwicklung gewoben ist. Seltsames Paradoxon! Nach dem Schönen
und Unerreichbaren zu streben ist nur dann richtig, wenn es ohne
Streben nach persönlichem Besitz oder Gewinn geschieht, da das persönliche Verlangen eine unmittelbare Begrenzung ist, sozusagen die
Errichtung eines Gefängnisses um die Seele. Stets nach dem Schönen, dem Unerreichbaren zu streben ist durchaus richtig, wenn es
mit der immer klarer werdenden Erkenntnis geschieht, dass es hinter
unserer höchsten Imagination von Schönheit und dem erhabensten
Höhenflug dem Unerreichbaren entgegen eine sich ständig weitende
Schönheit und „Unerreichbarkeit" gibt. Hierauf beruht das Paradoxon, von dem die Rede ist und in dem der Grund liegt, warum die
großen Seher und Weisen aller Zeitalter gelehrt haben, dass wir keine Gefängnismauern um uns herum bauen sollen, auch nicht durch
unsere erhabensten Höhenflüge des Denkens und Fühlens, da dies
die Selbstidentifizierung mit den Gefängnismauern bedeuten würde.
Hierin liegt der tragische Irrtum aller exoterischen Religionen und
Philosophien, die in der Tempelvorhalle der göttlichen Weisheit geboren wurden.

Wesenheiten wachsen und evolvieren durch die Erlangung sich wei-
tenden Bewusstseins, durch dessen umfassendere Ausdehnung sowie
durch Verzicht auf das Unvollkommene zugunsten eines ständig zunehmenden „Vollkommeneren". Sie wachsen durch Entsagung, was
gleichbedeutend mit Wachstum durch Empfangen von etwas Größerem ist. Daher wäre es falsch zu sagen, etwas sei so schön, dass Schöneres nicht existiert oder existieren könnte. Die Natur löst Bestehen-
des bei all ihren Operationen wieder auf, um etwas Besseres hervorzubringen, obwohl uns ihre Wege zuzeiten unverständlich erscheinen.
Wir unvollkommenen Menschen sind so kurzsichtig, dass uns Auflösung als „Tod" erscheint, als ein „Ende". Doch in der Natur findet

Zerfall und Zersetzung in unaufhörlichem Wandel statt, weil Wandel Wachstum ist, der Übergang von einer Entwicklungsstufe zu einer anderen.

Selbst dann, wenn Zeiten der Trauer und des Schmerzes über uns kommen, können wir in ihnen neue Tore sehen, die sich zu etwas Besserem, etwas Erhabenerem, etwas weit Höherem öffnen.

> Wer eine Freude an sich bindet,
>   zerstört das beflügelte Leben;
>   doch wer eine Freude küsst im Flug,
>   lebt im Morgenrot der Ewigkeit.
>
> William Blake: Ewigkeit

Um zu wachsen, müssen wir uns verändern. Um zu evolieren, uns zu entfalten, müssen wir das, was wir haben, aufgeben um etwas Besseren willen. So kommt es, dass die Natur unaufhörlich gebiert. Sie befindet sich in ewig währenden Geburtswehen der Reproduktion, indem sie sich verändert und wieder verändert, sich formt und wieder formt, hervorbringt und wieder hervorbringt, wobei sie sich das Unerreichbare sozusagen immer vor Augen hält. Es ist wie das Schauen des Weisen, wie die Sehnsucht des Dichters, wie die Liebe des Liebenden: Sie halten die Intuitionen und Ahnungen von etwas Weiterem, Größerem und Besserem lebendig. Während der Törichte die empfangene Offenbarung festhält und sich aus Angst, sie zu verlieren, darin einkerkert, nimmt der Weise die Geschenke und Schönheiten des Lebens als aufmunternde Begleiter auf dem Pfade an. Er ist sich dabei aber lebhaft bewusst, dass sie aus ihm selbst heraus geboren wurden und Kinder seiner eigenen Seele sind. Der Weise erkennt, dass selbst das, was er liebt, ihn mit unüberwindlichen Mauern einkerkern kann, wenn er nicht aufpasst. Darum schult er sich nicht nur, unentwegt nach etwas Besserem zu streben, sondern er zerbricht absichtlich die Illusion relativer Vollkommenheit und Zufriedenheit. Denn er weiß, dass außerhalb der Gefängnismauern der Selbstheit

die unvorstellbare Schönheit existiert, die sein Geist seiner aufmerk-
samen Seele einhaucht.

Es wäre in der Tat schrecklich, wenn es ein Ende gäbe, über das wir
nicht hinausgehen könnten – wenn etwas für immer enden würde,
selbst dann, wenn ein derartiges Ende durch den Zauber des bereits
erworbenen Schönen und Erhabenen verursacht worden wäre. Früher oder später würde der menschliche Geist, das Kind des Unendlichen, in Entsetzen und Furcht vor einzäunenden Illusionen zurück-
weichen, denn wo ist in der Natur ein vollständiges Ende zu sehen,
ein derart entsetzliches Trugbild? Tatsächlich gibt es nirgendwo ein
Ende! Im Gegenteil, wir sind ununterbrochen Zeuge von Wechsel,
von Bewegung, sich allenthalben ändernden Szenen und den sich
daraus ergebenden Visionen. In einem christlichen Lied, das einst
für sehr schön und tiefgründig gehalten wurde, heißt es: „Wechsel
und Verfall seh' ich überall." Nicht verstanden wurde, dass Wechsel und Verfall lediglich die Vorbereitung für etwas Neues, für etwas
Fortschrittlicheres, Weiterführendes bedeuten.

Es kann kein Leben geben ohne Tod. Es kann keinen Tod geben ohne Leben. Leben und Tod sind *eins* – zwei Phasen des gleichen Prozesses. Sie sind die beiden Seiten des unaufhörlichen Wandels: wie
die Vorder- und Rückseite einer Münze, sozusagen die Vorder- und
Rückseite des Wirkens kosmischen Lebens. Doch ob die Vordersei-
te die wichtigere Seite ist oder die Rückseite kann niemand sagen.
Selbst der weiseste Mensch, der je gelebt hat, wäre nicht imstande
zu sagen, wo wahres Leben endet und wo es beginnt, wo Tod oder
Wechsel endet und wo er beginnt. Denn nur infolge von Blindheit,
von Gewohnheit und von Unwissenheit können die beiden Seiten
willkürlich getrennt werden. Der Verfall und die endgültige Auflösung des physischen Körpers, die den sogenannten Tod bewirken,
sind tatsächlich eine ebenso starke Tätigkeit der Lebensfunktionen –
und ebenso sehr Leben – wie das Heranwachsen des mikroskopisch
kleinen menschlichen Samens zu einem 1,80 m großen Menschen:
Dieser Vorgang bedeutet für das sich verkörpernde Ego „Tod", es ist

der Übergang aus einer „anderen" Welt in die diesseitige – in unsere materielle Welt.

Um dem Missverständnis vorzubeugen, dass eine unveränderbare Seele oder ein unveränderbares „Ego" von ätherischer Art von Leben zu Leben, von Welt zu Welt, von Sphäre zu Sphäre übergeht, erscheint es notwendig, den Leser auf frühere Teile dieses Buches hinzuweisen, in denen die Natur des sich ewig verändernden, da evolvierenden und revolvierenden, sich wiederverkörpernden Egos zumindest teilweise erklärt ist.

Das sich wiederverkörpernde Ego verändert sich, denn Veränderung gehört zur Essenz seines Wesens. Es durchläuft Prozesse. Diese Prozesse, dieser allgemeine Prozess beinhaltet ein unaufhörliches Herumwirbeln des Lebensrades, das viele Phasen durchläuft und dadurch viele unaufhörlich wechselnde Veränderungen der Szenerie und des Milieus herbeiführt. Eben diese sich wiederholenden, ständig wiederkehrenden Veränderungen sind es, die in heutiger Zeit ganz allgemein von den Menschen in ihrer engstirnigen Kurzsichtigkeit „Leben" und „Tod" genannt werden. Die richtigen Ausdrücke sind vielmehr „Geburt" und „Tod". Die Geburt stellt die Eröffnungsszene in einem neuen Akt dar und der Tod die Schluss-Szene des gleichen Aktes. Das Lebensdrama verläuft in der Zeit zwischen Geburt und Tod durch die verschiedenen Phasen des Lebens, bis das letzte Wort gesprochen, die letzte Szene gewechselt ist, während die majestätischen kosmischen Zirkulationen ihre Bahnen weiterverfolgen. Am Ende des kosmischen Manvantaras kehrt der Geist, die Monade in den Schoß der Sonnen-Göttlichkeit zurück, um auszuruhen; die Monade wurde nicht von ihr geschaffen, sie ist zu Beginn des kosmischen Manvantaras aus ihr hervorgegangen.

Der Fehler des Vitalismus, der vitalistischen Hypothese, lag und scheint auch heute noch trotz seiner vielen anziehenden und philosophischen Züge in der engen Beschränkung der Begriffe „Leben" und „vitale Aktivität" zu liegen. In westlichen Ländern wird im Allgemeinen von „beseelten Wesen" gesprochen, das bedeutet von Menschen, Tieren und wahrscheinlich auch von Pflanzen. Insbesondere an diesem Punkt ist die vitalistische Hypothese fehlerhaft, denn gemäß der Aussage der Theosophie, der Alten Weisheit, gibt es nichts „Totes". Alles ist von Leben erfüllt und lebt; und das, was moderne Vertreter europäischer Wissenschaften „tote Materie" nennen, ist ebenso mit „Leben", mit „vitaler Aktivität" erfüllt und aus „Leben" zusammengesetzt wie die sogenannten beseelten Wesen. Es könnte noch wesentlich weiter gegangen werden: Indem der „Animismus" besagt, dass alle Wesenheiten „Seelen" besitzen oder „Seelen" sind, von denen jede ihre eigene Entwicklungsart hat und ihre besondere Stellung auf dem Lebensrad einnimmt, äußert er allein hierdurch eine der grundlegenden Naturwahrheiten, die weder mit psychologischen Barrieren noch aufgrund gewohnten Glaubens je wegargumentiert werden kann.

Es ist durchaus kein vernünftiger Grund vorhanden, warum bestimmte Teile der Natur „lebendig" oder „beseelt" und andere Teile der Natur „tot", das heißt der vitalen Aktivität ihrer eigenen Art beraubt sein sollten. Das wäre tatsächlich ein unlösbares Problem – und gerade das ist es geworden, weil die Existenz „toter Materie" fälschlicherweise als eine Naturtatsache angenommen wurde und auch heute noch wird.

Es kann keinen Aufbau des Körpers, kein Wachstum, keine evolvierende Aktivität irgendwelcher Art geben ohne das unentrinnbare Auseinanderbrechen, ohne die Auflösung dessen, was abgetragen ist und seinen Zweck erfüllt hat – doch nur, um für etwas Neueres und letzten Endes für etwas Besseres Platz zu machen, denn das ist Fortschritt, ist Evolution. Dieser Prozess, dieses Verfahren der Natur ist das unaufhörliche, immerwährende Auswickeln, das Entfalten von Fähigkeiten und Attributen, von Kräften und Organen, die einander ablösen, sobald sie unbrauchbar geworden sind und daher beiseitegelegt werden, um Platz zu machen für bessere und weiter entwickelte. Mit anderen Worten: Wachstum ist Veränderung. Da Wachstum Evolution bedeutet, bedeutet Veränderung evolutionären Fortschritt. Hiervon ausgenommen sind jene relativ seltenen Fälle, in denen Veränderung Rückschritt ist. Auf diese sehr seltenen Vorkommnisse wird Bezug genommen, wenn von Degeneration oder entartender Tätigkeit die Rede ist.

Fortschritt wird durch dieses Abwechseln oder Pendeln von Pol zu Pol – vom sogenannten „Leben" zum sogenannten „Tod" und wieder zurück vom sogenannten „Tod" zum sogenannten „Leben" – erzielt, wenn Leben-Tod als ein Prozess betrachtet wird – und dies ist nachdrücklichst der Fall.

Der Verfasser wurde bei mehreren Gelegenheiten auf die „Wiederholungen" in seinen veröffentlichten Werken angesprochen. Die Aussage hierzu ist eindeutig: Derart wiederholte Betonungen fundamentaler und äußerst wichtiger Schlüsselaussagen der Theosophie sind in jedem Fall notwendig und wurden mit voller Absicht gewählt. Insbesondere Wiederholungen gehören zur eigentlichen Seele des Lernens wie auch des Lehrens. Vertiefende Wissensvermittlung geschieht durch Wiederholung.

Der Verfasser ist sich daher durchaus bewusst, dass Wiederholungen sowohl dem Literaturkritiker als auch dem oberflächlichen Betrachter missfallen. Bücher dieser Art wurden jedoch nicht zu dem Zweck geschrieben, den Ruf durch literarische Eleganz und Ausdrucksweise zu sichern, sondern zu dem Zweck, den tiefgründigen, unverfälschten Inhalt zu erhalten und somit den Fortbestand des Werkes unbeschadet sicherzustellen. Wiederholungen zeigen den ganzen Facettenreichtum der Theosophie auf. Sie erweitern den Blick auf angrenzende Themenbereiche und tragen so zu einem vertieften Verständnis bei. Auf diese Weise wird die Intuition des Studierenden geweckt, während sie dem oberflächlichen Leser verborgen bleibt.

Diese Tatsache wurde von dem Autor Tobias Matthay in seinem Buch *The Visible and Invisible in Pianoforte Technique* (Das Sichtbare und das Unsichtbare in der Klaviertechnik), S. X, Oxford University Press, England) gut zum Ausdruck gebracht:

> Während sich der Gelegenheitsleser an Wiederholungen stoßen mag, sind sie für den wirklich Studierenden unumgänglich notwendig. Nur durch Wiederholung desselben Punktes unter verschiedenen Aspekten werden Tatsachen schließlich deutlich und begreifbar, und die Vision des Ganzen wird bei der Verfolgung der Einzelheiten der Struktur nicht aus den Augen verloren. Ein Genie mag ein solches Vorgehen nicht nötig haben; es kann die Dinge in einem Geistesblitz sehen. [...] Ein Werk dieser Art jedoch ist dazu bestimmt, dem Durchschnittsleser und Wahrheitssucher zu helfen. Ja selbst das Genie kann Jahre an

Zeit sparen und sich auf seinem Grund sicherer fühlen, wenn es sich die Mühe macht, die Tatsachen sowohl intellektuell als auch durch Intuition zu meistern.

III

Im Hinblick auf die vorangegangenen Ausführungen kann die Frage gestellt werden: Wie kann es angesichts des sogenannten Todes Entsetzen und Schrecken geben? Sind sie lediglich Begleiterscheinungen menschlicher Unwissenheit? Trennungsschmerz und das Leid, das Hinterbliebene erfahren, sind ohne jeden Zweifel ganz natürliche und verständliche Gefühle. Dennoch können wir uns dessen bewusst werden, wie begrenzt unsere Zukunftsvision ist, die wir bis jetzt hervorevolviert haben. Denn in dem Maße, wie wir das Licht der Erkenntnis erlangen, in dem gleichen Maße, wie es in unser Bewusstsein einströmt, werden die Schmerzen der zeitweiligen Trennung – bis zur nächsten oder einer folgenden Reinkarnation – an Bedeutung verlieren. Liebe leidet nicht unter Wissen, denn wahres Wissen ist das Kind wahrer Liebe, und da es seinem Elter eng verwandt ist, befindet es sich nicht in Opposition zu ihm. So kommt es, dass Liebe umfassender, reiner und unpersönlicher wird, wenn sie von dem Licht der Wahrheit erhellt wird, die durch gut verstandenes Wissen zum Ausdruck kommt.

Es gibt Sphären und Welten im Universum, in denen die in und auf ihnen lebenden Wesenheiten – die ihre Bewohner sind – nicht so sterben wie wir Menschen. Sie gehen vielmehr durch allmähliche, unwahrnehmbare Stadien der Veränderung in ein umfassenderes Wachstum über, indem sie ihre bisher latenten Fähigkeiten, Attribute und Kräfte weiter entfalten, wie analog zum menschlichen Leben das Kleinkind zum Schulkind heranreift und das Schulkind zum Erwachsenen wird. Wenn für ein Individuum dieser Art, für den Bewohner einer solchen Welt oder Sphäre während seiner Wanderung das Ende eines vorübergehenden Aufenthaltes kommt, gleitet er leicht und sanft aus „seinem" sichtbaren Bereich in unsichtbare Bereiche, ohne Unterbrechung des Bewusstseins oder den Verlust seines physischen Vehikels. Wenn die Evolution unserer Menschheit fortschreitet und sich ihr Geschick bis in die fernen, fernen Äonen der Zukunft entfaltet, wird der „Tod" als Auflösung ihrer dann existierenden Hüllen oder Körper nicht mehr so stattfinden wie heute.

In vorherigen Kapiteln wurde bereits auf Vorgänge im Zusammenhang mit Auflösung und Wandel eingegangen. Die Erfahrungen, die aus den uns umgebenden Vorgängen gemacht werden können, sind vertraute Beispiele. Naht der „Tod" oder das Ende einer verkörperten Wesenheit, wird ihr physisches Vehikel – gleichzeitig mit dem Ätherhaft-Werden ihrer inneren Konstitution – selbst auch ätherhaft, das bedeutet, es wird fortschreitend weniger „materiell" oder „physisch". So gibt es also in Wirklichkeit keinen „Tod", keine direkte Auflösung der „physischen" Hülle. Dieser Prozess wird vielmehr durch eine allmähliche Verschmelzung mit der Substanz oder feinstofflicherer Materie der höheren Welt oder Sphäre ersetzt. Dieser Vorgang kann veranschaulicht werden durch das Verdampfen von Wasser: das Übergehen des Wassers in unsichtbares Gas; oder die Umwandlung von Eis in Wasser und dann die Umwandlung von Wasser in Dampf.

In jenen fernen künftigen Äonen werden die Körper von uns – den zukünftigen Menschen, die wir einmal sein werden –, wenn das Ende von dem kommt, das dann „Leben" genannt wird, langsam verschwinden. Die zukünftigen Menschen können aber auch fast ohne Unterbrechung des innewohnenden Bewusstseins und ohne das Ablegen ihres physischen Körpers entschwinden. Der Grund hierfür ist, dass ihre Körper während des Herannahens des Todes selbst fortschreitend ätherischer und feiner werden, sodass sie sich dazu eignen, in die inneren Reiche überzugehen, in sie hineinzugleiten oder sich mit ihnen zu verschmelzen.

Vor dieser Stufe in ferner, ferner Zukunft wird der Tod in Gestalt eines ruhigen „Einschlafens" eintreten. Zu dieser Zeit wird sich der physische Körper so, wie er dann ist, eher verflüchtigen als zerfallen, wie dies bei unserer gegenwärtigen groben physischen Hülle der Fall ist.

Ein altes griechisches Sprichwort, in dem viel Wahrheit enthalten ist, lautet: $\upsilon\pi\nu o\varsigma\ \kappa\alpha\grave{\iota}\ \theta\acute{\alpha}\nu\alpha\tau o\varsigma\ \acute{\alpha}\delta\epsilon\lambda\phi o\acute{\iota}$, „Schlaf und Tod sind Brüder". Doch die Theosophie geht darüber hinaus. Sie betont, dass Schlaf und Tod nicht nur Brüder sind, die aus demselben Schoß des Bewusstseins geboren wurden, sondern dass sie *eins* sind, und zwar tatsächlich in der strikten und wörtlichen Bedeutung von „Identität". Der Tod ist ein vollkommener Schlaf mit einer Art des Erwachens im Devachan und dem vollständigen Erwachen in der folgenden Reinkarnation zu einem neuen Erdenleben. Schlaf hingegen ist ein unvollkommener Tod, durch den uns die Natur voraussagt, was uns in Zukunft erwartet. Diese Zusammenhänge machen uns damit vertraut, dass wir während des Schlafens allnächtlich teilweise sterben.

Der einzige Unterschied zwischen „Tod" und „Schlaf" besteht dem Grade nach. Wer einmal an dem Sterbebett eines Menschen gestanden hat, wird von der Ähnlichkeit zwischen dem Herannahen des Todes und dem Einschlafen beeindruckt gewesen sein. Im Schlaf wird das Gemüt oder das Bewusstsein des Schläfers zum Sitz, zum Brennpunkt innerer mentaler Aktivitätsformen, unserer Träume, die auf eine vorübergehende Zeitspanne vollständigen Vergessens und vollkommener Bewusstlosigkeit folgen. In gleicher Weise folgen auch dem Tode „Träume". Sie treten nach einer längeren oder kürzeren menschlichen Zeitspanne nach der augenblicklichen, aber vorübergehenden Zeit vollkommener Bewusstlosigkeit und vollständigen Vergessens ein, die kennzeichnend ist für den Moment des Hinscheidens.

Auch für uns Menschen ist der Tod tatsächlich kein Feind. Er ist im Gegenteil ein gütiger Freund, ein großer, stärkender Helfer. Poetisch gesprochen, wenn auch ohne Bezugnahme auf die Poesie als begleitende Hilfe, könnte mit Genauigkeit gesagt werden, dass der Tod für uns sowie für das Tierreich und selbst für das Pflanzenreich, der Gehilfe des Lebens und von dem Leben selbst nicht trennbar ist.

In weiter, ferner Zukunft wird der Tod auf unserer Erde so stattfinden, wie er bereits dargestellt wurde, weil sowohl das Menschengeschlecht als auch der Planet, auf dem wir leben – unsere gegenwärtige materielle Erde –, so viel ätherischer sein werden als heute, sodass es dann keine physische Auflösung, wie sie jetzt verstanden wird, mehr geben wird. Es wird dann kein Abwerfen des physischen Körpers zwecks Auflösung in seine ihn zusammensetzenden chemischen Bestandteile mehr geben. Und was noch sehr viel wichtiger ist: das Zerreißen der Kette, der Verbindung der individuellen, einander folgenden Bewusstseinsphasen vollzieht sich dann nicht mehr plötzlich. Stattdessen wird es ein selbstbewusstes Übergehen in etwas Höherstehendes, Schöneres geben. In jenen fernen künftigen Zeitaltern wird das „menschliche" Wesen, wenn es sein Lebensende erreicht hat, auf seiner Ebene erlöschen und verschwinden. Dieser Vorgang wird aber so milde und sanft, so schmerzlos und unwahrnehmbar erfolgen, wie ein Nebelstreif in der Morgensonne vergeht, doch ohne Verminderung des individuellen Bewusstseins und ohne dessen Unterbrechung.

In John Miltons *The Paradise Lost (Das verlorene Paradies)*, Buch V, beschreibt Raphael die Zukunft der Menschheit wie folgt:

> Mag sein, dass eure Körper einst in Geist sich wandeln,
> verbessert im Verlauf der Zeit,
> wie wir ätherisch durch beschwingte Höhenflüge.
> Mag sein, sie wollen hier dann leben oder im Himmelsparadies.

Warum findet diese Art des Hinscheidens nicht auch heute statt? Aus dem einfachen Grund, weil wir derzeit in einer sehr groben, dichten und äußerst materiellen Sphäre leben, auf dem untersten Globus der planetarischen Erdkette. Unsere Körper als Kinder, als Abkömmlinge dieses grobstofflichen, materiellen Globus sind notwendigerweise entsprechend dicht, denn sonst würden sie, ja könnten sie hier nicht als sich aktiv manifestierende physische Wesenheiten existieren. Unsere gegenwärtigen Körper sind für die ätherischen, inneren Reiche der Natur nicht geeignet und können sie daher auch nicht betreten. Die Natur kennt keine Sprünge von Stufe zu Stufe. In ihrem gesamten Verlauf – innerhalb der mannigfaltigen Welten und Sphären – schreitet sie Schritt für Schritt während des Wachstums und ihrer evolutionären Entwicklung sowie gleichfalls in den verfeinernden Prozessen des Lebens voran. Unsere materiellen Körper sind augenfällig nur belebte Organismen, komplizierte zusammengesetzte Wesenheiten, die aufgrund ihrer Natur und Eigenschaft vollkommen ungeeignet sind, um unverändert fortzudauern.

IV

Obwohl der gesamte Prozess des Todes ein Zerfallsprozess ist, fließt das Leben unaufhörlich weiter. Doch es ist nicht nur der physische Körper, der stirbt und sich in seine Bestandteile auflöst. Vielmehr zerfällt auch das Energiebündel, die Garbe der Kräfte, die der Mensch ist, das heißt, seine gesamte Konstitution zerfällt nach dem Tode des physischen Körpers allmählich in ihre niederen Bestandteile. Während des Erdenlebens wirkten diese Kräfte, dieses Energiebündel im Körper und durch ihn, denn der Körper liefert auf unserer Erde das Feld für die vollständigste Manifestation dieser Energien. Zu dem Energiebündel gehört aber ein *Kern,* und er ist es, der beim Tode seinen belebenden Strahl zurückzieht, wodurch er sich von seiner Verankerung in unserer niederen, unvollkommenen Sphäre befreit. Es ist dieser zurückgezogene Teil, der Kern, der alles Edle und Höchste, das Feinste und Beste vom Menschen umfasst; er ist der schon beschriebene inspirierende, belebende „monadische Strahl".

Ein Beispiel aus dem Alltag kann helfen, die gegebenen Gedanken etwas klarer zu machen: Um uns mit elektrischer Energie oder elektrischem Licht zu versorgen, bedarf es einer Zentrale, in der Elektrizität erzeugt wird. Die Energie wird über Kabel zu abgelegenen Bezirken übertragen und dort an die Verbraucher verteilt. Wir können die Elektrizität dann entweder benutzen oder abschalten, indem wir einen Schalter bedienen. Durch diese einfache Handlung wird der Strom, der durch den Draht fließt, entweder nutzbar gemacht oder aber er hört auf zu fließen. Bedeutet es, dass, wenn der Verbraucher den Strom abschaltet, die Elektrizität augenblicklich in das Kraftwerk zurückgezogen wird? Oder bedeutet es einfach, dass der Strom zu fließen aufhört? Es spielt im Moment keine Rolle, welches Sprachbild angewandt wird.

In Anlehnung an dieses Beispiel – und zwar nur als Illustration – kann die Monade, unsere spirituelle Essenz, unser essenzielles Selbst, als spirituelles Kraftwerk unserer Konstitution bezeichnet werden. Die Monade – dies sei mit Nachdruck gesagt – befindet sich nicht *im* Körper, sondern sie überstrahlt ihn. Ihr Strahl aber, der monadische Strahl, läuft durch alle Zwischenteile der Konstitution hinab bis zum menschlichen Körper, der somit ihr letzter Träger ist. Kann nun gesagt werden, der monadische Strahl erreiche den Körper entlang eines spirituellen oder psycho-elektro-magnetischen Stromweges, eines inneren Drahtes oder Kanals? Es könnte so ausgedrückt werden, doch wird auf diese Weise lediglich eine Metapher benutzt. Solange also die spirituelle Elektrizität – um bei dem bildlichen Ausdruck zu bleiben – in der letzten und niedrigsten Einheit aktiv ist, dauert der „Leben" genannte Prozess an. Der Tod tritt aber in dem Moment ein, in dem der monadische Strahl zu seiner Quelle, der Monade, zurückgezogen wird, und zwar so schnell wie ein Gedanke, weit schneller noch als ein Blitz.

Wie aus dem Vorhergehenden wohl ersichtlich wird, bedeutet der Tod eine Befreiung; er öffnet eine immer neue Tür zu den unsichtbaren Räumen und Wohnstätten der Natur. Der müde Körper, das erschöpfte Herz und das ermattete Gehirn funktionieren nicht mehr. All das Beste des gewesenen Menschen wird in dem Moment des

Todes sofort aus den jeweiligen Organen, die es im Körper zum Ausdruck gebracht haben, zurückgezogen. Es geht in sein eigenes uneingeschränktes Bewusstsein ein, in dem es die volle Verwirklichung des Glanzes spirituellen Lebens und die Erhabenheit unpersönlichen Denkens erlebt. Denn jede der bisherigen Funktionen befindet sich nun uneingeschränkt und frei in voller Aktivität, eine jede in ihrem eigenen Bereich. In Bezug auf die *göttliche* Monade, auf ihren kausalen Bereich wird alles unterhalb von ihr Befindliche devachanisch und geht in den devachanischen Zustand ein. Die niederen Elemente der siebenfältigen oder zehnfältigen menschlichen Konstitution haben sich inzwischen bereits in ihre sie zusammensetzenden Lebensatome aufgelöst – doch das ist „eine andere Geschichte".

Demnach ist Leben – ob als eine Wesenheit oder als ein Prozess betrachtet – nichts Mysteriöses, vielmehr ist es für uns, in unserer Welt, etwas durchaus Vertrautes. Die Grundprinzipien und Elemente des Lebens zeigen deutlich und machen bewusst: Leben ist *alles, was ist,* da es die Wurzel, die Basis und die Essenz von allem Seienden ist. Diese Wurzel, diese Basis aber hat weder einen denkbaren Anfang noch ein vorstellbares Ende. Was ist es aber, das jeglicher Wesenheit ihr „Leben" gibt? Es ist die vitale Elektrizität in der Wesenheit selbst. Wird der Blick jedoch auf die ätherischeren, kausalen Teile der zusammengesetzten Konstitution einer Wesenheit gerichtet, könnte das „Leben" dieser Wesenheit noch richtiger als die Natur geistiger Elektrizität ihrer Monade bezeichnet werden. Dies ist aber lediglich eine andere Bezeichnung für die vitale Charakteristik, für die vitale Individualität der Monade, die aus der Monade hervorströmt und sich dadurch auswickelt, sich entfaltet und so das Swabhâva, die individuelle Charakteristik der Wesenheit, hervorbringt. Es kann die Charakteristik eines Apfelbaumes oder die einer Bananenpflanze, einer Stachelbeere, Feige oder Pflaume sein, eines Minerals, Tieres oder Menschen, eines Himmelskörpers oder einer Göttlichkeit – Leben ist folglich in einem gewissen Sinn Geist-Substanz.

Daher ist Leben auch der Träger des Bewusstseins. Leben könnte zu

Recht die Kristallisation, die Verdichtung des Bewusstseins genannt
werden, denn es ist kein abstraktes, unbestimmtes Etwas. Bewusstsein ist ebenso wie Leben – das die Wissenschaft jedoch nur als Manifestation im physischen Universum betrachtet – „Energie" in all
ihren Myriaden Formen. Bewusstsein und Leben sind in Wirklichkeit eins – nicht zwei. Bewusstsein ist der Urheber. Dieser Urheber
bringt aufgrund der ihm innewohnenden Kräfte und Energien, Fähigkeiten und Attribute aus sich selbst Leben hervor, und das nicht
nur zu einer besonderen Zeit, sondern unaufhörlich während der
Dauer seiner Existenz. Bewusstsein und Leben bringen gemeinsam
das aus sich hervor und erzeugen das, was die Manifestationen von
Kraft oder Energie genannt wird, die ihrerseits die Materien und Substanzen des Universums sozusagen niederschlagen oder absetzen wie
der Wein seine Hefe. Diese kausalen Zusammenhänge sind überaus
wichtig und von tiefer, weitreichender Bedeutung! Ihr Studium ist
daher zum Verständnis fundamentaler Naturprozesse äußerst wichtig. Daher sollte der Studierende außerordentlich vorsichtig sein und
beachten, dass Bewusstsein nicht etwas von Leben Getrenntes ist und
nicht gesondert von ihm existieren kann; oder dass entsprechend Leben nicht von Kraft oder Energie getrennt ist und daher nicht gesondert existieren kann; und dass Materie nicht von Kraft oder Energie
getrennt ist und daher nicht gesondert existieren kann. Wesenheiten
und ihre Elemente zeichnen sich durch diese zusammenhängenden
Aspekte aus, sie bezeichnen die vielfältigen Formen der unaufhörlichen Aktivität der ursprünglichen Basis kosmischen Seins. So können sie unterschieden und genauer zum Ausdruck gebracht werden –
kosmisch oder wesenhaft, wenn sie auf Individuen angewandt werden, die die verschiedenen Hierarchien zusammensetzen.

Die sogenannte uranfängliche Basis des Seins kann demnach
auch kosmisches Leben, oder gleichbedeutend damit, kosmisches
Bewusstsein genannt werden. Es ist unendlich, schrankenlos und
ohne Grenzen, der Träger all der edleren, höheren Teile jener kosmischen Wesenheit, die die kosmische Gestalt während endloser

Dauer im Gleichgewicht und in ununterbrochener Existenz hält.
Doch „kosmische Wesenheit" ist auch nur ein verallgemeinernder
Ausdruck, der nicht „Gott" in dem Sinne bedeutet, in dem dieses
Wort im Westen missverstanden wird. Sie ist vielmehr das Aggregat,
die Gesamtsumme, der riesige kosmische Ozean, der aus all den individuellen Lebenströpfchen, den unzähligen kosmischen Leben, den
individuellen Wesenheiten zusammengesetzt ist, die in ihrer unvorstellbar großen Summe oder Totalität das Universum bilden, ja es
sind. Unstrittig ist jedoch, dass dieses kosmische Aggregat eine eigene Individualität haben kann – es hat tatsächlich eine. Doch auch
dann ist dieses kosmische Aggregat, so unermesslich und umfassend
es in seiner Größe auch sein mag, verglichen mit der grenzenlosen
Unendlichkeit nur ein kosmisches Partikelchen, verloren im Ozean
der Unendlichkeit. Es ist nur eines von zahllosen anderen Vielheiten,
von unberechenbaren Heerscharen anderer ähnlicher Wesenheiten.

Der Mensch ist in seiner begrenzten Beschaffenheit, seiner sieben-
beziehungsweise zehnfältigen Konstitution, nur eine kleine Welt, ein
Mikrokosmos der großen Welt, des Makrokosmos. Die Basis seines
individuellen Seins als Mensch ist der essenzielle Hintergrund, das
Herz seiner individuellen Monade. Dieses essenzielle Selbst eines jeden von uns – die Quelle von Leben, Bewusstsein und Intelligenz in
uns und des Wirkens ethischen Empfindens –, unser innerer Gott,
wirkt durch die Zwischenpläne zunehmender Stofflichkeit, die zu
unserer inneren, unsichtbaren Konstitution gehören, hindurch, wobei die Intensität abnimmt. Somit wirkt unser Selbst auch – nun
kosmisch gesehen – durch die inneren, unsichtbaren Welten der
grenzenlosen Natur, bis der herabfließende Bewusstsein-Intelligenz-
Leben-Energie-Strom unseren physischen Plan erreicht, der bis dahin
nicht-existent war. Unser essenzielles Selbst bringt aus seiner eigenen
Substanz, aus seinem Wesen heraus die physische Welt hervor, die wir
kennen, in der wir leben und unsere bewusste Existenz als Individu-
en haben – als die Blüten der innewohnenden, ewig fortdauernden
monadischen Essenz.

Personenverzeichnis

Avitus, Eparchius (ca. 385 – 457): weströmischer Kaiser von 455 bis 456, dann Bischof von Placentia

Blake, William (1757 – 1827): britischer Dichter, Mystiker und Maler, 1790 – 1793 *The Marriage of Heaven and Hell*, 1793 – 1794 *Songs of Experience*

Blavatsky, Helena Petrowna (12.08.1831 – 08.05.1891): Gründerin der Theosophischen Gesellschaft (17.11.1875, New York), 1877 *Isis Unveiled*, 1888 *The Secret Doctrine*

Boodin, John Elof (1869 – 1950): 1887 in die USA emigrierter Schwede, Philosoph und Autor, befasste sich mit wissenschaftlichen Themen

Bonnet, Charles (1720 – 1793): Genfer Naturwissenschaftler, Philosoph und Jurist, wies die Parthenogenese bei Blattläusen nach

Bruno, Giordano (1548 – 1600): italienischer Priester, Dichter, Philosoph und Astronom, Verfechter des heliozentrischen Weltbildes, wurde von der Inquisition als Ketzer verurteilt und 1600 verbrannt, 2000 von Papst Johannes Paul II. rehabilitiert

Celsus (Kelsos) (2. Hälfte des 2. Jh.): griechischer Philosoph, verfasste eine Streitschrift gegen das Christentum (*Wahre Lehre*), die von Origenes erwidert und streckenweise zitiert wurde

Champollion, Jean-François (1790 – 1832): französischer Linguist und Ägyptologe, entzifferte zeitgleich mit Thomas Young die ägyptischen Hieroglyphen

Chosrau I. (Anuschirwan) (? – 579): persischer Großkönig 531 – 579, schloss 532 nach einem Sieg über Justinian I. einen „ewigen Frieden" und ermöglichte den heidnischen Philosophen, die nach Schließung der neuplatonischen Schule zu ihm fliehen mussten, die Rückkehr nach Griechenland

Clemens von Alexandria (ca. 150 – 215): griechischer Philosoph und Theologe, versuchte antike Philosophie und Christentum zu vereinen, gilt in einigen Konfessionen als Kirchenvater, in der römisch-katholischen Kirche nur als Kirchenschriftsteller, Hauptwerk: *Stromateis*

Crombie, Frederick (1827 – 1889): schottischer Theologe und Übersetzer, Professor für Bibelkritik in St. Andrews, 1869 *The Writings of Origen*

Demetrias: römische Dame vornehmer Herkunft, die zum Christentum bekehrt wurde und 414 einen Brief des Hieronymus erhielt (siehe auch **Demetrias, Anicia**)

Demetrias, Anicia (398 – ?): mögliche Identität der Demetrias, Tochter des Anicius Hermogenianus Olybrius (römischer Aristokrat, 395 Konsul)

Dionysios Areopagita (1. Jh.): zum Christentum bekehrter griechischer Beisitzer des Areopag, zweiter Bischof von Athen, sein Name wurde um 500 von einem neuplatonischen Autor benutzt, der als Pseudo-Dionysios bekannt ist

Ennius, Quintus (239 – 169 v. Chr.): römischer Schriftsteller, wichtiger Vermittler der griechischen Literatur, sein Hauptwerk *Annales* behandelt die römische Geschichte vom Fall Trojas an und wurde erst von der *Aeneis* als Nationalepos Roms abgelöst

Ford, Henry (1863 – 1947): amerikanischer Erfinder und Automobilpionier, erfand das Fließband

Gautama Buddha (563 – 483 v. Chr.): indischer Religionsstifter

Goethe, Johann Wolfgang von (1749 – 1832): deutscher Dichter, Freimaurer und Naturforscher, seit 1775 Geheimer Rat in Weimar, Autor des *Faust*

Gregg, Richard Bartlett (1885 – 1974): amerikanischer Sozialphilosoph, wurde von Mahâtma Gandhi zur Theorie des gewaltfreien Widerstandes angeregt, 1934 *The Power of Non-Violence*, beeinflusste Martin Luther King

Helmont, Johan Baptista van (1580 – 1644): flämischer Universalgelehrter, Arzt, Naturforscher und Chemiker

Herder, Johann Gottfried (1744 – 1803): deutscher Dichter, Übersetzer, Theologe, Freimaurer und Privatlehrer, 1784 – 1791 *Ideen zur Philosophie der Geschichte der Menschheit*

Herodot (490/480 – 430/420 v. Chr.): griechischer Historiker und Geograph, schreibt anschaulich über Lebensgewohnheiten und Mythen alter Völker, sammelte sein umfangreiches Wissen unter anderem in Ägypten

Hieronymus (347 – 420): römischer Gelehrter, Theologe und Kirchenvater, radikaler Asket, übersetzte die Evangelien (*Vulgata*) und Teile des Alten Testaments, 414 *Brief an Demetria*

Iamblichus von Chalkis (240/245 – 320/325): griechischer Neuplatoniker, schrieb unter anderem eine Biographie des Pythagoras und eine Abhandlung über die Mysterien

Jeans, James (1877 – 1946): britischer Physiker, Astronom und Mathematiker, 1929 *The Universe Around Us*

Josephus, Flavius (37 – 100): römisch-jüdischer Historiker, Hauptwerke: *Der jüdische Krieg* und *Jüdische Altertümer*

Justinian I. (482 – 565): 527 – 565 römischer Kaiser in Konstantinopel, besiegte die Ostgoten im weströmischen Reich, förderte das Christentum, schloss 529 die neuplatonische Schule in Athen und

536 den Isis-Tempel von Philae, 543 Erlass mit 10 Anathemata gegen Origenes, berief 553 das Zweite Konzil von Konstantinopel (gegen Origenes und Nestorianer)

Lactantius (ca. 250 – 320): römischer Rhetor, bekehrt zum Christentum, gilt als Kirchenvater und einer der wichtigsten frühchristlichen Apologeten (Verteidiger des Christentums)

Lessing, Gotthold Ephraim (1729 – 1781): deutscher Dichter, Vorkämpfer der Aufklärung und des Toleranzgedankens

Luckiesh, Matthew (1883 – 1967): amerikanischer Physiker und Licht-Pionier

Matthay, Tobias (1858 – 1945): britischer Pianist, Musikpädagoge und Komponist

Milton, John (1608 – 1674): englischer Dichter und politischer Autor, trat für Pressefreiheit ein, Beamter unter Cromwell, berühmtestes Werk: 1667 *Paradise Lost* (Das verlorene Paradies)

Mitchell, Peter Chalmers (1864 – 1945): britischer Zoologe, 1904 *The Nature of Man*

More, Henry (1614 – 1687): britischer Philosoph und Dichter, Schwerpunkt Neuplatonismus, erstes Gedicht 1640 *Psychozoia, or The Life of the Soul* (über die platonische Seelenlehre)

Newton, Isaac (1643 – 1727): britischer Mathematiker, Physiker, Astronom und Theologe, begründete die klassische Mechanik, führte das Äther-Konzept ein, formulierte die Gesetze der Schwerkraft und der Planetenbewegungen, entwickelte parallel zu Leibniz die Differenzial- und Integralrechnung

Nikodemus: fiktiver Pharisäer im Johannes-Evangelium

Origenes von Alexandria (um 185 – 253): frühchristlicher Gelehrter und Theologe, Bibel-Exeget, war von Haus aus Platoniker, wollte griechische Philosophie und Christentum verbinden, seine Präexistenzlehre wurde posthum durch Erlass des Justinian (543) und das Zweite Konzil von Konstantinopel (553) verdammt

Orpheus: sagenhafter Sänger und Dichter, Sohn der Muse Kalliope, möglicher Urheber der orphischen Schriften

Philo Judäus (Philon von Alexandria) (15/10 v. Chr. – 40 n. Chr.): jüdischer Philosoph und Theologe, vermittelte zwischen Judentum und Hellenismus

Platon (428/427 – 348/347 v. Chr.): griechischer Philosoph, bekannt für seine Seelenlehre und seine Ideenlehre

Plotin (205 – 270): römischer Philosoph, Schüler des Ammonios Sakkas, Begründer des Neuplatonismus, Gesamtwerk: *Enneaden*

Rufinus von Aquileia (345 – 411): römischer Mönch, Historiker und Theologe, überarbeitete die Werke des Origenes

Rûmî, Dschalâl ad-Din Muhammad, genannt Maulawî (1207 – 1273): persischer Sufi-Mystiker, Gelehrter und Dichter, Hauptwerke: *Mathnawi* (Masnawî) und *Diwan-e Schams-e Tabrizi*, sah das Universum als harmonisches Ganzes und Liebe oder Harmonie als Hauptkraft in ihm

Schopenhauer, Arthur (1788 – 1860): deutscher Philosoph und Dozent, sah sich als Schüler Kants, studierte Platons Ideenlehre, vertrat einen subjektiven Idealismus und Pessimismus

Scott, George Gilmore (1873 – ?): amerikanischer Biologe und Philosoph, 1936 emeritiert, 1936 *The Science of Biology*

Smith, William (1813 – 1893): britischer klassischer Philologe und Lexikograf, 1844 – 1849 *Dictionary of Greek and Roman Biography and Mythology*

Spencer, Herbert (1820 – 1903): britischer Philosoph und Soziologe, wandte das Evolutionskonzept (Überleben des Tauglichsten) auf die gesellschaftliche Entwicklung an, Begründer des Sozialdarwinismus

Spenser, Edmund (1552 – 1599): britischer Dichter, Autor der *Faerie Queene*

Stahl, Georg Ernst (1659 – 1734): deutscher Arzt und Chemiker, vertrat die Ansicht, dass Lebewesen beseelt sind und die seelische Kraft den Körper steuert

Swedenborg, Emanuel (1688 – 1772): schwedischer Wissenschaftler und mystischer Philosoph

Tennyson, Alfred (1809 – 1892): britischer Dichter

Vergil (Publius Vergilius Maro) (70 – 19 v. Chr.): römischer Dichter, Verfasser der *Aeneis,* des römischen Nationalepos, das die Geschichte Roms auf den Fall Trojas zurückführt

Verworn, Max (1863 – 1921): deutscher Physiologe und Archäologe, beschäftigte sich mit der Physiologie der Zellen

Vespasian (9 – 79): römischer Kaiser von 69 bis 79

Viereck, George Sylvester (1884 – 1962): deutsch-amerikanischer Dichter, Autor und Journalist, interviewte 1928 Henry Ford

Voltaire (François-Marie Arouet) (1694 – 1778): französischer Philosoph, Aufklärer und Autor, 1750 – 1753 Kammerherr bei Friedrich dem Großen in Sanssouci, Potsdam

Watts, Isaac (1674 – 1748): britischer Theologe und Hymnen-Dichter

Whitehead, Alfred North (1861 – 1947): britischer Mathematiker und Philosoph, 1925 *Science and the Modern World*

Yâska (7. Jh. v. Chr.): indischer Grammatiker, Hauptwerk: *Nirukta* (über Etymologie)

Young, Thomas (1773 – 1829): britischer Arzt, Physiker und Ägyptologe, entzifferte zeitgleich mit Champollion die ägyptischen Hieroglyphen

Index